遊女と天皇

大和岩雄

白水社

遊女と天皇・目次

第一章　神遊びとしての性行為……11

第二章　天皇の「あそび」と遊女《あそびめ》……34

第一章　神遊びとしての性行為

遊女と神遊び

後白河法皇（一一二七～一一九二）は、今様歌（平安時代の流行歌。主に遊女らがうたい、略して「今様」という）の歌集『梁塵秘抄《りょうじんひしょう》』を編纂した。その『梁塵秘抄』に、

遊女《あそび》の好むもの
雑芸《ざふげい》　鼓《つづみ》　小端舟《こはしふね》
簦《おほがさ》翳《かざ》し　艫取女《ともとりめ》
男の愛祈る百大夫《ひゃくだいぶ》

とあり、「遊女」を「あそび」といっている。

源順が編纂した『倭名類聚鈔《わみょうるいじゅうしょう》』（承平年間〔九三一～九三八〕に成立。略して『倭（和）名抄』）は、「遊女」を「倭名宇加礼女《うかれめ》、又云阿曽比《あそび》」と書く。

『万葉集』には「遊行女婦」という表記が題詞に載るが、『倭名抄』が「遊女」を『揚子漢語鈔』の「遊行女児」のことと書くので、一般に「遊行女婦」は「うかれめ」または「あそび」「あそびめ」と訓まれている。

『古事記』や『日本書紀』は、「遊行」を「うかれ」とは訓まず、「あそび」「あそびいく」と訓んでいるから、「うかれめ」より「あそび」のほうが古い。「遊女と天皇」を論じる場合、この「あそび」について検証する必要がある。

『古事記』の「あそび」の代表例は、天石屋《あめのいわや》神話である。天照大神は外が騒がしいので、隠《こも》った天石屋の戸を細めに開け、

なにゆえにか、天宇受売《あめのうずめ》は楽《あそ》びをし、亦《また》八百万《やほよろづ》の神もろもろ咲《わら》へる

と問うと、天宇受売は、

汝命《ながみこと》に益《ま》して貴き神坐《ま》す。故《かれ》、歓喜《えら》ぎ咲《わら》ひ遊ぶぞ

と答えており、「あそぶ(び)」を「楽」「遊」と表記している。

西郷信綱は「あそび」の語義について、

歌舞音楽のこと。「篠の葉に　雪ふりつもる　冬の夜に　豊のアソビを　するがたのしさ」(神楽歌)。「瑞垣《ミズガキ》の　神の御代より　笹の葉を　たぶさに取りて　アソビけしも」(同)等に、アソビ(アソブ)の古い語感はよく現れている。アソビは祭りの一部で、神楽はすなわち神アソビであった。(中略)アソビとは、日常の仕事をやめて何かを演ずることをいう。だからそれは祭りともかさなるわけで、沖縄ではアソビという語が現にそのような意味にまだ使われている。

と書いている。[1] 西郷は、アメノウズメの「あそび」にふれて述べているが、西宮一民も、「アメノウズメの「あそび」について、

歌舞音楽。魂振《たまふ》り(魂が遊離すると病気になるので、しっかりとつなぎとめ振い立たせること)のため

に行う。「あそぶ」の本義は、日常でない晴の世界に行為することで、祭儀・葬儀・遊猟・旅行・出産・歌舞音曲などの場合をいう。

と書く[2]。

『古事記』のアメノウズメの「あそび」でなく、一般の「あそび」について、宮田登は「休み日と遊び日」[3]で、「休み日」は「神事《かみごと》」といっているから、「日常的仕事を中止して、神祭りをするのが本義であったと推察される」と書き、「神事の日、精進潔斎を必要とするハレの日」としての「休み日」とは別に、「遊び日」という観念が生じたと書く。しかし、これは逆である。

宮田も、「近世農村史料などには、『休み日』という表記はむしろ少なく、いずれも『遊び日』とされている」と書く。「休み日」は新しい用語だから少ないのである。宮田は、江戸時代中期の信州の農村における「遊び日」の実態を分析した古川貞雄の論文「近世の遊日と村共同体」（『信州史学』七号、一九八一年）を引用しているが、古川が紹介する「依田家文書」によれば、正月の「遊び日」（一日〜七日、十六日〜二十日）は神事であり、「遊び日」と指定されない「休み日」は、「心安き人を招いて夕食を食べる日」（八日）などをいい、単なる休息日である。したがって宮田も、「依田家文書」の「文脈からいうなれば、『休み日』と認識されるまでには、神事＝神遊びの『遊び日』と人遊び＝遊興・休養の『遊び日』とが混在化している」と書く（傍点引用者）。また「依田家文書」によって、「神遊びを基調としながらも、人遊びの志向を強めることが、近世農村における農民の生活意識の中に具象化していることが明確になっている」とも書くように、「人遊びの志向を強め」た結果、「遊び日」を「休み日」というようになったのであり、本来は神遊びであったから、「休み日」も「神事」といったのであろう。

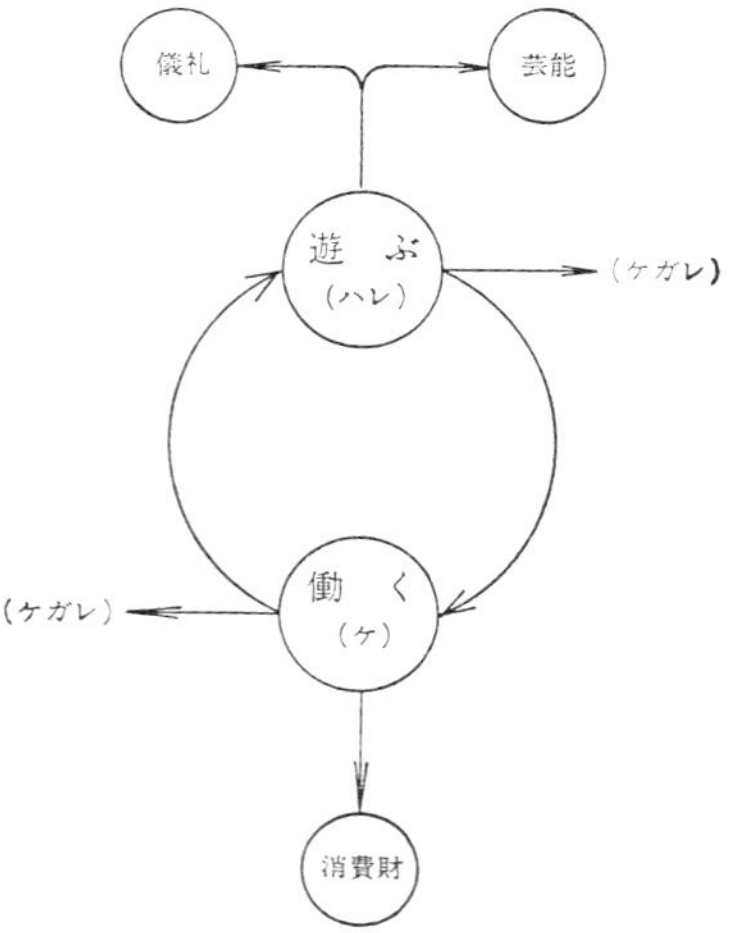

図1　ハレとケの関係（新谷尚紀『ケガレからカミへ』木耳社より）

新谷尚紀も、「遊びの深層」[4]で、**図1**のように、「遊び」を「ハレ」の行為とみて、日常の「ケ（褻）」との関係を示している。「休む」でなく「遊ぶ」行為が「ハレ」なのであり、「遊び」は神遊びのことであった。

福田アジオが、「子供組とムラの教育」で、子供の遊びや、子供たちが関与する村の行事に、神事や季節の信仰行事とかかわるものが多いのは、「七ッ前は神の子」という言葉もあるように、無邪気な子供は神に近い神聖な存在とみる日本人の民俗心意が、その背後に存在するからであろうと述べているのも、[5]「あそび」が本来、神遊びだったからである。

「歌垣」という「あそび」

『常陸国風土記』は筑波山の歌垣（「かがひ」ともいう）について、

　春の花の開《あ》くる時、秋の葉の黄《もみ》づる節《おり》、相携《たづさ》ひつらなり、飲物《をしもの》をもちきて、騎《つま》や歩《かち》にて登臨《のぼ》り、遊《た》楽《の》しみて栖遅《あそ》ぶ。

と書く。また、香島郡浜里の条でも、歌垣の場所の海岸の松原を、「遊《あそび》の場」と書く。

歌垣の遊びは歌舞だけではない。『風土記』は、筑波山の歌垣にうたわれた歌として、

筑波峰《つくはね》に　逢《あ》はむと　言ひし子は　誰《た》が言聞《こと》けば　み寝《ね》逢はずけむ

（筑波峯で逢おうと言った乙女は、誰の言葉を聞いて、自分と一緒に寝てくれないのか）

という歌と、

筑波峰に　廬《いほ》りて　妻なしに　我《わ》が寝《ね》む夜《よ》ろは　早も明けぬかも

（筑波山の歌垣に、相手もなしに寝なければならぬ夜は、早く明けてしまえばよいのに）

という歌を載せている。このように、「寝」という表現で、「あそび」に性行為が伴っていることを示している。

『万葉集』巻九に載る高橋虫麻呂の「筑波峯に登りて嬥歌会《かがひ》をする日に作る歌」とある長歌にも、

……未通女壮士《をとめをとこ》の　行き集《つど》ひ　かがふ嬥歌《かがひ》に　他妻《ひとつま》に　吾《われ》も交《まじ》はらむ　吾《わ》が妻に　他《ひと》も言問《ことと》へ　この山を　うしはく神の昔より　禁《いさ》めぬ行事《わざ》ぞ　今日のみは　めぐしもな見そ　事も咎《とが》むな（一七五九）

と詠まれている（高橋虫麻呂を『常陸国風土記』の筆者とする説もある）。

筑波山の神は「今日のみは」そういう行為を「禁《いさ》めぬ」し「咎《とが》めぬ」とあるから、歌垣を「性的解放」「乱交」の遊びとみる説があるが、歌垣は春と秋の特定の日、特定の場所で行なわれる非日常の「ハレ」の行為であり、神遊びなのだから（日常の性行為は遊びではない。「ハレ」の日と場所の性行為だから遊びなのである）、現代風の「性的解放」「乱交」の視点で見たのでは、見えるものも見えてこない。

古い歌垣の「あそび」を伝える民俗例

高橋虫麻呂が、「この山を　うしはく神の昔より　禁《いさ》めぬ行事《わざ》ぞ」とうたっているように、筑波山の

「あそび」は神遊びだが、神遊びという認識は、後代にまで継承されている。そのことを、中山太郎は「性的祭礼考」で、次のように書いている。(6)

我国にも男女の縁は人が結ぶのではなくして、神が結ぶものだと信じた時代がある。岐阜県郡上郡和良村の戸隠神社の秘祭は、例年九月十六日に行われるが、此の祭には祭神が七十五組の男女の縁を結ぶとて参詣者が多い。同郡東村大字祖師野の氏神祭は、毎年旧九月十三日から三日間行はれる。此の秋祭りの踊りは有名なものである。大きな輪を作り男は女を擁しながら踊りつづける。かく踊りながら共鳴する男女があれば、許された夜の奔放なる場面が展開される。夫も妻も、処女も寡婦も、淫欲を恣《ほしい》ままにする人々には、文明の掟が何であるかを知らないやうだ。斯うして三晩とも踊り明すのであるが、此の奇習によって生れる幾多の喜悲劇は、総て神の裁きとして解決され、且つ此の祭が縁となって結ばれた男女は、氏神の許した夫婦として、村民から羨望されるのである。但し此の踊りには他村の者は一切参加することを禁じてゐる。

こうした「あそび」が本来は未婚の男女の求婚の歌あそびであったことを、中山太郎は『日本婚姻史』でも述べている。(7)

土佐国長岡郡西豊永村の柴折薬師は、毎年旧七月六日に例祭を行ふが、その時は近傍数里から数千の男女が参詣する。そして夜分になると若い男女が互いに問答をするが、その問答は何事でもよく、多く男が問ひ女が答へ、段々それがすすんで往って、若し女が答えられぬやうになると、男の意に従わねばならぬこととなってゐる。大昔の嬥会《かがひ》や歌垣は此の薬師祭の問答と同じものであったと思ふ（『土佐風俗と伝説』爐辺叢書本）。

遠江国榛原郡川根村地方と、その国境なる駿河国志太郡伊久身村地方では、毎年旧正月七日から八日の朝にかけ若い男女が相集ってヒヨドリオドリをする。その歌詞は嬥会の流れを汲んでゐるだけに問答体になっているが、（中略）かく歌ひつつ踊り廻り、その場で男女の意志が合へばそれで婚約が成立するのである。昔は男が結婚の申込みをすると、女の親はヒヨドリ踊で約束したかと問うたさうである。此の踊場が部落の婚約クラブなのである（「サンデー毎日」第四巻第四十三号）。

紀伊国日高郡白崎村大字神谷浦では、旧暦の盆踊の最中に双思の男女は婚約するのを習ひとしてゐる。此の約束が出来ると後で他家からその女を貰ひに来ても、身代や身分がどうあろうとも盆踊で約束したと断り、一方、断られた者も盆踊りで約束した仲ではと云うて引き退がるのを常としてゐる（『現代結婚宝典』附録）。

信濃国西筑摩郡木祖村大字藪原では、毎年七月廿一日に鎮守の祭を行ふが、此の夜に限り問屋の娘も馬士の悴も、思ふどち手と手を握り肩を組み隊をなし群をなして市中を踊り廻るので、これを肩組祭とも称している。従ってこれが機会となって夫婦約束をする者がすくなくない。だから「木曽の習ひか藪原宿は、婿も取らずに孫を抱く」の俚謡のある所以である（西村天図著『紀行八種』）。

羽後国仙北郡地方で旧正月十五日に行はるゝ夜会こそ嬥会の遺風である。当夜集る男女は互に歌詞を唱和するが、それは大葉子節、馬曳節などであって、此の夜に綱曳があり男女の間に交驩が許されている。而して四月八日にも諸方の神社に参籠する多くの男女が掛け歌をなし、秋収の集りにも「八皿《やつさら》」または「荷《に》縄外《なははづ》し」など称して盛んに酒宴を催し男女が雑魚寝をする。これ等は古く在ったといふ嬥会の名残をとどめたものと見るべきである（『日本風俗の新研究』）。

右の諸例は、『日本婚姻史』に載る例だが、「性的舞踊考」(6)でも中山は、

鳥取県八頭郡赤松村大字諸鹿では、正月元旦を始め、一年のうちに幾度も、氏神社へ未婚の男女が集って舞踊する。尺八と太鼓を楽器とし、踊りは殆ど抱擁せんばかりの、力強いものであって、踊りながら互ひに意中を語り合ひ、婚約が成立すれば、両親でも異議を言ふことの出来ぬ定めとなってゐる。然も此の事は大正期まで行はれていた。

という例を載せている。

特定の日、特定の場所に、未婚の男女が集い、歌い踊り、または言葉を掛け合い、気にいった者どうしは、この夜、結婚を約束する。その約束の証に体の契りをする場合もあるし、心で約束する場合もあるが、いずれにせよ、こうした「あそび」は、古い歌垣（かがひ）の風習をそのまま伝えている事例といってよい。

和歌森太郎は、「対馬の久根田舎では、一一月二五日、成女式のカネツケ祝いを、若者たちを招いて行ない、その宴でカガイがあり、互いに意気投合したものが、その後に夫婦となることを認められた」と書くが、この「あそび」も、歌垣の原義をつたえている。(8)

以上の例は、歌舞や言葉を掛け合う歌垣の古俗を伝えている例だが、中山太郎は次のような事例も、『日本婚姻史』であげている。(7)

三河国額田郡山中村大字池金では、毎年春季にオヤマと称し、未婚の男女が盛装して山行をする風習がある。此の日若い者が思ひ思はれて夫婦約束をすれば、父兄たる者は必ずこれを承認せねばならぬことになってゐる。此の折に婚約の出来なかった男女——殊に女子にあっては誠にみじめな

もので、村人の笑い草になるゆえ、父兄も心配して近頃では山行の前に内約させたり、或は他村の成年を養子女の名義で村人となし、山へ行けば必ず婚約の出来るやうに外部から仕向ける者さへあるが、たゞ何かの手続きで村の者とならなければオヤマの仲間にせぬことになってゐる。かうして婚約した男女は概ねその秋の米の稔った氏神の祭日に神前で結婚式を挙げることになってゐる。永い歳月の間に幾分の変化はあるも、古い嬥会の面影を窺ふことが出来る（「郷土研究」第一巻第六号）。

常陸国久慈郡太子町附近の村落では、明治十三・四年頃までは毎年旧四月八日に、若い男女が栖ッ葉コキと称して山林に入り、おのがしゞ相携へて意中を語り、互ひに希望を告げそれがまとまれば夫婦の契約が成立するのである。三十年ほど前の村々の夫婦は、此の栖ッ葉コキの折に情意投合した者が多きを占めていたが、今では昔語りとなってしまひ跡を絶つに至った（今村鞆報告）。

この二例は、神社の祭礼ではなく「山遊び」になっているが、いずれにせよ、古い歌垣の風習を伝えており、既婚者は入っていない。

神遊びとしての「股《むむ》くはし」

中国の清の時代に書かれた『荊南苗俗記』『西粤猺俗記』には、中国の南辺に居住する苗族・猺族の婚姻習俗としての歌垣が記されている。春または秋の特定の日、特定の場所に集まり歌を掛け合っている点では、『風土記』に書かれている歌垣とほとんど同じだが、未婚の男女に限定されている。わが国の歌垣も、本来は未婚の男女の「未通女《をとめ》」と「壮士《をとこ》」に限定されていたとみられるから、わが国の歌垣の源流は、苗族・猺族など、中国南部の少数民族の歌垣にあったとみられる。

『常陸国風土記』香島郡浜里条の「嬥歌《うたがき》の会《つどひ》」には、「手携《たずさ》はり、膝を促《うなが》し」とあるが、『常陸国風土記』久慈郡山田里条には、

遠里近郷《をちこちのむらさと》より、暑さを避け涼しさを追ひて、膝を促し、手携はりて、筑波の雅曲《みやびうた》を唱ひ、久慈の味酒《うまさけ》を飲む。

とある。

土橋寛は、『荊南苗俗記』が苗族の婚俗について歌垣のことにふれ、

女起曳二其臂一、促レ膝坐。頃之歌又作。迭相唱和。

と書いていることから、「曳二其臂一」は「手携はり」、「促レ膝」は「膝を促し」と同じとみる。[9]

猺族の風習を書いた『両粤猺俗記』にも、婚俗について、

命男女年十七八以上者一、分二左右一席レ地坐。竟レ夕唱和、歌声徹レ旦。率以二狎媟語一相贈答。男意惬、惟睨二其女一而歌、挑以求二凰意一。女悦レ男則就二男坐所一、促レ膝而坐

とある。

『風土記』の「膝を促し、手携はりて」の原文は「促レ膝携レ手」であるが、この記述と、『苗俗記』の「曳二其臂一促レ膝」、『猺俗記』の「促レ膝」の具体例として、土橋寛は、与論島の「股《むむ》くはし」をあげ、次のように書く。

今から五十年ほど前（この文章が載る『古代歌謡と儀礼の研究』は一九六五年刊行——引用者注）までは「並び引き遊び」ということが行われていて、男は自分の好きな女に含み酒を与え、「ウキウタ」を歌いながら踊るが、それは右手にカンピンを持ち、左手に盃を持って、歌に合わせてリズミ

カルに両手を交互に上げ下げし、自分の好きな女の前に行って、膝を立て、また立ったり坐ったりして舞い、酒を盃についで女の口に入れてやると、女はそれに返しの踊りを踊る。このような踊りが進んでいよいよ興に乗ると、好きな男女は向かいあって坐り、お互いに股と股とを挟み合って、含み酒を交しながらウキウタを歌うが、この股に膝をはさむことを「股《ムム》くはし」という。

この行事は一人の女児（未婚の乙女）の家を選んで、村の男女が酒食の材料を持寄って集まり、女たちが煮炊きの役を引受けて、やがて酒盛りが始まるのであるが、これが男女の社交の場でもあれば婚約の機会にもなっている。

と書いている。(10)

このように、歌をうたい、酒をのみかわし、若い男女が股と股とを挟み合うのが「膝を促し」だが、こうした「ハレ」の日の性的行為が「神遊び」であり、酒は「ハレ」の日の神遊びのための飲物だったのである。

神遊びとしての性行為の例

苗族・猺族の「促レ膝」は、婚約のために行なうのであり、既婚者は入っていない。したがって、わが国の歌垣も、本来は未婚者に限定された神遊びであったのが、のちに既婚者も参加するようになったのであり、そうした筑波山の歌垣を、高橋虫麻呂はうたったのである。

このような「他妻《ひとつま》に吾《われ》も交《まじ》はらむ」という事例を、中山太郎は、「性的祭礼考」で述べている。(6)

石川県珠洲郡三崎村大字寺泉の三崎権現社では、昔は毎年八月十五・六の日を祭日としてゐたが、宵宮である八月十五日の夜には雑魚寝とて、近郷近在は言ふに及ばず、遠く数十里から男女が群集し、通夜して殷賑を極めたものである。汽車も汽船も無かった時代にあって、数十里の旅をかけて集るとは、如何にも誇張に過ぎているやうに聞こえるが、神に対する敬虔なる信仰と、性に惹かるる本能の執着とは、当時の人達をさうさせずには置かなかったのであらう。

茨城県北相馬郡文間村大字立木の蛟蝄神社の祭礼は、十月の十三十四日の両日に行はれる。十三日は宵宮で、十四日が本祭であるが、その際に何の意味か分らぬが神前に供へた蒲団を焼く行事がある。近郷から集った何千と云ふ参詣者は、その焼灰を少しづつ持って帰るが、行事が終ると此の祭礼の名物となっている性の解放が公然と展開される。そして此の事は参詣者各自の信仰から出たことなので、風紀の上から洵に苦々しいことではあるが、警察でも厳重に取締ることが出来ず、現在でも猖んに行はれている。最近に見聞した人の記述によると、「農作物の豊穣を祈る原始的風習の名残りだらうと思ふが、今では女の身体が丈夫になると云って、女と云ふ女がその夜中誰彼の差別なく肌を許すのである。既婚の女ばかりか未婚の娘までが、良い婿が得られるといふ迷信から、惜気もなくその肌を未知の男の前に投げ出すのである。女はそれが度数の多いほど余計な幸福を持つと云ってゐる。翌日は近郷一帯に一日休んで男女ともにその疲労を癒すことになってゐる。そして此の日を『山洗ひ』と云って、お山の穢れを浄めるために、吃度、雨が降るのも妙である」と報告されてゐる。東京から汽車で行けば一時間半ほどで達する近い所に、然も昭和の現代に斯うした行事が残ってゐるとは、民俗の永遠性が窺はれて面白い話である。

愛知県北設楽郡の村々に行はれる神楽（霜月舞とも云ふ）は、七月七夜も続く大仕掛の秋祭であるが、昔は第三日目の午後四時頃になると、各四五人づつの踊手が四方に立って、門〆といふ天狗打ちの業を七回づつ行ふ。それが済むと丁度日暮になるが、その頃は舞土（踊の庭）は男女混淆の見物で一杯になる。そこへ鬼に扮した者が四五十人も一時に出て来て、舞ふやら踊るやらする。（中略）見物人が「鬼が出たつびをしよ。注連より外で、注連より外で、鬼が出たつびをしよ。注連より外で、てんつく舞うた」と一斉に囃すと、此の混雑のうちで見物の男女は、既婚も未婚も相手を物色しては、附近の家の軒下か或は山に赴き、木の根を枕として氏子繁昌のお祭をするのであった。各地に残っている木ノ根祭や芽ッ切祭と云ふのは、皆これに類した性の行事を伴うてゐる。

群馬県多野郡飛来村字西平井の三嶋神社の例祭は十一月十五日に行はれるが、（中略）此の夜には男女の関係が殆ど公然と行はれてゐた。

また、『日本婚姻史』でも、次のような例をあげる。(7)

陸前国宮城郡大沢村に定義如来といふがある。例年七月七日の夜に祭礼が行はれるが、此の時に附近から参詣者が数千人も集る。かくて参詣の善男善女は各れも莫蓙を着て来るので、昔は「莫蓙祭」とも「定義の春畑」とも称し、夜もすがら淫欲の巷が如実に現出された。定義如来は、夙に「子授け」又は「縁結び」として名を伝へてゐるのである（中村古峡著『温泉遊記』）。

豊後国日田郡五馬村大字五馬市の五馬媛神社の祭礼には、その市立ちの間は、毎夜とも男女の知ると知らぬとの別なく、行合へば必ず即ち交会する。処女は元より人妻でも此の祭礼に来集した限りはこれを拒むことは出来ぬ。従ってその親もその夫もこれを科むることは出来ぬ。それは親も夫もまた他の婦女と交るからである。同国には此の外にも大野郡の中山八幡社、直入郡の嵯峨社にも、全くこれと同じ祭儀が行はれていた（『太宰管内志』）。

さらに『売笑三千年史』では、次のような事例を紹介している。(11)

同じ豊後の臼杵町の近郊なる某村でも八月に鎮守神の祭礼が行はれるが、この夜は既婚と未婚とを問はず、村内の婦女は必ず三人の男子に許さねばならぬ掟となってゐた。それがために若い美しい女子は掟の責任を容易に果たすことが出来るが、年とった醜婦は一人の男子すら得ることが出来ずに夜が明けるといふ喜劇が繰返されたさうである（「郷土趣味」十二号）。

豊前国京都郡西犀川村の八幡宮は、毎年五月十日十一日の両日に例祭を行ふが、同宮は「犀川の夜市の石枕」と称するほどで、祭礼の当夜は、幾十百組の男女が、社前の河原で転々と石枕で寝るので世間に知られてゐる（「郷土趣味」十二号）。

伊予国上浮穴郡田渡村大字中田渡に新田八幡宮といふのがある。毎年陰暦二月初卯の日に恒例祭を執行するが、明治三十年頃まではこの夜に限り、白手拭を被ってゐる人妻でも寡婦でも更に処女でも、自由に交会することが出来たので、境内外の到るところ眼を掩ふ亡状が演じられたものである。世にこれを「田渡《たど》の保々市《ぼぼいち》」といふてゐるが、かかる蛮習を敢てして恥とせぬのはこの祭神が縁結びの神であって然も野合は神慮にかなふものとの迷信から来てゐるのである。その後は警察署の取締が厳重となったので跡を絶ち、今では昔話の一つとなってしまった（「民俗と歴史」八巻六号）。

阿波国伊賀郡宮浜村の東尾神社の祭礼の夜にも、全くこれと同じ土俗が明治の中頃まで行はれてゐた（「社会史研究」九巻六号）。

駿河国安部郡服織村大字鳥羽の洞慶院といふ寺の縁日の夜は寺内に勧請してある鎮守神の祭典で、

儀式は夜の十二時から始まるが、当夜はこの寺の境内において既婚の婦人に限り、何人でも自由に通ずることが許されてゐて、これに対しては一切の制裁と責任とが免除されてゐる。既婚者と限ったのは後世のことで、古くはすべての婦女が許されてゐたのであらう（「郷土趣味」十二号）。

猶ほ同国興津町由井ケ浜の由井神社の夏の夜には、境内に群衆するすべての女子は、その既婚と未婚を問はず、如何なる男子とも、交わることを許されてゐる。土地では年一回の性の解放日だといふてゐる（「郷土趣味」十二号）。

岩代国南会津郡檜枝岐村では、毎年旧暦の盂蘭盆前後から村の祭礼が行はれるが、この祭礼のつづく間は男女の乱婚が公然と許されるのである（「郷土趣味」十二号）。

赤松啓介は、「共同体と〈性〉の伝承」で、

農村では、いろいろの年中行事、盆踊り、神社や寺院の祭礼、縁日などの日、その夜などに性的解放をする民俗が多い。これもそのムラや社寺によっていろいろで、だいたいに同じムラの内部だけの解放にとどまる限定型と、他のムラの人たちにも解放する開放型とがある。また広く他の地方からも集まってくる広域型があり、これは特定の信仰によって集まってくるのが多い。春や秋の神社の祭礼は、だいたい宵宮、本宮、後宮の三段階に分かれて行われるが、性的解放の行われるのは本宮が多く、宵宮もあるが、後宮は稀であろう。しかし三日続けてというのもあるし、宵宮と本宮との二日に限定するのもある。また解放が境内か、あるいは附属地、山林に限られるのもあるし、ムラや氏子の家、その他広く開放されるものもあった。

摂丹播地帯でみるとムラ単独の祭礼では限定型、郷社などの連合祭礼では開放型が多い。開放型

では屋台、神輿などの宮入りがすんでからの深夜が解放され、戦前では男女の予約型が多くなっていた。しかし若い男を、女が誘うのもあって、これは全くの新しい接触である。境内や山林の露天もあるが、予約型は近所の民家を借りているのもあった。いずれにしても男・女とも、独身も妻帯者も関係なく解放するのであるが、若衆と娘、中年同士という組み合せになるらしい。加西郡の神社で、数人の女たちに囲まれ、組んでいた紐を引くように頼まれて曳くと、ある女に当たった。こんな男定めもあるとわかったが、当たれば変改できないと脅かされた。他の神社では袋の中に入れた貝がらをとり、それに書かれた女と当たるのもあって、これも変改できぬということであった。これは神社というより、そのムラの選定方法であろう。個人的な好悪の感情で組み合せを決めると不満も出るので、こうした方法も案出されたのである。

と書いている(12)。

以上のような、未婚・既婚を問わぬ「乱交」の場所は、ほとんど神社であり、時間は祭礼の夜である。このような特定された場所と時間に行なわれたのは、神によって、「昔より禁《いさ》めぬ行事《わざ》ぞ　今日のみはめぐみもな見そ　事も咎《とが》むな」の「ハレ」の行為だったからである。

沖縄の「神遊祭《シヌグ》」をめぐって

土橋寛は、沖縄の国頭地方で行なわれる「神遊祭《シヌグ》」について、

旧七月の刈上げの後に行われ、明治末年までは四日にわたる大がかりなものだったという。二日目の行事は、（中略）一般の男子はシヌグモウという仮屋にこもり、女子はアシャゲ庭に集まった

後にシヌグモウに来て男たちと一緒になり、クェーナーを男女各一人が掛合いで歌う。第三日は男たちは仮屋で夜を明かし、女子は時々お酒や食事をこしらえて運んでくれるそうであるが、その仮屋の奥の所は山の麓にあたっていて、昔から大樹があったが、その根本を削って女体に見なし、人を捉えてそれを抱かせたりしたそうである。われわれはそこに神聖な神事となる前の、共同飲食や性的解放の痕跡を僅かながらも認めることが出来る。

と書く。(13)

土橋寛は、昔は「共同飲食や性的解放」であったのが、今は「神聖な神事」になったとみているが、それは逆で、「神聖な神事」が先である。ただし、男女が「仮夜で夜を明かし」たときに、昔は「婚《まぐわ》い」をしたのが、女陰を刻した樹を抱かせることですませるようになったのであり、この「婚い」は神との「婚い」、つまり神婚である。

「シヌグ」は「シノグ」ともいい、土橋は、「伊波普猷氏によれば、『シノグ』舞は二百年ほど前に禁止された」が、そのとき女詩人のウンナ・ナビーが、

よかてさめ姉部
神遊《シノグ》しち遊び
わすた世なれば
お止めされて
(果報者だよ、姉さんたちは。シノグ舞なんか舞って。だけど私たちの時代になって、ぷっつり禁止されてしまった)

とうたった、と書いている。(13)

土橋は、「『シノグ』は『神遊』といっても神聖な神事舞ではなく、集団的な性的要素を持つ歌舞であったればこそ、禁止されもしたのであろう」と書いているが、(13)本来は「性的要素を持つ歌舞」こそ「神聖な神事舞」であり、性的要素を抜いた歌舞のみを「神聖な神事舞」とみるのは、本居宣長風にいえば、漢心《からごころ》（儒教思想）にもとづく「さかしら」である。

「シヌ（ノ）グ舞」について、さらに土橋は、沖縄の「中頭の与勝半島附近の離島には、今日でも残っているが、男子は禁制で一切見せないというのは、それがどんな歌舞であるかを暗示している」と書き、「男子禁制のヤサハ御嶽《うたき》に男子が入って行く時は、帯を解いて行かねばならぬという定まりも、かつて性的解放の行事が行われたことを思わせるのである」と書く。(13)

宣長のいう「さかしら」は一般的常識でもあるから、禁止は当然とみられていた。その禁止を破るから「性的解放」といわれるのだが、「解放」などではない。女だけで「神遊《シヌグ》」の舞をする場所が男子禁制なのは、その場所が、神との聖婚秘儀のアジールだからである。また、御嶽に男が入る場合に「帯を解いて行かねばならぬ」のは、その男性が神の依代《よりしろ》としての神人・神男であり、神妻としての女性と聖婚秘儀を行なうからである。御嶽へ裸で入るのは、そこが性の解放地だからではなく、神の依り集う聖地だからである。

「雑魚寝《ざこね》」といわれる「あそび」

中山太郎は、『日本婚姻史』(7)で、

伊豆七島における嬥会《かがひ》の遺俗は、近年、島役所及び警察署で厳重に取締るやうになったのでやゝ減じたが、以前は新島が最も猖んに行われ、毎年旧盆の日には幾組の男女を問はず乱婚を許したので、浜辺に相擁して歓楽に耽り、日中でも不問に附せられた。今でも当日になると数組の密会者が時々発見される。離島の犢鼻褌《ふんどし》踊なども此の変態ではあるまいか（「郷土研究」第一巻第八号）。なほ文政頃に新島の実際を目撃をした者の筆記に「この盂蘭盆のうちは、人家の軒下、あるひは林の中、畑のはづれ、小屋厠うちにても、男女行合次第に遊犯なり、大原の雑魚寝といふが如し、実に畜類の所業なり」とある。また以てその光景が偲ばれる（『伊豆七島風土細覧』新島の条）。

と書いている。

「実に畜類の所業なり」と、新島の遊びを文政年間（一八一八〜一八三〇）に見た島外の人（たぶん江戸の知識人）は書いているというが、これこそ漢心（儒教思想）による「さかしら」だから、「さかしら」によって「神遊《シヌグ》」が禁止されたとき、前述したような抗議の歌がつくられたのであり、新島や利島の事例も「神遊」だから、役所や警察署が厳重に取り締まっても、取り締まりきれなかったのである。

「畜類の所業」の例として、中山は、「大原の雑魚寝《ざこね》」をあげているが、「大原の雑魚寝」とは、『山城名跡志』や西鶴の『好色一代男』に載る、京都郊外の大原の江文神社の祭のことである。

西鶴は『好色一代男』（巻二）で、

（前略）二日は年越にて、（中略）友とする人にささやきて誠に今宵は、大原の里の雑魚寝とて、庄屋の内儀、娘、また下女、下人に限らず、老若の分ちもなく、神前の拝殿に、所ならひとて、猥りがましく、うち臥して一夜は、何事も許すとかや。いざ是よりと、朧《おぼろ》なる清水、岩の陰道《かげみち》、小松をわけて、その里に行きて、手つかむばかりの、闇がりまぎれに聞けば、まだいとけなき姿にて、逃げまはるもあり、手を捕へられて断りをいふ女もあり、わざとたはれ懸《かか》るもあり、しみじみと語る風情、ひとりを二人して、論ずる有り様もな笑《をか》し。（中略）後にはわけもなく、入組《いりくみ》、泣くやら笑ふやら、悦ぶから、聞き伝へしより、おもしろき事にぞ、暁近く一度に帰るけしき様々なり。（後略）

と書いている。

新島の盂蘭盆《うらぼん》の夜と大原の節分の夜の「あそび」は、「乱交」という点では同じだが、一方は屋外なのに対し、大原の場合は屋内の「神前の拝殿」になっている。屋内だから「雑魚寝」といわれるのである。

石川県珠洲郡三崎村寺家の三崎権現社の八月十五日の祭礼の夜にも、拝殿で「雑魚寝」が行なわれており（『能登名跡志・坤巻』）、栃木県栃木市にある大平山神社の八月四日の例祭の夜にも、「雑魚寝」が行なわれているが、「お籠《こも》り」といわれている。

中山太郎は『日本民俗学辞典』の「雑魚寝」の項で、三崎権現社・大平山神社の「雑魚寝」以外に、次のような例をあげている。(14)

出雲国最上領の山寺へ、毎年七夕の夜、麓から男女が登山し、人家に宿り枕席を共にする。新旧と識る識らぬの分ちない、之を雑魚寝と云ふ（「譚海」巻一）。

越後南蒲原郡大面村の鹿島神社。昔は祭日の夜に近郷の若い男女が集り、雑魚寝の儀があった（「越後風俗志」八輯）。

大和十津川では、昔は村中の妻子奴僕が自他を撰ばず或は旅人等に至る迄男女雑魚寝をした。此為に色欲で身命を失ふ者はない（「本朝奇跡考」巻上）。

神戸市兵庫区駒ヶ林に雑魚寝堂（枕寺とも云ふ）がある。昔は此村の未婚の男女が、年越の夜此堂に集り、其夜契った者が夫婦となるのである。今も毎年年越の夜に女ばかり籠る（「摂陽落穂集」巻三）。

播州穴瀬村飾万道辻社は、祭礼に雛形を造り、供物を調へ拝所の戸を閉じ、男女雑魚寝した（「播摩鑑」）。

以上の事例のうち、『摂陽落穂集』が書く「雑魚寝堂」について、中山太郎は、「性的迷信考」のなかで、「私も明治四十三年頃、大阪に居た折に、此の堂を見に往ったことがあるが、その頃は土地の者は枕寺と呼んでゐて、堂には在りし昔の、雑魚寝に用ゐたといふ枕が七八十ばかり積んであった」と書いている。(15)

「雑魚寝」は、その場所が例外なく神社の拝殿、寺の御堂であることからみても、「あそび」の原義を継承しており、神遊びである。特定の日・場所、つまりハレの日・場所では、誰でもが神に許されて、あそび男《を》・あそび女《め》になれたのである。

遊女としてのアメノウズメと「姫遊び」

前述したように、本来は、「性的要素を持つ歌舞」こそ「神聖な神事舞」である。そのことを証す例を『古事記』は書いている。天宇受売命《あめのうずめ》は、天照大神がこもった天岩屋の前で

うけ伏せて、踏みとどろこし、神懸《かむがか》りして、胸乳《むなち》を掛《か》き出で、裳緒《もひも》を番登《ほと》に忍し垂れ
踊り舞っている。これが「神遊舞《シヌグ》」である。

この舞を見て、「高天原動《とよ》みて、八百万《やほよろづ》の神共に咲《わら》ひ」あったので、その笑い声を聞いた天照大神は、天岩屋の戸をすこし開け、なぜ「歓喜《えら》ぎ咲《わら》ひ楽《あそ》ぶぞ」と問うている。「番登《ほと》」は女陰のことである。

『古事記』が、天宇受売命が女陰を出した舞踊を「あそび」と書くように、「あそび」は舞踊だけでなく、性に深くかかわっている。ウズメは歌女・舞女であると共に、遊女なのである。

アメノウズメの遊びから、歌舞音曲が「あそび」と解されているが、歌舞音曲だけでなく、非日常（特定の場所・時）の「ハレ」の性行為も「あそび」であることは前述した。

『古事記』は、仁徳天皇が、

八田若郎女《いらつめ》と婚《まぐは》ひしたまひて、昼夜《ひるよる》、戯遊《あそび》ます。

と書き、性行為を「あそび」としているが、この「婚ひ」は、新嘗の夜の「ハレ」の行為（神事）であり、日常の性行為とはちがう（くわしくは後述する）。

『日本書紀』の崇神天皇十年条にも、

御間城入彦《みまきいりひこ》はや　己《おの》が命《を》を　死せむと　盗《ぬす》まく知らに　姫遊びすも

という歌が載る。この「姫遊び」も、八田若郎女との遊びと同じに解されている。守屋俊彦は、「姫」は「一般的な女性を指すことばであるが」、「遊」には「宗教的意味がある」から、「それと結合している『姫』も、やはり宗教性を帯びた女性とみた方がよい。巫女であろう」として、「姫遊び」ということばの古意に、「巫女による宗教的な儀礼」があると推論している。[16] たぶん「ハレ」の日の「婚ひ」を

「姫遊びすも」といったのであろう。

このように、「姫遊び」も「神遊び」である。アメノウズメは、「神懸りして」、乳を出し、女陰を出しており、「神あそび」は「神がかり」することだから、そのとき人は神になる。

その状態を、宮廷でうたわれる神楽歌は、

本

君も神ぞや　遊べ遊べ　遊べ遊べ　遊べ遊べ

末

遊べ遊べ　ましも神ぞ　遊べ遊べ　遊べ遊べ　遊べ遊べ

とうたっている（「ましも」は「汝も」と解されている）。

人は「ハレ」の日に、「君も」「汝も」そして我も、神になるのである。中山太郎があげる事例も、「乱交」「性的解放」などという表現で、かたづけるわけにはいかない。

ウズメがウス（碓・臼）女の意であることは通説だが、杵は男根、臼は女陰にたとえられており、その名からみても、「あそび」から性を排除することはできないし、ウズメは遊女の原始の姿を示しているといえる。

遊女が歌舞と共に性にかかわるのは、「あそび」の本質からみて当然である。ただし、この性を日常の性行為の次元で見たのでは、遊女の本来の姿は見えてこない。そのことを、具体的な遊女論に入る前に、もうすこし探ってみることにする。

第二章　天皇の「あそび」と遊女《あそびめ》

天皇の「あそび」と神婚

「遊女《あそびめ》」の原点はアメノウズメであると書いたが、こうした神遊びが皇祖神天照大神にかかわるように、「あそび」の女の代表が「遊女」なら、男の代表は天皇といえる。

『古事記』は、代表的な天皇については、特に「あそび」の記事を載せている。初代天皇神武が「高《たか》佐士野《さじの》に遊行《あそ》べる」「七人《ななたり》の媛女《をとめ》」に会ったとき、お伴していた大久米命が、

七人《ななたり》行く　をとめども　誰《たれ》をし枕《ま》かむ

と天皇に聞いているのは、天皇と乙女たちの野遊びにも、性行為がともなっていたからである。

神武天皇は、「七人行くをとめども」から、

いや前立てる　兄《え》をし枕かむ

（一番先を行く、年長の娘を抱こう）

といって、先頭を行く伊須気余理比売《いすけよりひめ》を選び、彼女の狭井《さゐ》河の家で「一宿御寝《ひとよみね》まし」たあと、妃にしている。

また『古事記』は、雄略天皇の歌物語では、天皇が「美和《みわ》河」に「遊び行き」、川のほとりで「童女《をとめ》」

(引田部赤猪子《あかゐこ》)に会ったと書く。神武天皇が野遊びで乙女に会っているのに対し、雄略天皇は川遊びで乙女に会っているが、神武のように、すぐ「一宿御寝まし」たのではない。「汝《なれ》は夫婦《とつ》がずてあれ、今に喚《め》してむ」といって求婚はしたが、伊須気余理比売のように、すぐに妃にしていない(妃にするのを天皇は忘れてしまい、八十歳まで赤猪子は待っていたという話になっている)。

神武・雄略の両天皇と乙女の野遊び・川遊びの話も、崇神天皇の「姫遊び」と同じであり、物語としての結末は、神武と雄略ではまったく逆だが、求婚の「あそび」の歌物語である点では共通している。神武・雄略両天皇は、現人神《あらひとがみ》としての歴代天皇のなかでも、特に「大君は神にしあれば」にふさわしい天皇として、記・紀に描かれている。この天皇の野や川の遊びは神遊びであり、乙女も神妻としてのイメージで「遊び行く」と書かれているのである。したがって、「一宿御寝まし」も、単なる男と女の一夜の交わりではない。そのことは、丹塗矢伝説が示している。

『山城国風土記』(逸文)は、

玉依日売《たまよりひめ》、石川の瀬見《せみ》の小川の川遊びせし時、丹塗矢《にぬりや》、川上より流れ下《くだ》りき。乃《すなは》ち取りて、床の辺に挿《さ》し置き、遂に孕《はら》みて男子《をのこ》を生みき。

と書く。「川遊び」の玉依日売の相手は、人間ではなく、神(火雷命《ほのいかづち》)の化身の「丹塗矢」だが、丹塗矢は神の化身(現人神)として天皇と重なる。

『古事記』は、

三嶋《みしま》の湟咋《みぞくひ》が女《むすめ》、名は勢夜陀多良比売《せやだたらひめ》、その容姿《かたち》麗美《うるは》しければ、美和の大物主神見感《みめ》でて、その美人《をとめ》の大便《くそま》る時に、丹塗矢に化《な》りて、その大便る溝より流れ下りて、その美人のほとを突きき。し

かして、その美人驚きて、立ち走りいすすきき。すなはち、その矢を将《も》ち来て、床の辺に置けば、

たちまちに麗《うるは》しき壮夫《をとこ》に成りぬ。

と書く。『風土記』より具体的に、「美人のほと（女陰）を突きき」と書いている。

丹塗矢は、火雷命・大物主神の化身であり、神の化身の丹塗矢と婚《まぐわ》う玉依日売、勢夜陀多良比売は、伊須気余理比売や赤猪子と同じである。野や川で遊ぶ天皇は丹塗矢であり、天皇の野遊び・川遊びは単なる野外遊行ではなく、姫遊び・神遊びであり、神婚である。

天皇の「とよのあそび」の神婚

第一章で紹介した、一見「性的解放」「乱交」とみられる民俗例も、場所は神社などのアジールで、祭りの夜やお盆のときなど「ハレ」の日に限定されているように、『古事記』の仁徳天皇と八田若娘女の「あそび」も、新嘗とその前後である。

平安時代の宮廷の神楽歌《かみあそびうた》（採物の篠）に、

本

篠《ささ》の葉に　雪降り積もる　冬の夜に　豊《とよ》の遊びを　するが楽しさ

末

瑞垣《みづがき》の　神の御代より　篠の葉を　手《た》ぶさと取りて　遊びけらしも

とうたわれているように、「豊の遊び」は、雪のふる新嘗祭の翌日（旧暦の十一月下の辰の日）に行なわれていた。

この「あそび」は神代からとうたっているが、『古事記』によれば、アメノウズメは天石屋の前で、「小竹葉《ささは》を手草《たぐさ》に結《ゆ》ひて」「あそび」をしており、この神遊びが、神楽歌《かみあそびうた》の「篠の葉を手ぶさと取りて遊びけらしも」である。

この「豊の遊び」は、酒宴だけではおわらない。野や川の遊びと同じく「婚《まぐは》ひ」をする。

応神記の歌物語に、「天皇、豊明《とよのあかり》聞《きこ》し看《め》し日に」（「豊明」は「豊の遊び」のこと）、髪長比売を、「其太子《ひつぎのみこ》に賜ひき」とあり、太子（大雀命・後の仁徳天皇）は、「その嬢女《をとめ》を賜はりし後」の歌に、「相枕《あひまくら》まく」「寝《ね》しくをしぞも」とうたっているから、八田若郎女の「婚ひ」と同じである。

『古事記』は、八千矛神に酒をすすめる須勢理毘売《すせりびめ》がうたった歌を載せているが、その歌にも、

沫雪《あはゆき》の　若やる胸を　栲綱《たくづな》の　白き腕《ただむき》　その擁《たた》き　擁き抜《まな》がり　ま玉手　玉手さし巻き　股長《ももなが》に
眠《い》は寝《な》さむを

とある。

「私の沫雪のような若々しい胸、栲綱のような白い腕を、しっかり抱きしめ、愛撫し、玉のようなあなたの手を私の体に巻きつけ、脚をゆっくりのばして寝ましょう」という意である。

この歌からも、八田若郎女と仁徳天皇の「婚ひ」は、「とよのあそび」にかかわっており、「とよのあそび」としての一夜の「婚ひ」から発展して、「昼夜、戯遊《あそび》ます」となったのである。野遊び・川遊びとちがって、屋内の「あそび」になっているが、「ハレ」の日の新嘗の宴であることからも、「とよのあそび（とよのあかり）」の「婚ひ」も神婚であり、神あそびである。

神妻と遊女

『古事記』の雄略記に、

　この豊楽《とよのあそび》の日、亦春日《またかすが》の袁抒比売《をどひめ》、大御酒《おほみき》献《たてまつ》りし時、天皇の歌曰《うた》ひたまひしく

　　水《みな》そそく　臣の嬢子《をとめ》　ほだり取らすも　ほだり取り　堅《かた》く取らせ　下堅く　弥《や》堅く取らせ　ほだり取らす子

　とうたひたまひき。こは宇岐《うき》歌なり。爾《ここ》に袁抒比売、歌を献りき。其の歌は、

　　やすみしし　我が大君の　朝戸には　い倚《よ》り立《だ》たし　夕戸には　い倚り立たし　脇几《わきづき》が下《した》の板にもが　あせを

　といひき

とある。

はじめの歌は、「みずみずしい娘さんがほだりを取り持っているよ。ほだりは、しっかり持ってほしい。真底から堅く、ますます堅く取り持っておくれ。ほだりを取り持つ娘さんよ」という意であり、あとの歌は「わが大君が、朝に夕に倚りかかっておいでになる脇息の下の板にでも、私はなりたいものです。あなた」という意である。

「ほだり」は、「秀罇《ほだり》」と解され、「酒を入れる杯にそそぐ銚子のようなもの」とみる本居宣長（『古事記伝』）の解釈が通説化しているが、直木孝次郎は、「『ホダリ』を堅く取ることが一首の中心をなしていると思われる」から、「この歌にはセクシャルな意味があるのではないか」とみて、「ホダリ」は「銚

子のようなもの」でなく、「ホ」は「立派な」、「タリ」は「垂れているもの」と解し、「ホダリ」は「男性のシンボルをさす語」とみる。[1]

吉田金彦も、「ホ」を「丈が高い」、「ダリ」を「樽」と解す「秀罇」説は、国語学上成立しないと批判し、「男根」説も、「立派な秀でたものが男根」なのだから、「垂れたシンボルでは、直木先生のご趣旨さえも半減するのではないか」と批判する。[2]しかし、二つの歌がセクシャルな意味をもっているとみる点では、直木説と同じである。

直木・吉田が、この歌をセクシャルな意味に採っているのは賛成だが、「ホダリ」を「フンドシ」または「ヒモ」とみる吉田説には、同調できない。吉田は、直木の男根説では「ダリ」を垂れと解すから、垂れ下がった男根では歌の意が通じないと批判するが、「ダリ・タリ」を、記・紀は「足」と書く。

三品彰英は、「足」を充足・長命の意味とし、[3]塚口義信は、応神記の「百千《ももち》足《た》る」、雄略記の「百足《ももた》る」の用例から、「何事にも満ち満ちている状態、すなわち人徳・富力・武力の充実している状態」を「タリ（垂・足）」と解している。[4]「ホダリ」を「秀足」、つまり充足した男根の意と解せば、歌の「堅く取らせ」の繰り返しは、スムースに理解できる。

正月の民俗行事の削り掛けは、ハナホダレ（花穂垂）と呼ばれている。吉田金彦は、「このハナホダレは種子の豊饒を祝うという意味で、男根崇拝にも結びついている。このようにホダレは稲の穂形から出たもので直接男根を象徴したものではないので混線しないよう注意がいる」と書いているが、[5]稲穂が「垂れる」のも、稲が実って重くなった「充足」を意味している。したがって、男根の「充足」が一見「垂れる」と逆であったとしても、直木説は無視できない。

そのことは、柳田国男があげる「ホダレ木」の例からもいえる。農村には「ホダレ」「ホダラ」という言葉が残っており、東北地方のオシラサマの神体の棒状のものも、「ホダレ木」「ホダラ木」という。「祝棒」の「ホダレ木」が、オシラサマの神体になったと柳田はみるが、この「ホダレ木」の祝棒で、正月、花嫁の尻を打つ行事が各地にあり、この棒を「若い女が顔を赤らめるような」露骨な名称で呼び、「それに基づく唱へごとは幾通りも行われ」たとも書いているから、[6]男根ホダリ説は、稲穂のホダリと「混線」しない。

柳田国男は、ホダレ木で「花嫁を盛装させて米俵を並べた上にうつむかせ、一家立会の上で恭《うやうや》しくお尻を打ってもらったという記録が、僅か百年前の田舎にあった」と書いているが、[6]この行事が正月に行なわれ、相手が新婚の花嫁であることは、新嘗の豊楽《とよのあそび》に選ばれた嬢女《をとめ》が「ホダリ」を取るのと同じである。

柳田は、ホダレ木と雄略記の「ほだり」の関連は述べていないし、ホダリ男根説の直木も、ホダレ木のことにはふれていないが、ホダレ木の「ホダレ」と雄略記の「ほだり」は、同じであろう。

雄略記の「ほだり」の歌は、酒盃をすすめる袁杼比売に対して天皇がうたった歌だが、『古事記』は八千矛神に酒盃をすすめる大后の須勢理毘売がうたった歌を載せている（三七頁参照）。その歌詞は男女交合を示しており、ホダレ木を「若い女が顔を赤らめるような」名称で呼んでいることからみても、雄略天皇が袁杼比売にむかって「ほだり取らす」とうたった「ほだり」が、銚子でないことは明らかである。

したがって、天皇が肘《ひじ》をつく「脇几《わきづき》の下板になりたい（「脇几が下の板にもが」）」も、「ほだり」と無関係ではない。そのことは、宮田登が書く次の事例からいえる。

『栗里先生雑著』第三に、備前国赤阪郡牟佐村の高蔵神社の杵舞のことについて記している。（中略）主人は裃姿で稲穂を十握も左右の手にもち、それを打ち違えて舞う。主人は妻を呼び、団子を渡す。次に主人は本と末が太い形の桙を左右にもちつつ舞い。その後かまどの後に立ちて妻をよぶ。主人は「大きな〳〵大物を進じよう。引きはだけて待ち給へ」というと、妻は俵を股にはさんで進む。主人は太杵を俵の中にさし入れて、舞い終る。

これは新嘗の神事が終ってからの舞いであるが、稲穂、団子、杵と俵によって人の生殖と稲の生殖のあり方を、象徴的に表現したものである。

群馬県吾妻郡六合村で、大正年代ごろまで行なわれていたという、正月の炉端めぐりは、右の杵舞いと関連して興味深い。正月一四日の夜。猿田彦の掛図の前に灯明を置き、供物を捧げ、いろりに火を燃やす。夫婦が裸体となり、四つんばいとなって、次のような問答をする。亭主は男根をふりつつ「栗穂も稲穂もこのとおり」。女房は自分の女陰をたたきながら夫に唱和して「大きなカマスに七カマス」。そして夫の後に続いて、いろりのまわりを四つんばいでまわったという（藤林貞雄『性風土記』）。唱句については、「垂れた垂れた、栗穂が垂れた」と男が唱え、女は「割れた割れた、コラ割れた」というのもある。これを家側として、つまり家だけの秘密として大晦日に行なったという話もある。明らかに、先の杵舞の基礎となる行為であった。[7]

この記述の「炉端めぐり」は、新嘗・正月・大晦日などの「ハレ」の日に行なわれている点で、新嘗の豊楽と同じである（袁杼比売の歌は、「琴歌譜」では正月元旦にうたう歌になっている）。

「太杵」は「ホダレ木」の祝棒であり、男が男根をふりつつ「栗穂も稲穂もこのとおり」「垂れた垂れた、栗穂が垂れた」は、天皇がうたう「ほだり取り、堅く取らせ」の歌に重なり、女がうたう「割れた割れたコラ割れた」は、袁杼比売がうたう歌に重なる。しかし、稲穂でなく栗穂だから、稲作農耕以前の豊饒儀礼としての裸踊りを継承したものであろう。

中山太郎は、裸踊りについて、

飛騨の山村では、昔は元旦に百姓達は鋤鍬揃へて名主の許に年貢に往き、酒食の馳走を受けた後に「年讃《ほ》め」をする。其歌詞は左の如くである。

A　麻むっくり、稗むっくり、

馬の腹の、まろうに、まろまろまろと。

B　穂ぶらり、穂ぶらり、

わらが、垂り穂、しっこり、しっこり、おー、おもた。

C　たったりや、枥の苔、

忍んだりや、栗の毬。

所伝に、ABCとも各々別な趣がある。風紀上何れも詳細に説明は出来ぬ。大体歌詞に伴ふ身振りを、全裸の現人神、男女二尊で行ふ咒術。謂はゞ年ほめの実践である。

と書いている。(8)この裸踊りも、宮田登が紹介するような性行為の所作を行なったのであろう。歌詞のBは「ほだり取らす」と同じ意味の「垂り穂」で、「足穂《たり》」である。

飛騨の裸踊りが元旦に行なわれたように、『琴歌譜』によれば、雄略記の歌も元旦にうたわれている。

こうした性儀礼は、新嘗や元旦の神遊びなのである。「ほだり取らす」の歌も、本来は男性が女性に「ほだり（男根）」を握らせた豊饒祈願の予祝儀礼歌であり、それが裸踊りとして伝わったのであろう。この「ハレ」の日の男性は、現人神としての「遊男《あそびを》」であり、女性は神妻としての「遊女《あそびめ》」である。新嘗の予祝儀礼歌に登場する八田若郎女・髪長比売・袁杼比売は、「とよのあそび」の「遊女」である。

性的オルギーについて

「とよのあそび」の「ほだり」を「堅く取らせ」る遊び、高蔵神社や六合村の裸遊び、飛驒の裸踊りは、性的オルギー（狂騒）である。

エリアーデは、こうした性的オルギー、特に集団のオルギーについて、「オルギーの儀礼的機能」で、

オルギーは通常何らかの神婚 hierogamy と関連している。地上における無制限な性的逆上は、神的夫婦の結合と関連している。若夫婦がすき返された畠で聖なる結婚を再演するごとく、あらゆる社会の力は、最高頂に増大されると考えられている。

オラオン人が太陽神と大地女神との結婚を五日に祝うとき、司祭者はその妻と民衆の前で公然と交接し、そのあと名状しがたいオルギーが群衆の間にまきおこる。

ニューギニア西部とオーストラリアの北部のいくつかの島々（レティ島やサルマタ群島）では、同様のオルギーが雨季のはじめにあって催される。（中略）

オルギーは生命の聖なるエネルギーをあふれさせる。自然における危機的なとき、また豊かなとき、とくにオルギーが解放される。多くの地方で、旱魃の間、女が畑の上を裸で走り回って天の生

殖力を刺戟し、雨を起させる。（中略）

ブラジルのカナ族は、地上における動物や人間の生殖力を、性的なわざを模倣するファリック・ダンス（男根の踊り）によって刺戟する。このダンスには集団的オルギーが伴っている。ファリック・シンボリズムの痕跡は、またヨーロッパの農耕祭儀のなかにも見出される。例えば、「おじいさん」はときとして男根の形であらわされる。また最後の刈束は、「娼婦」とよばれ、ときとして赤い唇をつけた黒色の頭がつけられる。この色は元来女性生殖器の呪術象徴的な色なのである。

またローマ人のフロラリア Floralia（四月二七日）やルペルカリア Lupercalia の祭、またはインドの主要な植物の祭であるホーリ Holi 祭のような、古代の植物の祭祀で行なわれる暴飲暴食や不節制を想起すべきであろう。フロラリアの祭には、若者が裸で街々をパレードして歩き、ルペルカリアの祭には、若者が女の人たちを多産にするため、女性たちに手をふれるならわしがあったし、またホーリ祭ではどんなふるまいも許されていた。（中略）

バーリ島の祭の期間にも、インド教徒はすさまじい性的自由が許される。——近親相姦を除いては、いかなる性的交接も許された。東北インドのホス族は、収穫期に物凄いオルギーを行なうが、彼らはこれを、社会の平衡関係を確立するためには、男女間によびさまされるあらゆるよこしまな傾向を満足させなければならないという考えをもって正当化している。中央及び南部ヨーロッパに収穫期に共通する放埒や遊興は、多くの宗教会議、とくに五九〇年のオーゼル Auxerre 会議により、また中世の多くの著述家によって非難されてきたが、ある地方ではそれはいぜん、こんにちまでも保存されているのである。

と書き、「オルギーはつねに再生（「新年」のごとき）と豊饒の儀礼と密接に結びついて残存してきた」と書く。[9]

オルギーも神遊びである。したがって、エリアーデも「オルギーは通常何らかの神婚と関連している」とみるのである。

裸舞い、裸踊りは「オルギー」であり、集団かそうでないかは別にして、こうした神婚秘儀は洋の東西を問わずあるが、天皇も新嘗の夜の「とよのあそび（とよのあかり）」には、酒を飲み、歌舞を演じて「オルギー」を高めたうえで、神妻としての「遊女」と寝たのである。

天皇・出雲国造と采女《うねめ》

こうした性的オルギーの儀礼は、新嘗の日に行なわれているが、『類聚三代格』巻一に、「出雲国造神事ニ百姓女子ヲ多ク娶リテ妾ト為スヲ禁ズ」と題する太政官符が載る（原漢文）。

（出雲）国造ハ神主ヲ兼帯シ、新任之日即チ嫡妻ヲ棄テ、仍《ヨッ》テ多ク百姓ノ女子ヲ娶《メト》リ号《ナツ》ケテ神宮采女ト為ス。便《スナハ》チ娶リテ妾ト為シ、限極ヲ知ル莫《ナ》シ。此レハ是レ妄《ミダ》リニ神事ニ託シテ、遂ニ淫風ヲ扇《アヲ》ル。……今ヨリ以後更ニ然ルヲ得ザレ。若シ妾ヲ娶リ神事に供スルコト已《ヤ》ムヲ得ズンバ、宜ク国司、名ヲ注シ密封シ一女ヲ定セシムベシ。多ク点ヅルヲ得ズ。如《モ》シ此ノ制ニ違ハバ、事ニ随ヒテ科《トガ》ニ処ス。筑前宗像神主此レニ准《ナラ》へ。

岡田精司は、この太政官符について、

「神宮采女」を娶るという神事がこれらの大社にとって、一片の禁制をもって廃絶できるような軽い性質のものではなかったらしい。それは「若シ妾ヲ娶リ神事ニ供スルコト已ムヲ得ズンバ……」以下の文で知られるように、国司が卜定に関与する形をとり、采女の人数を制限するとはいうものの、その存続を認めざるをえないほど重要な神事だったのである。

ではその〝重要な神事〟の行われる祭典はいったい何か、ということが問題になる。右の太政官符は『類聚三代格』には、「延暦十七年十月十一日」の日付を以て載せている。この禁制はその年の祭典の日に間に合うように出されねば意味をもたぬはずである。十月という月には、固有信仰では大事な祭は行われない。『延喜式』四時祭の項にも「十月祭」というものはない。「十月十一日」以後で、出雲・宗像等の各大社に共通の祭りというと、十一月の新嘗祭が第一に挙げられる。当時の交通事情から考えても、一カ月前に官符が下されるのは妥当なところであろう。したがって出雲・宗像の大社において、国造兼神主が〈神宮采女〉を娶る神事というものは新嘗祭に行われたと推定できるのである。

と書いている。(10)

出雲・宗像大社の国造・神主が、新任の新嘗に「娶ル」「神宮采女」は神妻であり、出雲国造は新嘗の夜、神として神妻と婚《まぐわ》う神事をした。ところが、この神事を利用して、多くの娘を神妻という名目で「妾」にしているので、「一女」に限定せよと、太政官は布告しているのである。

新嘗の夜の国造と神宮采女の婚いは、新嘗の「とよのあそび」の天皇と遠杼比売らの婚いと同じだが、袁杼比売も、雄略記には「采女」とある。

岡田精司は、「采女と天皇の性的関係は、デスポットの恣意的なハーレムとしてのみ見るべきでない」と書き、「采女は国造の身内で巫女的性格の濃厚なものであるから、天皇は大和政権の守護神の資格において諸国の国津神の依り代としての采女と同衾する形をとるという、宗教的な行為であったと思われる。これもまた服属儀礼としての地方の支配権を天皇に集中するための、政治性の濃い呪的儀礼であった」と書く。そして、こうした儀礼としての性行為は、「本来は新嘗の夜のみに限られた行為だった」として、記・紀からいくつかの具体例をあげている。(10)

新嘗の夜、現人神の天皇が采女と寝ることを、岡田精司は「服属儀礼」としての「政治性」に力点をおいて見ているが、私は「豊饒儀礼」としての宗教性が強いと考えている。性行為が新嘗の夜に限定されているのも、豊饒儀礼だからである。民俗例としてあげた「ハレ」の日にのみ行なわれる性的オルギーを伴う神遊びも、エリアーデが指摘した性的オルギーの事例からみて、同じ豊饒儀礼である。

新嘗の夜、雄略天皇と采女が交した「ほだり」などの歌詞や所作は、民俗例の新嘗の夜の杵舞の所作や裸踊の歌詞と同じであり、天皇と采女は、遊男《あそびを》と遊女《あそびめ》である。

江戸時代の遊廓と「貸妻」の習俗

神遊びの遊男である現人神天皇と、遊女である神妻采女は、後代の遊廓の客と遊女の関係である。そのことを、折口信夫は、江戸時代の遊廓の例をあげて、次のように述べている。

> 我々は遊廓の生活は穢いものと思ってゐるが、江戸時代の小説・随筆等を読むと、江戸時代の町人は遊廓生活を尊敬してゐる。段々調べてみるとその生活も訣る。遊びにゆく人達は目的は同じところなのだが、直接に売色に関係した事を目的としてゐない。吉原・新町・島原等に於ける遊廓の

本格的な遊びをするお客をだいじんと言ふ語で表してゐる。大盡と書いていたが、元は大神と書いたのである。それに対してお供が従いてゆく。それを末社といふのだが、後に太鼓持ちを末社と言ふやうになった。それは大盡についてゆくお供と末社との間が離れてゐるので、お供（太鼓持ち）を末社と言ふやうになったのである。

　神社に於いては主座の神が大神であり、そこに配合せられてゐる小さな神が末社である。ところが吉原では末社とは言はない。と言ふのは江戸の町を対象としてゐるからである。昔の人は都会と郊外とを区別して、郊外に住む人は江戸の町に対して江戸といったのである。

　大盡と言はれる男が伴れてくるお供をえどがみといひ、その土地の人間で大盡を取り巻くものをちがみと言ってゐる。それで見ても大神・末社等の語は神社の神々によってゐる。

　遊廓に於ける饗宴はお祭りの形式を践むのだが、昔の人は正直だから重要な部分だけを行はずにとにかく始めから終りまで行ったのである。吉原へ遊びに行くと饗宴を開く。村の饗宴と同じく或式が行はれ、その式に来臨する正客があり、それを廻る陪従の客があり、これらの人々に主人が酒・肴を進め、芸人を進め、客もこれに應じて後、客が主人の進めた芸人を自分の思ふ通りにするのが昔のきまりであった。遊廓の揚屋へ行っても同じ形式で行ったのである。例へば月見は遊廓では大事な行事であり、地唄の「月見」を見ても遊廓に於ける遊びの席の様子が訣る。島台を据え（島台即、州浜台は平安朝時代から饗宴の席に出てくる）、そこへすゝきをあしらひ、銀紙で作ったお月様を張る。その島台を置いて饗宴の座敷が開かれるのである。

　祭りの時招かれた神が饗宴を受けるのと同じ形を、客が受けるのである。唯違ふのは、客がその費用を支払ふだけである。昔の人はさういふ遊びをする身分になりたいと絶えず思ってゐたのである。性欲をほしいまゝにするのではなく、座敷のとりさばきを如何にするかゞ問題で、伝説にも残る事を予期した。当時の人々には、それをうまくやる事によって名誉と考へたのである。[11]

このように、あそび男（神・天皇）とあそび女（神妻・遊女）の関係は、遊廓の「だいじん」と「おいらん」の関係であるが、古代の神遊びが江戸時代の遊廓にまで影響していることが、折口の文章からうかがえる。ただし、「ハレ」の日に限定された非日常の「あそび」が、日常化した「あそび」になってはいるが、それは時間だけが日常化したのであって、場所は特定化しており、まだ古代の「ハレ」の儀礼をとどめていた。

遊廓の「おいらん」は、大神《だいじん》の依り来るのを待っていたのであり、「だいじん」は客人神である（「神あそび」は、時と場所は特定されるが、相手は特定されない。ところが、「あそび」でない性行為は、特定された相手と、いつでもどこでも行なう。これが日常なのである）。客人は不特定であり、こうした客人の妻になるという発想は、旅人に妻を貸す習俗を生んでいる。

中山太郎は、「貸妻」の事例をいくつか『日本婚姻史』であげている。[12]

阿波国那賀郡沢谷村小字北谷は、郵便局へ五里、役場へ三里半もある山奥で、戸数も僅かに十三戸しかない寒村であるが、こゝでは旅客があっても宿屋がないので普通の民家に宿泊する。旅客を迎へた家ではその夜は娘を（娘がなければ妻）を客に同衾させるが、若し旅客が娘に振られるやうなことがあれば、娘は大声を初して「出戻りさんだ」と叫ぶ。すると親や夫が出て来てその旅客を夜中であらうが追い出してしまふ。かうして一度「出戻りさん」の名を負はされるとその村に宿るべき家を与へられぬのである（「週刊朝日」第九巻二十二号）。

肥前の天草島でも他地方から旅客が来ると良家の子女が自らすすんで枕席に侍る。これはかうして多くの異性に接するほど、早く良縁が得られると信じてゐるためである（「郷土趣味」十二号）。

肥前国南松浦郡富江村は、五島と称せられてゐる有名な島の一つであるが、こゝの山下部落では殊の外に外来人を忌む風俗がある。それは昔から今（昭和二年の秋）に至るまで、外来人が「あの女を借りたい」と云ふと、処女でも妻女でも貸さなければならぬ習慣があるためだと云はれてゐる（昭和二年の秋に同地を視察した橋浦泰雄氏の報告講演の一節）。

而してこれに似た土俗は山陰の因幡・伯耆の各地方にもある。然し山陰地方のは概して既婚婦人――即ち人妻であって、それが好んで旅客と関係するのであるが、勿論、物質的の報酬を受けるのではなくして全くの好意に外ならぬのである（「郷土趣味」十二号）。

越後国岩船郡三面村も山間の僻地であるが、こゝでも昔は他から旅客の来たときは猖んに貸妻の土俗が行はれたといふことである（橋浦泰雄氏談）。

以上の例を中山はあげて、「これ等の貸妻の習俗は友愛を表するための手段であると説明されてゐるが、更に一段と溯源して考ふるとき、此の習俗の起源が女子共有の基調に出発してゐることを容易に看取し得られるのである。換言すれば如何に友情の極致を示すためとはいひ、貸妻といふが如き不倫のことを敢てして、それを社会が少しも怪しまなかったのは、女子共有の思想が背景をなしてゐたからである」と書いているが(12)、人妻が客人と一夜を共にするというのは、「女子共有の思想」とはいえない。女子は強制され、いやいや旅人と一夜を共にしているのではないから、「男子共有の思想」ともいえる。

この習俗も、「あそび男」「あそび女」による神遊びであり、したがって、相手を特定していないのである。

旅人を歓迎する性習俗と客人神《まろうどがみ》

中山太郎は、次のような友人の体験談を記している。

私の友人にS氏と云ふがある。明治三十二年の秋の初めに商用で茨城県へ旅行し、土浦から鉾田行の汽船に乗ったが、船の故障で夜に入り牛堀（潮来の一つ手前の船着場）で上げられてしまった。始めての土地ではあるし、殊に夜のこと、勝手が分らぬので困ってゐると、若い婦人が来て馴々しく、

「お客さん、今夜は私の処へお泊りなさい」と親切に言ってくれる。

S氏は、旅籠屋の客引女と早合点して、言はれるままに、その婦人の家に伴はれた。見ると普通の民家であって、一向に旅籠屋らしくもなく、不思議だとは思ったが、外に泊る処もないので、その家の閾を跨いだ。すると案内した婦人が、

「お母さん、お客さまをお連れ申したよ」と言葉をかけると、奥の方から、

「それは宜いことをした。早くお上げ申しな」と言ひながら老母が出て来た。

そして二人して晩飯の仕度やら、寝所の世話までしてくれたが、此の若い婦人こそ玉代を要せぬ売女であった。S氏は私に此の事を話した折に「土地の慣習か、それとも婦人の宿願か、今に解せぬ不思議」だと言ひ添へるのであった。(13)

このS氏の体験談は、船着場での経験であるが、嘉永五年（一八五二）に書かれた『絹篩』（巻三）の羽後国南秋田郡戸賀村の条に、

舟かかりの澗《カン》あり。この所、菰被りとて秘売女あり。代銭いらず。

とあり、澗（谷川）の船着場の「菰《こも》被り」といわれた女性も、代金をとっていない。

この秋田の「菰被り」については、菅江真澄が文化七年（一八一〇）に著した『小鹿の鈴風』に、戸賀浦のこととして、次のように記している。

泊する船客等が丸寝して待つに、家にありとある燈を消して、皆しじまに、うば玉のやみのうつつに探りより、やがて男のふところに身をまかせぬれど、男も女もさらに顔見る事のあたはねば、舟人どもは、ただ酌子果報とて一夜のかたらひぞせりける。鶏のかけろと鳴けば、皆ひそひそと別れて、友の乙女も誰といふ事はしらず。是を菰被りと云ふとなん。

この「菰被り」は商売女ではなくて、S氏が体験したような、普通の女性が菰を被ってあらわれたのであり、したがって、「家にありとある燈を消し」、闇夜の中で客人の「男のふところに身をまかせ」「顔見る事のあたはねば」だったのである。顔を見ないで接するのは、特定したのでは神事・神遊びにならないからである。

山形県西田川郡温海村大字温海辺の村々では、昔は富める者も貧しき者も、村人はすべて娘を持ちたる限り、遊びくぐつ（娼婦）に遣るを習とし、之を「浜のをば」と称した（『鰐田の刈寝』）。

新潟県は大昔から遊女の大量生産地として聞えてゐるが、遊女に出すことを行儀見習に遣る位にしか考へてゐなかった。新潟県佐渡郡小木港は、佐渡芸妓の本場であるが、女子が生れると千両儲

けたと云ひ、明治の中頃までは、どんな上流の家庭でも、女子は必ず嫁入り前の修行として、幾年間かを芸妓をさしたものである（「民俗芸術」三巻八号）。

明治三十九年に伊豆の下田港へ旅行した見聞記によると、同地には百三十七人の酌婦がゐて、一時間三十五銭で酒席に侍した。同港では此の外に良家の娘が殆ど悉く酌婦の代用者であって、此の勤めをせねば一人前の女になれぬと、親達も認め娘達も信じてゐたとある（「新小説」十一巻二号）。

三重県志摩郡的矢村は、昔は大阪江戸間の船着場であり避難所でもあり、頗る繁昌を極めた土地であった。従って入船があると女と名の付く者は、殆ど悉く船客船員の枕席に侍した。古い俚謡に「的矢港や女郎ケ志摩、チョロ（娼婦の乗って往く舟のこと）は冥途の渡し船、しに行く人を乗せて漕ぐ」とあるやうに、全港の女子は挙げて娼婦の営みをした（『性の研究』）。

和歌山県東牟婁郡勝浦港は、昔から淫奔の地で、漁師の妻や娘は売笑するのを誇りとし、女のミサホとはどんなサホだらうと奇問を発して、巡廻の県庁の役人を驚かした事があると云ふ（南方熊楠氏談）。

長崎県平戸町に近い田助浦は漁村であるが、此の地の娘は概ね娼妓の鑑札を受けてゐて、需めに応じて貸座敷に赴き客に接するが、平生は家にゐて働いてゐる。客席に出る娘は十八歳からと定められてゐるが、十四五歳の者も珍しくないさうだ（「週刊朝日」九巻二十三号）。

中山太郎があげる以上の例は[14]、菅江真澄の書く習俗（客人神の一夜妻になるという遺風）が港の習俗であったように、港町や漁村の性風俗である点で、貸妻の習俗と根は同じである。ただし金銭をとっている点では、菅江真澄の書く女性や貸妻の女性とはちがい、娼婦である。

西鶴は『好色一代男』で、

難波の浦は日本第一の大湊にして、諸国の商人ここに集り、又上問屋下問屋数を知らず。客馳走のために蓮葉女といふ者を拵へ置きぬ。これは飯焚女の見よげなるが、下に薄絹の小袖、上に紺染の無紋に黒き大幅帯。赤前垂吹鬢に京笄、伽羅の油に固めて細緒の雪駄、延べの鼻紙を見せかけ、その身持それとは隠れなし。随分、面の皮厚くして人中を怖れず、尻据急てちょこちょこ歩き、びらしやらするが故に、此の名を付けぬ。

と書く。大阪の商家が「客馳走」のために抱えていたのが「蓮葉女」だが、こうした風習は、大阪が港であることからみて、客人神の妻になるという遺風であろう。

伊勢神歌に、

神客神《かみまらうど》のお前には
顔よき巫女《みこ》こそ舞ひ遊べ
宿所《すくそ》はいづくと問ふたれば
松ヶ崎なる富男《とみをとこ》

とあるが、後述するように、巫女には遊女的性格がある。そうした「顔よき巫女」のところへ通う客が、「神客神」なのである。

後白河法皇が編纂した『梁塵秘抄』に、

神ならば
ゆらら　さららと降りたまへ

いかなる神か物恥《ものはじ》はする　（五五九）

とある今様について、山上伊豆母は、「遊女化した巫女（巫娼）」が、「神婚の対象となる遊客（まれびと）」を、「神ならば」「いかなる神か」、と呼んだ歌とみて、『いかなる神か物恥はする』の句で、躊躇している客人のすがたが目に見えるようである」と書く。(15)

　このように、「遊客」は「客人《まろうど》」とみられていた。旅人（客人）を神として迎えたのが「貸妻」や「菰被り」「蓮葉女」の風習であり、それが港町に色濃く残って、「妻や娘は売笑するのを誇りとし」などと書かれたのである。

客人神としての天皇と采女

　延暦八年（七八九）に朝廷に高橋氏が提出した『高橋氏文』に、始祖の磐鹿《いわか》六雁《むつかり》命が東国に赴いたとき、「東方諸国造十二氏、枕子各一人進《たてまつ》りき」とある。伴信友は、『高橋氏文考証』で、「枕子」は、床に枕をあてがうほどの赤子《あかご》のこととし、国造たちの幼児を、朝廷から派遣された磐鹿六雁が人質にとったのが、この記述とみる。中山太郎は、磐鹿六雁が、国造の貢進した娘に初夜権を行使したので、これらの娘が「枕子」といわれたと解し、「京都の西本願寺の法主が諸国を巡錫すると、夜のお伽と称して娘を閨房に侍せしめ、斯くすることが名誉でもあり、良縁を得る所以とも信じた」例も、同じとみる。(16)

　私は、伴信友の幼児説より中山の娘説を採るが、中山の初夜権行使説は採らない（初夜権については第四章で詳述する）。磐鹿六雁も西本願寺の法主も、客人神とみられたのであり、「枕子」は、その客人神に供された神妻で、俗にいう「貸妻」であろう。

折口信夫は、「女の家」という文章で、

　近松翁の「女殺油地獄」の下の巻の書き出しに、「三界に家のない女ながら、五月五日のひと夜さを、女の家と言ふぞかし」とある。近古までもあった五月五日の夜祭りに、男が出払うた後に、女だけ家に残ると言ふ風のあった暗示を含んで居る語である。

鳩鳥《ニホトリ》の　葛飾早稲《ワセ》を贄《ニヘ》すとも　彼愛《カナ》しきを　外《ト》に立てめかも
誰ぞ。此家の戸押ふる　新嘗忌《ニフナミ》に　わが夫《セ》を遣《ヤ》りて　斎《イハ》ふ此戸を

『万葉集』巻十四に出た東歌である。新嘗の夜は、神と巫女と相共に、米の贄を食ふ晩で、神事に与らぬ男や家族は、脇に出払うたのである。早稲を煮たお上り物を奉る夜だと言っても、あの人の来て居るのを知って、表に立たして置かれようか、と言ふ処女なる神人の心持ちを出した民謡である。後のは、亭主を外へ出してやって、女房一人、神人としての役をとり行うて居る此家の戸を、つき動かすのは誰だ、さては、忍び男だな、と言ふ位の意味である。

と書いている[17]。折口は、客人神と巫女になった「神人」が「米の贄を食ふ」神事とみるが、共食だけでなく共寝もあったから、男は外へ出ていなければならなかったのである。

　折口はつづけて、次のように書く。

　神社が祭りを専門に行ふ処と言ふ風になって、家々の祭りが段々行はれなくなると、家の処女や主婦が巫女としての為事を忘れて了ふ様になる。其でも徳川の末までは、一時上臈《イットキジヤウラウ》などゝ言って、女の神人を、祭りの為に、臨時に民家から択び出す様な風が、方々にあった事を思へば、神来って、家々を訪問する夜には、所謂「女の家」が実現せられたのであった[17]。

共食だけなら「処女や主婦」でなくてもよい。「神来って家々を訪問する夜」「女の家が実現」するのは、神婚秘儀があったからである。「一時上臈」は神妻であり、一夜妻としての遊女である。『高橋氏文』は、枕子が「此例《ひれ》」を賜わったと書く。『続日本紀』慶雲二年（七〇五）四月条に、「諸国采女の肩布《ひれ》を令によって停めていたが旧に復す」とあるように、「ヒレ」が采女の持物であることからみても、枕子も神妻として「一時上臈」と同じである。

神武天皇と雄略天皇が、野遊び・川遊びに出かけて会った乙女は、どちらも三輪山麓の大物主神の娘や大物主神を祖とする三輪氏系氏族の娘であり、采女と同じ性格をもっている。こうした天皇の遊びを「遊行」と書くが、客人神とは、「遊行」する神である。

猪股ときわは、「遊行女婦論」で、記・紀が「遊行」と記す例をすべてあげ、「遊行はもともと神婚のためにやってくる〈神の巡行〉であった」とみるが、[18] 高天原から降臨した皇孫ニニギの巡行を、『日本書紀』は「遊行」と書く。「遊行」で至った笠狭崎《かささのみさき》で会った鹿葦津《かしつ》姫（亦の名、神吾田津《かむあたつ》姫・木花之《このはなの》開耶《さくや》姫）と一夜婚っている点では、神武天皇が高佐士野を「遊行」している伊須気余理比売と「一宿御寝坐《ひとよみねま》」したのと同じである。

鹿葦津姫は、「一夜《ひとよ》にして有娠《はら》みぬ」とあるが、「ほだり」を握れと雄略天皇にいわれた袁杼比売を、『日本書紀』は采女童女君《をぐなのきみ》と書く。この采女に対し、雄略天皇は「一夜与《あた》はして」いるが、この一夜で彼女は「脹《はら》み」、女の子を生んだので、天皇は自分の子かどうか疑ったと、『日本書紀』は記している。

倉塚曄子は『采女論』で、この『日本書紀』の記述にふれて、

「一夜婚《ひとよまぐわい》」で孕むとは神話によくあるモチーフである。常陸国風土記のクレフシ山伝説などその

典型例である。誰とも知れぬ男が女に通って女は一夜ではらみ、後に子の父を求めたら神であることがわかったという話である。神に仕える巫女を下敷とした話だが、よりつく神は人間の目にはたしかめられぬため、子の父の探索というモチーフがつきものであった。皇孫ニニギノミコトの妃コノハナノサクヤヒメも、一夜で孕んで天孫の子かどうかを疑われ、燃えさかる戸無き殿の中で出産してあかしをたてた（記紀、神代）。父親が疑問視されるのは、父親の探索の変形であろう。采女童女君の話は、この「一夜婚」の談話の人代版にすぎないのであって、これを貞操を疑われたみじめな女の話（門脇禎二『采女』第一章）といった具合によむわけにはいかない。一夜婚の話は、君主の即位式の一環である聖婚の説話化であった。社会と自然の双方のいとなみを統べるべき古代の王は、新王として復活する際に父なる天の資格で大地を象徴する女をめとり、自然の豊饒を保証しなければならなかった。この象徴的な秘婚が聖婚であり、その夜限りの儀礼的な妻が一夜妻である（西郷信綱『古事記の世界』九参照）。

と述べている。(19)

また、人質として土着豪族から娘を貢進させ、天皇の占有物としていたのが采女だとする説に対し、倉塚は、皇后の寝室に入り込んだ人より、采女を姧《おか》したと疑われただけでも、後者のほうが重い罪になっているから、采女は天皇の占有物の皇后よりも、神妻としての神聖性をもっていたとみている。そして、「大体采女の姧通に際し罪せられるのは男ばかりで采女に何ら咎のおよんだ気配がないのはおかしいのではないか。これも采女が常人と同じレベルで裁かれる存在ではなかったことを物語っているといえよう。采女が天皇の占有物だというのであれば、その分際をこえたということで采女自身も罰せられ

たはずである」と書く。(19)

さらに、采女を奸した罪を「祓除《はらへ》」によって購《あがな》っている『日本書紀』の記事をあげ、神事に関する侵犯に対して、「はらへ」という宗教的購罪の方法がとられているから、「采女奸通は、神事の侵犯とみなされていた」とし、采女は天皇に「貢進」される前から巫女・神妻としての女性であったとみて、「本来采女は天皇の神妻であり、同時に彼女たちは本つ国でも神妻であった」と結論している。

采女の宗教性を否定する論者たちが、采女童女君の一夜孕み伝承について、納得がいく説明ができないことからも、采女の実像は明らかである。彼女たちは天皇の「ハレ」の日の一夜妻・貸妻である。

こうした神婚儀礼は、新嘗の豊楽《とよのあそび》の夜に行なわれることからみても、神あそびであり、その夜の天皇は現人神としての「遊男《あそびを》」、采女（枕子）は神妻としての「遊女《あそびめ》」である。

第三章　一夜妻《ひとよづま》と人身御供《ひとみごくう》

『万葉集』の一夜妻

『万葉集』に、「一夜妻」をうたった歌が載る。

我が門《かど》に　千鳥しば鳴く　起きよ起きよ　我が一夜妻　人に知らゆな　（三八七三）

この「一夜妻」について折口信夫は、

はじめて忍び会うた女に対して言ふか。遊女とするのは、後世的の考へであらう。但、本集時代、全く女より男の家に泊りに行く事はなかったでもないが、主に男からである。思ふに、初めてと再三なるとに係らず、情人に対しては、つま・いもなど言ふべきはずであるのに、故らに一夜の字をつけたのは、意味があらう。思ふに必、ある種の女の名詞であったものであらう。でなくては、女によびかけて、一夜妻と故らに言ふのも変である。やはり遊行女婦のなかまの者で、男の家などへ泊りに来るのを職業とした者を、一般にかう言ふていたものと考へる。さうした女を家に泊めた事が、人に知れるのを忌んだのである。

と書いている。(1)

原文に「一夜妻」とあるので、折口は女とみて、右のように説明するが、折口も書いているように、

『万葉集』編纂時には、主に女の家へ男が泊まっていたから、日本古典文学大系・日本古典文学全集・新潮日本古典集成などは、「一夜夫」とみて、「まだ一夜しか逢わない男」（大系）、「行きずりの意で一夜を共にした相手」（全集）、「一夜だけ床を共にした行きずりの男、遊行女婦などの立場で用いた語」（集成）などと説明する。

しかし、女の家へ男が行く例だけではない。柳田国男監修『民俗学辞典』は、「よばい」について、「ヨバヒは一般に男が女の所に通ってゆくものであるのに、女が男のもとへ通いゆくことを狭いながらも一地方の習わしとしていた所があり、栃木県足利・愛知県知多半島・京都府北部・兵庫県・長崎県・沖縄などの一部からその事例が報告せられ、そしてそれらの地の多くには、『丹波よいとこ女のヨバヒ』云々という類の歌がある」と書いている。

赤松啓介も、「丹波よいとこ女のヨバヒ」と同じ例について、『但馬　後生楽　女の夜這い』などと、上の国名を、淡路、伊賀などに変えて、全国的に多い。『淡路女に　MARA見せな』と同じで、これも同類の発想がたくさんある」と書いている[2]。

理由はともかく、女が男の家へ通っている事実もあるのだから、原文の「一夜妻」を「一夜夫」に変えるのは賛成できない。待つか通うかはともかくとして、『万葉集』の「一夜妻」は、神あそびの「あそび女」をうたっている。

そのことは、平安時代の宮廷神楽の神楽歌《かみあそびうた》の「酒殿歌《さかどのうた》」に、

本

天《あま》の原《はら》　ふりさけ見れば　八重雲《やへくも》の　雲の中なる　雲の中との　中臣《なかとみ》の　天の小菅《こすげ》を　祈《さ》き祓《はら》ひ

祈りしことは　今日の日のため　あなこなや　我がすべ神の　神ろぎのよさこ

末

鶏は　かけろと鳴きぬなり　起きよ起きよ　我が門《かど》に　夜《よ》の妻《つま》　人もこそ見れ

とあることからもいえる。

「夜の妻」を、『万葉集』の「一夜妻」を「一夜夫」にした発想で、「夜の夫《つま》」とする日本古典文学大系の「神楽歌」（小西甚一）は、「末の歌は、本の歌と意味の上でよく続かない。もともと別の歌であったと見るべきだ」と書き、日本古典文学全集の「神楽歌」（臼田甚五郎）は、「酒殿歌としての特別の必然性は見られない」から、「元来は催馬楽であったか」と書いている。このような書き方をするのは、「夜の夫」と曲解しているからである。

末の歌の「つま」が男でなく女であることは、もう一つの酒殿歌の末の歌が「舎人女《とねりめ》」を詠んでいることからもいえる。また、一夜妻を詠んだ『万葉集』の歌と意味はほとんど同じであることからも（「人もこそ見れ」は「人が見るかもしれないので」の意で、「人に知らゆな」と同義である）、「夫」でなく、「妻」である。

本の歌の「我がすべ神の　神ろぎのよさこ」の「よさこ」は、囃《はや》し詞《ことば》とみられるが、「すべ神」は「皇神」で、皇祖神または地域を支配する最高神をいい、「神ろぎ」は女神の「神ろみ」に対して男神をいう。末の歌の「我が門」が、「我がすべ神の門に」の意であることからも、「夜のつま」が神妻としての一夜妻であることは明らかである。したがって、本の歌と末の歌は、意味のうえでよく続き、「もともと別の歌であったと見る」必要はない。また、一夜妻の采女童女君（袁杼比売）は、現人神（天皇）に

「大御酒《おほみき》」を献じており、酒と一夜妻は切り離せないから、酒殿歌であることに「必然性は見られない」などとはいえないのである。

「人に知らゆな」は、前述（五二頁）した菅江真澄の「顔見るあたはず」と同じ一夜妻だからである。「夜の妻」が皇神《すべかみ》の一夜妻で神楽《かみあそび》歌に入っていることからみても、『万葉集』の「一夜妻」の歌も、娼婦としての「遊行女婦」を詠んだ歌ではないだろう。

一夜妻が酒をすすめる意味

「豊楽《とよのあそび》の日、春日の袁杼比売、大御酒を献りし時」（『古事記』）に雄略天皇がうたったのが、「ほだり（男根）」を「堅く握れ」という歌である。「ほだり取らすも」の歌を『古事記』は「宇吉《うき》歌」と書く。「うき」は「盞」で、酒盃のことだが、酒をつぐのは婚約を意味するから、婚約を「盞結《うきゆい》」ともいう。

奄美大島の与論島の「ウキユヒアソビ」という酒宴について、土橋寛は、

一人の女童（未婚の乙女）の家を選んで、村の男女が酒食の材料を持寄って集まり、女たちが煮炊きの役を引受けて、やがて酒盛りが始まるのであるが、これが男女の社交の場でもあれば婚約の機会にもなっている。酒盛りが始まって酒を汲み、かつ食べ、やがて男の弾く三味線に合わせて歌が歌われるが、ほろ酔い気分になると踊も出る。まず男が踊ってから、自分の好きな女を引出して踊らせる。そして興に乗り、酔が廻ってくると、男は酒を口に含んで、自分の好きな女の口の中に入れて飲ませる。これを「含み酒ぬ遊び」といい、女の方で気が向けばこれを受け、その意志のない場合は決して受けないそうである。これで約束が出来る。

と書いている。(3)

柳田国男は、対馬では女が参加していないと「酒宴《さかもり》」とはいわないと書き、

　酒は婚姻と関係を持って居る。固めの盃などと言って盃を交はす風は今も残って居るが、此風は、一夜づまとの関係を結ぶに於てさへも守られた。地方によっては現在もまだそうであるが、一般に極《ごく》最近までは、男女の関係は酒で固めなければならぬと考へられて居たのである。（傍点引用者）

と書いて、「男女の関係」を「酒で固め」るのは、「酒を飲めば情欲が起る」からとみるが、(4) そうではなく、酒は本来「神酒《みき》」であり神への供物だから、神に祝福されて婚約する「男女の関係は酒で固めなければならぬ」のであった。

　柳田国男は、「此風《このふう》は、一夜づまとの関係を結ぶに於てさへも守られた」と書いているが（柳田のいう「一夜づま」は娼婦の意）、遊女は本来神妻であったのだから、彼女たち「さへも」でなく、彼女たちこそ、酒によって契りを固める旧習を守っていたのである。

　雄略記には、豊楽に袁杼比売以外に、三重の采女が天皇に「大御酒」を献じたと書いているが、三重の采女の酒盃に、舞ってきた槻の葉が入っていたため、天皇は怒って采女を殺そうとしたとある。この話については、「木の葉が酒盃に入っていただけで、人を殺そうとする。なんとひどい天皇だろう」とみるのが一般的解釈だが、こうした通俗的解釈には同調できない。

　三重の采女は、数ある采女のなかで、豊楽の日に一夜妻に選ばれた采女として御酒をすすめたのであり、その御酒に木の葉が入っていることを反逆の意志（イエスを示す酒にノーを示す混入物があること）とみて、天皇は怒ったのである。御酒は神酒であるから、柳田のいうように、「酒を飲めば情欲が起る」

としても、その「情欲」も古代人は神の意志と考え、神が憑《つ》いた証とみたのであろう。

現代人のように、いつも古代人は酒を飲んでいたわけではない。「ハレ」のときのみ飲むのは、「ハレ」の日は神と「あそぶ」日であるから、神の飲むものを飲んだ、というより神を飲んだのである。そうした神酒を男女がお互い飲んで婚《まぐわ》うことが「ユキムスビ」だから、「ユキムスビ」は神の意志による。結婚式の三々九度の固めの盃も、「ユキムスビアソビ」を継承したものであろう。

『万葉集』の一夜妻を、折口信夫や柳田国男は、後世の売春する遊女《ゆうじょ》（娼婦）に近いもの、または遊女そのものとみているが、一夜妻の原義は、神と一夜の「あそび」をする「あそび女」であり、神妻・神女である（折口は『万葉集』の一夜妻を娼婦としての遊行女婦とみているが、一夜妻という用語そのものについては神妻とみている。くわしくは九二頁参照）。

一夜妻と「一時上臈《ひとときじょうろう》」

一夜妻は、民間の神事のなかに残っている。

寛政八年（一七九七）から十年（一七九九）の間に書かれた、秋里籬島の『摂津名所図会』（巻三）の「一夜官女」の条に、

野里村の本居神《うぶすな》住吉の例祭の時、此里の民家より、十二三許《ばか》りの女子に衣裳を改め神供を備ふ。これを野里の一夜官女といふ。むかし御手村一雙の地にして、例祭厳重なり。今は其形ばかりを行ふ。

とある。野里村は、現在の大阪市西淀川区野里だが、中山太郎は、「神は、新嘗の夜に心に適した婦女があるとそれを近づけた。これが今に各地に残っている祭の折の一夜《ひとよ》官女《かんじょ》又は一時上臈《ひとときじやうらう》の原義なのであ

る。大阪市外歌島村字野里の氏神祭には少女七人が、下髪に白絹の被を着て一夜官女として参籠する」と書き、野里の例をあげている。[5]

野里の住吉神社の一夜官女は「少女七人」だが、柳田国男は、この七人は「十二三の女の児」で、そのうち「一人だけは、『ニエ』と称して別の座に坐らせて居る」と書いている。[6] この記述は、神武記の高佐士野《たかさじの》に野遊びする七人の乙女のうちから一人（イスケヨリヒメ）が選ばれ、天皇と「一宿《ひとよ》御寝《みね》ましき」とあるのと同じである。

中山太郎は「一時上臈（女郎）」について、『遺補・日本民俗学辞典』で、「尾張津島天王社、正月廿六日に御贄祭を行ふが、此時中島郡三宅村の村民来会し祭儀あり、官人の少女例座する。之《これ》を一時女郎の借小袖と云ふ。此日だけ吉田家より五位の衣裳を借りるので此称がある」と、『張州雑誌』（巻七一）からの引用を載せている。

柳田国男は、「祭と司祭者」で、「神戸と大阪の中間の鳴尾の岡太神社、俗にをかしの宮と謂った社の祭に、一時上臈《ひとときじやうらう》といふ者が出たことは夙《はや》くから有名であった。摂陽落穂集の頃までは、まだ村民の頭屋に当った者が、女装をして勤仕して居たのであったが、今日は既に変化して、ただ紅白を剪《き》って作った人形を下げて置くだけになった」と書いている。[6]

柳田の書く岡太（岡田）の一時上臈について、中山太郎は、「西宮市に近き小松村の岡田神社は、古くはおかしの宮と称したが、その理由は祭礼の折に供物を備ふる男一人が、その年に村へ嫁した花嫁の衣裳を着て、この役を勤めるのであるが、氏子の大勢がこの男の後に随ひ手をたたきながら、『一時上臈アアをかし』と囃したので、斯く云うたと伝へられてゐる。併しながらこの一時上臈が古くから女性

であったことは言ふまでもなく、且つそれが新嘗の夜に神に召された女性の名残を留めたものである」と書いている。(5)

人身御供と一夜妻

摂津の野里の住吉神社の一夜官女は「贄《にえ》」と呼ばれ、尾張の津島の天王社の一時女郎の出る例祭は「御贄祭《みにえまつり》」と呼ばれており、鳴尾の岡太神社の一時上﨟には「人身御供の話が伝わって居る」と、柳田国男は書いている。(6) また、野里の住吉神社の一夜官女にも人身御供の伝承があり、一夜妻には生贄《いけにえ》・人身御供の要素がある。

喜田貞吉は、「人身御供」と題する論文で、人身御供を求めた「邪神姦鬼」の徒は、「化外の蛮民」とされた「山人」のことで、山人社会では、「昔は必要上大抵掠奪結婚が行はれた。八岐の大蛇が毎年出て来て少女を取るといふのは、即ち女子の欠乏に対する掠奪結婚であったに相違ない。酒呑童子が美目よい女房や上﨟を盗んだといふのも、つまりは同じく婦女の欠乏の結果なのだ」と書き、「こうした掠奪を防ぐため、一定の時期に村の婦女を彼らに嫁せしめる。是が即ち人身御供だ」と書く。

そして、「其の犠牲となる婦女の選定は、或は卜定により、或は抽籤による場合もあらう。是れ即ち白羽の矢が立ったのだ。若し人身御供なるものが、真に其の肉を喰ふのみの目的であるならば、飛騨の猿神の話の場合の様に、男女を限らず肉付のよいものを希望すべき筈であるに拘らず、出雲簸川上なる八乙女を始として、通例は必ず未婚の少女で、しかも美目よきものを注目する所に此の消息は伺はれる」と述べている。(7)

八岐大蛇《やまたのおろち》を化外の蛮民山人と喜田は見立てるが、八岐大蛇は荒御魂の山神、荒神であり、スサノヲと同性格である。八人のヲトメ（記・紀は少女・稚女・童女と書く）を次々に人身御供にとったというのは、神武天皇が高佐士野で七人のヲトメからイスケヨリヒメを選び、一夜寝たのと同じである。したがって、人身御供になったクシイナダヒメが、オロチを退治したスサノヲの妃になったのは、一夜妻のイスケヨリヒメが神武天皇の妃になったことと重なる。

一時上臈が十二・三才の少女であるように、クシイナダヒメ、イスケヨリヒメも童女・少女と書かれている。『筑前旧志略』（巻下）に、筑前国朝倉郡三輪村久光の阿弥陀峯に老狸が棲み、阿弥陀に姿を現じ人身御供を取った。ある年、犠牲を供えぬと大いに祟ったので、村人が恐れてまた人身御供を献じた。ある年、十二・三歳の少女が供えられたとき、御笠郡の猟師が来て退治した、とあり、一時上臈と同じく人身御供に十二・三歳の少女が選ばれていることからも、人身御供の少女と一時上臈は同性格である。

人身御供を要求する大蛇・狒狒《ひひ》・老狸などは山神の化身であり、大江山の鬼も、こうした発想の延長上にある。

『日本書紀』の三輪山伝説には、三輪山の神（大物主神）の正体は蛇で、美しい男に化身して娘のところへ通ったとあり、山神は蛇である。この神が通った娘（ヤマトトトビモモソヒメ）について、『日本書紀』は「大物主神の妻」と書いている。彼女は神妻・一夜妻で、クシイナダヒメと同じである。

このように人身御供譚は一夜妻譚だから、一時上臈の祭儀に人身御供が伴っているのである。

中山太郎も、一夜妻について、

或る定められた一夜（神祭の夜）だけ神に占められる務めを有ってゐた女性を、かく呼び習はしたものと考へたい。詳言すれば後世の伝説として、神の標である白羽の矢が家の棟に立ち、その女子が人身御供にあがるといふ思想の、最初の姿がこの一夜妻であったのである。伝説の通俗化は我国の『生贄』と支那の「犠牲」とを混同させ、人身御供といへば忽ちに神の餌食として取り殺されるやうに盲信させてしまったが、古き人身御供の意義は単なる神寵であって、一時的の神妻であり神采女に過ぎなかったのである。

と述べている。(8)

「刀自覓め《とじもと》」と一夜妻・人身御供

柳田国男は『海南小記』で、沖縄の久高島の「刀自覓め」の習俗を、次のように書いている。

此島では人の妻となる者は、必ず祝言の席上から遁げ去って、十日二十日の間、新郎に捕へられぬやうに力めねばならなかった。此頃、向上会と称する青年団の骨折で、遁げ遅れて居る期間は四日を越ゆべからずと申合せ、女たちは寧ろ窃かに之を喜んで居ると云ふことだが、今まで早くつかまった花嫁を、何かみだらな女ででもあるかの如く、嘲って居たさうである。今の外間のノロクモイの如きは、七十二日の間見付られなかったと自慢して居る。周囲一里とすこしの小島の内ではあるが、御嶽の中には男子が憚って入らぬ為に、此へ遁げ込めば何日でも捕へられずに居ることが出来た。多くの女はしばしば里へ食事に来たり、或は自分が先づ退屈して、そっと居所を知らせて来たりする故に、三週間とは続かぬのだと、此老女は謂ったさうである。斯う云ふ半ば馴合ひの逃げ隠れがあるが、それでも新郎は多くの友人の助力を頼み、実際血眼になって捜しまはり、つかまれば又髪の毛を鷲づかみなどして、手荒い折檻をするのが作法である。昼間捕へると一室に押込めて張番を附けて置き、夜見付けたら直ぐ寝てしまふ。此時に花嫁は必ず悲しい声を立てゝ泣くことになって居る。其声を聞付けて附近の人々、どこそこの嫁もとうとう捉まったと見える。随分長かったとか、又は少し早過ぎるやうだとか、とりぐ〳〵の評判をすると謂ふ話である。(9)

この柳田の記述を、中山太郎は「掠奪婚的儀式」とし、「この刀自覓ぎに似て然も極めて簡略化されたものが伊豆の大島にある。同地では結婚式の最中に嫁は隙を見て、来客や家人に知れぬやうに実家へ逃げ帰へるのが儀礼となってゐて、若し逃げ帰へらぬ者があると村から賤まれる。翌朝になると婿が嫁を迎へに往き、相携へて戻って来るのである(『駿豆相三国伝説』)」と書く。(10)

松村武雄は、「刀自覓めは、単なる伝承上の想案ではなくて、一の厳然たる婚礼儀礼として多くの民俗の間に実修されている」として、次のように書く。

シナイのメゼイネ族にあっては、婚姻する女人は、先づ山中に逃げ込んで、相手の男性がこれを探し出すまで根気よくそこに潜伏していなくてはならぬ。南アラビアのベヅーイン族の間にあっても、或る乙女と或る男との間に婚約が成立すると、女友達どもがかの女に幾日分かの食料を与へて逃亡させるのであった。マラッカのオランダ・ベヌア族の間では、婚礼に先立って、乙女は森の中に遁げ込み、夫となるべき男性が手をつくしてこれを捜索し出さなくてはならぬ。もし探し出し得ないと、一同の嘲笑の標的となる。カルフォルニヤのインディヤン族に於ても、乙女は婚姻式に先立って窃かに両親の家を脱け出して、三回ほどどこかに身を隠す。対手の男はその度に探索の労をとらねばならぬが、探し出すこと二回に及べば、これを妻となすことが出来るのであった。我が国に近い台湾の生蕃にあっても、結婚の当夜には、新婦たる者は慣習的儀礼として逃げ出して草陰や岩間にその身を隠し、そして新郎の探索が始まるのである。(11)

こうした結婚習俗について松村は、「花嫁となる者は何等かの方法によって、新しいファミリーの神に無事に受入れらるべき身分にならなくてはならぬ。遁避はさうした身分になるためのもので、そして女人にありがちなデリケートな性的反抗の心理がこれに結びついてゐるところに、所謂刀自覓めの儀礼の成立因があると、自分は今のところ考へてゐる」と結論している。(12)

柳田国男は、沖縄の久高島の刀自覓めについて、中山太郎・松村武雄とはちがった見解をもっており、屋久島の小瀬田の次のような習俗を紹介する。

一年にたゞ一日、正月の十四日の晩、ウキミ（「娘組」のこと――引用者注）の娘たちは若者の監督を離れて、自由に集まって遊ぶ日があり、之をヨメジョバナシ又はヨメジョサガシとも呼んで居た。どういふ処へ隠れるものか、ニセ（若者のこと――引用者注）たちは捜しまはるのだが見付かったためしが無く、又発見せられるのは不吉だとも言はれて居た。どこか山の中の隠れるに都合のよい場処に、食物を用意して一同で寄り集まって、一晩中そこで遊んで来るらしく、寒い季節なのに、見付かるのを恐れて大きな火も焚かず、又還って来ても決してその処を人に語らない。十五日の朝、庄屋が法螺貝を吹くと帰って来る。雨が降るとどこかの家の中に隠れて遊んだといふ。

さらに柳田は、「鹿児島県の内陸には、ヨメジョバナシの風習はそちこちに有るやうである。桜田勝徳君は肝属郡百引村の例を報告して居るが、こゝのもやはり正月十五日の青年行事で、しかも問題の女性は未婚者で無く、新たに嫁入って来た若いオカタである」と書く。(13)

このような屋久島の例から、柳田は久高島の刀自覓めも、「掠奪婚姻の名残りなどといふ考へ方も有るらしいが、同じ島人の知り合った仲で、さらさら嫌ふ縁談ばかり有ったらうとは思はれない。みんなが一様に是非隠れなければならぬのは、是も亦儀式であったからだと思ふ」と書き、「久高の島では実は全部の成長した婦人がカミンチュ（神人）である」ことから、カミンチュになる女性が結婚するときの宗教的儀式とみる。[14]

折口信夫も、久高島の「刀自覓め」の習俗を紹介し（折口は、大正の初めにこの習俗は廃止になったと書いている）、

> 神と人間との間にある女としての身の処置は、かうまでせねば解決がつかなかったのである。此《この》風《ふう》を、沖縄全体の中、最近まで（この文章は、大正十三年九月発行の「女性改造」第三巻第九号に「最古日本の女性生活の根底」という題で載った――引用者注）、行うて居たのは、此島だけである。其にも拘らず、曾て一般に行うたらしい痕跡は、妻覓《ツママ》ぎに該当する「とじ・かめゆん」（妻捜す）「とじ・とめゆん」（妻覓《もと》め）など言ふ語で、結婚する意を示す事である。

と述べている。[15]

久高島の刀自覓めも「嫁女放《よめじよはなし》」であり、神妻（一夜妻）になるために身を隠すのであって、中山のあげる伊豆の大島の例や、松村のあげる花嫁が身を隠す世界各地の例も同じであろう。こうした例は古典にもみえる。

『古事記』では、前述した一夜妻の袁杼比売《をどひめ》は、雄略天皇の妻問いのとき、「岡の辺に逃げ隠れ」したので、天皇は、「をとめの　い隠る岡を」多くの金鋤《かなすき》で掘り崩しても捜し求める、とうたっている。現

人神である天皇の一夜妻になる前に、神そのものの一夜妻となるため、袁杼比売は隠れたのである。

『日本書紀』にも、景行天皇が美濃で、八坂入彦皇子の娘の弟媛《をとひめ》を妃にしようとしたとき、彼女は「竹林に隠れ」たとあり、『播磨国風土記』（賀古郡）には、景行天皇が印南《いなみの》別《わき》嬢《いらつめ》を妻問いしたとき、「南毗都麻《なびつま》島に逃げ渡り」、犬の吠声で所在を知られ、妃になったとある。また『出雲国風土記』（出雲郡）には、綾門日女《あやとひめ》が大国主神の求婚に「逃げ隠れ」したとある。『出雲国風土記』では相手が神になっているが、婚姻習俗を神話化した点では、相手が天皇の例と変わりはない。

こうした記述も、「刀自覓め」「嫁女放」の習俗にもとづくものであろう。

いわゆる「掠奪婚」の民俗例

喜田貞吉は人身御供を、中山太郎は「嫁女放」を掠奪結婚という。柳田や折口は、掠奪結婚でなく神婚儀礼とみるが、掠奪結婚といわれているわが国の結婚習俗は、一夜妻としての神婚儀礼にもとづいていると思われる。

中山は、掠奪結婚が儀礼化して残存していた例として、沖縄出身の伊波普猷から聞いた、

琉球の糸満《いとまん》地方では、婚礼の夜は嫁方の家族一同は平常の如く戸締りをして寝に就くが、夜半になると婿方の友人数名が来て、杵で無理に戸をこぢ明け、花嫁を連れ去るのを習ひとしている。(16)

という話をあげるが、同じ沖縄の久高島の例からみても、これも「嫁女放」である。人の妻になる前に神の一夜妻となる習俗である。

直接に結婚の相手を掠奪する例として、中山太郎は、次のような例を『日本婚姻史』であげている。(17)

信州戸隠辺の村落では明治二十七八年頃までも、自分が妻として迎へたいと思ふ女子を与へぬときは、友人を頼み時を窺ひ奪ひ帰へるのを習ひとした。かくて一旦奪はれた女子はその者の妻となるのが普通であった（「東京人類学会雑誌」第九十四号）。

甲斐国南巨摩郡の村々では、若者が我が妻にと所望しても両親及び本人とも不承知の場合は、居村の若者仲間に事情を訴へると、若者等はその女を奪ひ来って所望者に与へ、かくて結婚が成立するのである（「東京人類学会雑誌」第三十巻第九号）。

同国の郡内地方には、大正十三四年頃までも「擔《かつ》ぎ出し」と称する此の種の掠奪婚が猖んに行はれるので、猿橋警察署では布令を出して禁制したことがある（都新聞大正十四年二月十二日号）。

京都に近き紅葉の名所、高尾山の麓である乙訓郡梅ヶ畑村には、「擔ぎ」と称する女子の掠奪が近年まで行はれてゐた。同地の女子は老若うち連れて毎日のやうに山に入り、柴薪を採っては京都へ運び出すのが勤めとなってゐるので、若者は此の路次を要して掠奪するのが習ひとなってゐる。同行の老婆達も自分が若い折に擔がれたことがあるので、そんな騒ぎがあっても別段に驚きもせず、ただ女の親達にその事を伝へるだけで、親達もまた別段に娘の行衛を探さうとせず、娘の心任せで嫌でさへなければ簡単に婚姻が結ばれるのである（『日本奇風俗』婚姻条）。

備中国小田郡神島村は漁村であるが、こゝでも思ひをかけた女子の外出を窺ひ奪ひ去る。之を「かたげ」と云ふてゐる。奪った翌日に媒酌人を立てゝ親元へ交渉させるが、親が婿となるべき者に不満があれば娘を引戻し、さうでなければ親自身が米一升を携へ婿の許へ出かけ承諾の意を与へ、その後に吉日が選ばれて婚礼式を挙げるのである（「風俗畫報」第七十五号）。

因播国八頭郡菅野村大字春米では、若者が思ふ女を妻にしようとするには、村内の若者達に頼むと何月何日に貰ってやると、先方へは一言も挨拶もなく立ち所に極めてしまひ、その後でぼつぼつと交渉に出かけ、女の方で承諾せぬときは無理矢理に引摺って来るといふ（大阪朝日新聞大正十三年六月二十九日号）。

出雲国では山奥でも半島でも「思ひ立て」とて、男の方で一旦思ひ立ったが最後、女の心持なんどに頓着なく引張り出して駆落し、無理に妥協さしてしまふことが行はれる（大阪朝日新聞大正十三年六月二十九日号）。

出雲の大社町地方の「思ひ立て」は、あらかじめ諜し合はせ、先づ女はひそかに自分の晴姿を持ち出して身に付け、夜に入るのを待って自分の家の戸口に片足を入れながら、簡単に「思ひ立て」をする旨を述べて両親や同胞に別れを告げる。すると言葉の終るか終らぬうちに、男の方で用意していた友人達が三人なり五人なり飛び出して来て矢庭に擔いで男の宅へ連れて行く。女の生家では直ぐに近所の人々に頼んで後を追ひかけ取戻さうとして、両者の間に時に激烈なる争闘が行はれるが、結局、此の折に男の方が難なく女を奪ひとったときは、その男女の婚姻は許可され、媒酌人が出来て雙方和解し、翌日はその争闘に参加した人々を招待列座の上で盛んなる結婚式が挙げられる。新婦が前夜の争闘で泥まみれになり綻びだらけの晴衣で盃することなども珍しくない。而して若し争闘の場合に女が生家の方に取り返されたときには、その男女は「縁なき者」として永久に断念する習ひとなってゐる。此の地方の三十歳以上で中産階級以下の夫婦は、殆んどその全部がこの「思ひ立て」によって結婚したものであると言はれてゐる（「週刊朝日」第八巻第二十六号）。

淡路国津名郡由良町では、中流以下の独身の男子があると友人が相談して、誰彼の家の娘は妻に相応してゐると議が一決すると、それより娘を奪ひとる工夫をなし、日暮ごろにその家の付近に隠れて娘の外出を待ち、それと見るや二三人して手どり足どりして独身者の家に連れ行き鉄漿をつける。若し娘が拒めば若者の一人が鉄漿をふくんで娘の口へ吹込む。これを「潮吹き」といふ。かうすれば娘の諾否にかかはらず妻となるべき義務が生ずるのである。そしてかかる乱暴の目に合された娘の親は、却ってそれを誇らしげに娘が昨夜かつがれたなどと言ふて済してゐるさうだ（「風俗画報」第七十五号）。

しかし此の風俗は由良町ばかりではなく、同郡上灘村にも行はれてゐて、古くからこれを「かたげ」と云ふてゐる（「東京人類学会雑誌」第五号）。

土佐国では此の結婚法が殆んど国内の到る所で実行され、これを「嫁をかたぐ」と称し、その方法は淡路のそれの如く婦女の外出をうかがって奪い去るのであった。「藩政時代にはこの風習は黙許に属し、公然一藩に行はる」とあるから、そのさかんであった事が想像される（「東京人類学会雑誌」第二十六号）。

肥後国阿蘇郡の各村落では毎年一月中に「嫁ぬすみ」といふことが行はれる。女達が田畑に出て働いてゐるところを、五六人の若者が白昼公然と押しかけて来て女をとらへて往き同棲する。かくて三月になると正式の結婚式を挙げるのである（『日本周遊奇談』）。

同国天草郡は娘を盗み出して妻とする風習がさかんに行はれ、盗む日には夫となるべき男の家では公然と酒宴を張り、親族や近隣の者を招いで饗応し、兎角《とかく》してゐるうちに若者連が盗み出して来るのである。かくてその娘が承知すれば何事もないが、若し不承知の場合は日を経て実家に帰へすことになってゐる。但しその多くは雙方和解して婚儀が整ふさうである（「東京人類学会雑誌」第六号）。

唐津や伊万里地方にも「嫁盗み」は、殆んど公然と行はれてゐたが、ここでは多小その趣きを異にしてゐた点がある。即ち始め媒酌人があって甲家の男に乙家の娘を嫁に呉れるやうにと頼み込むが、その娘なり親なりが無得心の場合に限り、最後の手段として嫁盗みの暴挙に出るのであるが、それには先づ娘の属している村落の若者連に事情を明かして頼むのである。頼まれた若者連はその事を村の長老達に取次ぎ、長老者達が評議して婿となるべき男の人物が嫁に相応した者だと認めた場合は、機会を見て娘を盗み出し、無理でも非理でも承諾させることになってゐた（読売新聞大正五年二月十五日号）。

以上のような事例をあげて、中山太郎は、「前記の各地の掠奪婚は原則として女子を盗み出して来ても、結婚式を挙げぬうちは単なる『客分』として待遇し、決して交会をせぬことになってゐる。若しかかる事があればその男女は村落から排斥され、成立すべき結婚も不調に終るのが常であった」と書いている。(18)

こうした婚姻習俗を、中山は「掠奪婚」の例としてあげるが、結婚前に神の一夜妻になる「人身御供」の神事が、「掠奪」行為に見えただけであって、婚姻習俗に「掠奪婚」があったとはいえない。

一夜妻と「神隠し」

肥後国には、「おっとり嫁」という「掠奪婚」があったとして、中山は、「肥後国の一ノ宮である官幣大社阿蘇神社では、毎年旧暦二月卯日の例祭に神官が境内の山林に入り、眼かくしして一本の木を伐り神前に供へる神事がある。これは太古同地方に行はれた『おっとり嫁』の遺風が神事化されたものだと言はれてゐる（「東京人類学会雑誌」第五号）」という例をあげるが、[17] これは「掠奪婚」の遺風ではない。

中山は他の「掠奪婚」の例と共に、阿蘇神社の神事をあげるが、「おっとり嫁」は、「嫁女放《よめじょはなし》」や後述（八五頁）する「屠人放《ととほり》」と同じである。人身御供の娘を山神のところへ連れていくとき、山林に入った同行者が目隠しをする伝承と、この神事の目隠しは共通している。『万葉集』の一夜妻を詠んだ「人に知らゆな」も、目隠しするのと同じ発想である。

『肥後国誌』（巻下）は、この神事で伐られた木を「姫神」とし、大昔から、この姫神と阿蘇の大神の神婚の儀式が終わらぬうちは、氏子は婚姻できなかったと書いているから、中山がいうように、「掠奪婚」の遺風が神事化されたのではなく、嫁は人の妻になる前に神の一夜妻になるという、「おっとり嫁」の遺風が神事化されたのである。「おっとり」とは神にとられることで、神にとられた嫁が「おっとり嫁」で、沖縄の「嫁女放」と同じである。神前に供える一本の木は、古くは結婚直前の嫁であったのだろう。

柳田国男は「山の人生」のなかで、岩手県で聞いた次のような話を書いている。

雫石《しずくいし》と云ふ村には斯んな話もあった。相応な農家で娘を嫁に遣る日、飾り馬の上に花嫁を乗せて置いて、ほんの些しの時間手間取って居たら、もう馬ばかりで嫁は居なかった。方々探しぬいて如何しても見当らぬとなってから又数箇月も後の冬の晩に、近くの在所の辻の商ひ屋に、五六人の者が寄合って夜話をして居る最中、からりとくゞり戸を開けて酒を買ひに来た女が、よく見るとあの娘であった。村の人たちは甚だしく動顚したときは、先づ口を切る勇気を失ふもので、ぐず〳〵として居るうちに酒を量らせて勘定をすまし、さっさと出て行ってしまった。それと言ふので寸刻も間を置かず、直ぐに跡から飛出して左右を見たが、もう何処にも姿は見えなかった。多分は軒の上に誰かが居て、女が外へ出るや否や、直ちに空の方へ引張り上げたものだらうと、解釈せられて居たといふことである。(19)

このように柳田は「神隠し」の例としてあげているが、この話は、一夜の妻でなく、完全に神の妻になるために「掠奪」された話である。同じように花嫁が「神隠し」にあった例として、柳田は、

釜石地方の名家板沢氏などでは、旧伝があって、毎年日を定め、昔行き隠れた女性が、何人の眼にも觸れること無しに、還って来るやうに信じて居た。盥に水を入れて表の口に出し、新しい草履を揃へて置くと、いつの間にか其草履も板縁も、濡れて居るなどと噂せられた。

という話を、「山と人生」で書いている。(19)

いずれも、名家に来た花嫁が婚礼の日に「神隠し」にあっている。娘のいる村の名家に人身御供の白羽の矢が立ったり、一時上臈に氏子の名家の娘が選ばれたりするのと、柳田のあげる例は共通している。花嫁でなく娘が「神隠し」にあった例も、柳田は「遠野物語」や「山と人生」で書いているが、これは久高島や屋久島の娘たちが山に隠れるのと同じ習俗が、伝承化したものであろう。

一夜妻・斎王・人身御供

大正十二年刊の「社会史研究」(第九巻第六号)に、

羽後国仙北郡金沢町の八幡神社の際の夜には、仙北の北浦と称する村落の処女は、社に詣で一夜の参籠をする。これを「お通夜」と云ふてゐる。此の夜は掛け歌とて昔の歌垣に似た問答体の俚謡を歌ひ、夜を徹するが、処女は此のお通夜をしなければ嫁入りせぬ習慣となってゐる。

とあるが、この「お通夜」は、第一章で述べた沖縄の「神遊《シヌグ》」と同じである。

こうした「お通夜」は「お籠り」といわれ、このときの神遊びを俗に「雑魚寝《ざこね》」という。

「信州諏訪郡豊平村山寺区の八幡神社へ、昔は毎月十四に青年の男女が、御子守と称して近郷から蝟集し、良縁を祈り雑魚寝した(「信州」第六巻第八号)」というが、「御子守」は「お籠り」であり、この「雑魚寝」も神遊びである。

「こもる」ことが説話化して「神隠し」や「嫁女放」の習俗になり、中山などから「掠奪婚」といわれたりするが、宮田登があげる次の例は、「神隠し」の神妻と同様に、一生、神妻として奉仕する例である。(20)

茨城県下の大社鹿島神官の神官組織の中心は物忌《ものいみ》と称する聖少女であったことが知られている。文献の上では、初代の女性をアマクラノヒメとよび、物忌の存在は実に一五六九年間つづいた。明治初年に廃止されたが、その間二六名の物忌の名が記録されている。だいたい一人平均奉仕年数は、約六〇年間ということになる。

物忌の女性は十三歳前後で就任するが、その場合まだ初潮をみないという条件があった。そのまま神に仕えて生涯男をよせつけない。神殿の奥深くにある物忌館《ものいみやかた》に住居したが、年に一度正月七日の夜、神殿の内陣にこもって、来臨した神霊と交流することが大きな仕事であったという。（傍点引用者）

宮田は「神霊と交流する」と書くが、この「交流」は神婚であり、年に一回、神殿の内陣にこもって、一夜、神と婚《まぐわ》う、一夜妻の秘儀である。京都の賀茂神社の斎王も、鹿島神宮の物忌と同じ一夜妻である。鹿島の物忌には神官（当禰宜《ねぎ》家）の娘がなるが、斎王には未婚の皇女がなる。

後白河天皇の皇女で斎王の式子内親王は、『新古今集』に載る「斎院に侍ける時、神館《こうたち》にて」と題する歌で、

忘れめや　葵を草に　ひき結び　かりねの野辺の　つゆの曙

と詠んでいる。

式子内親王の歌について『兼載雑談』は、「賀茂の祭の時は、斎院 斎王のことを斎くもいふ 神館にて庭に莚を敷て、二葉の葵を枕にして寝給ふなり」と解説しているが、二葉の葵は、神と斎王が「枕にして寝給ふ」ためにある。

このように、鹿島・賀茂の物忌・斎王は、神妻となって奉仕しているが、神と婚うのは、一年のうち一夜のみであり、鹿島の物忌、賀茂の斎王も一夜妻である。この一夜妻は、一種の人身御供として、鹿島の神主の娘や天皇の皇女から選ばれたのであり、こうした一夜妻の慣習が結婚習俗にみられるのを、中山太郎は「掠奪婚」と解したのである。

人身御供と神妻

前述（六五頁〜六七頁）の岡太神社の一時上臈には、人身御供の話が伝わっているが、野里の住吉神社の一夜官女にも人身御供の伝説があることを、宮田登は次のように書く。

昔、野里村が、風水害と悪疫によって危機に陥った時、神の託宣により、毎年一人ずつ女子を唐櫃に入れ、神饌とともに神社に納めたという。ある時岩見重太郎が通りかかり、身代りになって、唐櫃に入った。翌朝村人たちが行ってみると、武士の姿はなく、大きな狒狒が死んでいたという。それ以来、それまで犠牲になった六人の女人の霊を慰めるとともに、この時、岩見重太郎が身代わりに立ったため、命が救われた七人目の女を含めて、毎年同じ形式で、災厄除けを目的として祭りが行なわれているという(21)。

このように、岩見重太郎の狒々《ひひ》退治の話と結びつけられて、「災厄除け」の人身御供の話になっているが、祭り（二月二十日）は次のように運ばれる。

祭りの前日、神饌が用意され、七つの夏越桶に入れられる。祭りの当日の午後二時頃、当屋《とうや》で官女たちの出立の儀式がある。七種の神饌を前に神官が坐り、反対側に七人の官女、その後ろに官女の父親たちが侍役として坐り、さらにその後ろに母親が坐る。この出立の儀式は、官女と両親たちの別れの盃が中心である。その後、官女たちは神社に向けて出発するが、中心の一夜官女たちは、頭に冠をかむり、桃色の千草に緋袴、白足袋、草履ばきの姿で、手に榊の枝をもつ。一人の官女の後につづいて、青い法《はっ》被《び》姿の若衆たちが人足役となって、一つの神饌櫃《こんせんびつ》を運んでいく。

七人なのは、「犠牲になった六人の女性」と、「命を救われた七人目」を合わせたものといわれているが、本来は、神武天皇が野遊びで会った七乙女と同じであろう。柳田国男が「一人だけ贄と称して別の座に坐らせて居る」と書いているのは、(6)七乙女のなかから一人を選んで、神武天皇が「一宿《ひとよ》御寝まし」たのと同じである。

宮田登は、大津市山中町の樹下《じゅげ》神社の祭り（五月十五日）について、次のように書く。

祭日には、町に住む未婚の女性一人が、この日神前に御膳をささげる神事がある。その年御膳持ちに選ばれた女性は、祭りの二、三日前より斎戒沐浴して備えるが、当日は華やかな振袖衣裳に着飾り、神社の宮守の家から、神社の本殿まで御膳を運ぶ。御膳は、宮守の「右京の家」で、当日昼ごろから調製され、夕方に出来上がる。いわゆる「夕御食」である。夕暮になると、宮座の人々が提灯をもって、右京の家に集まり、御膳持ちの頭の上に御膳と箸をのせ、御膳持ちを中心に行列を組む。暗闇の中を灯りに照らされながら、御膳を頭にのせた振袖姿の女性がきわめて印象的である。この夜、御膳持ちは、神霊との間に婚礼の儀をとり行なうとされている。そのことはまず神前に御膳を捧げた後、宮司が右に、御膳持ちが左に坐り、そして両者は三々九度の盃の儀を行なうことから推察されている。(22)

「御膳持ち」の娘は神婚儀礼を行なうから、やはり人身御供の一夜妻である。この祭儀では、宮司が神となり、一夜妻の「御膳持ち」の娘と「三々九度の盃の儀」を行なっている。樹下神社の宮司は、前述（四五頁）した太政官符の出雲国造に相当し、「御膳持ち」は「神宮采女」に相当する。

太政官符は、出雲国造が「神事ニ託シテ」多数の娘「神宮采女」を一夜妻にし、神事のあと、その神官采女たちを「妾」にしていたので、一夜妻にする神官采女を一人に限定せよ、と命じているが、樹下神社の神主も、かつては三々九度の盃のあと、実際に娘を一夜妻にしていたのであろう。

中山太郎は、前述の太政官符の記事の「神宮采女」は、「一時上臈と全く同じで」、こうした事実が、「神の思召である白羽の矢が家の棟に立つと、その家の娘を人身御供に上げると云ふ伝説になった」と書いている。(23)

このように、人身御供は一夜妻儀礼であるから、一夜官女・一時上臈の祭儀に人身御供が伴っているのである。

人身御供と死と再生

野里の一夜官女には神饌の唐櫃が伴い、樹下神社の一夜妻を「御膳持ち」といっているように、神の食物の奉献が一夜妻に付随している。

人身御供譚である八岐大蛇神話でも、一夜妻のクシイナダヒメは「食われる」と記・紀は書き、中世・近世の人身御供譚では、娘は鬼に姦され、そのあと食われるという話になっている。

『今昔物語集』(巻二十六・第八)の「飛騨国・猿神、生贄を止《トド》ムル語《コト》」には、

　此ノ猿、生贄ノ方様《カタサマ》(居るほう——引用者注)に歩《アユ》ミ寄来《ヨリキ》テ、置タル莫箸《マナバシ》、刀ヲ取テ、生贄ニ向テ切《キラ》ントスル。

とあり、猿が生贄を食うとき、刀と共に「マナ箸」が登場している。鳥越憲三郎は、『日本書紀』が神の井戸を「真名井」、神鹿を「真名鹿」と記していること、『出雲国風土記』が神の子を「麻奈子」と記

していることを例にあげ、「マナ箸」は「神事に用いる神聖な箸」とみている。(24)

三重県志摩地方の浜島をはじめ越賀《こしか》・波切《なきり》・岡崎などには、一月三日・四日の正月行事に「マナ箸」の神事がある。この神事は、ボラを二匹とってきて共食するものだが、その前に弓射の行事があるので、浜島では「弓祭り」という。昔は鹿や猿を弓で射て生贄にし、それを「マナ箸」で食べる神事だったからである。「マナ箸」をつかって生贄（魚）を食べる前に、浜島では「屠人放《ととほり》」の神事がある。女装した男が、童女の形の藁人形を入れた桶を頭に載せて浜に行き、「今年の屠人は目出度き屠人よ」といって、藁人形の入った桶を海に流す。この神事を浜島の人たちは、人身御供の神事と伝えている。

女装した男と、童女の藁人形は、十二・三歳の一時上臈の人形化だから、前述した一時上臈の神事でも、一夜妻は「贄」とよばれ、生贄祭が行なわれるのである。

人身御供・生贄が女性なのは、神妻・一夜妻のイメージによるが、神婚儀礼には供饌儀礼が伴っていた。それが一体化して「マナ箸」が登場するのである。「屠人」の「屠」は体をバラバラにして殺すことで、「屠人」は人を殺す意だが、この場合は人を食うことである。その生贄となる娘が、藁人形の童女か、女装して藁人形をもつ人にかわっているのだが、供饌の食物が神婚の女性になっているのが「屠人放」である。

『古事記』の八岐大蛇神話にも、川上から箸が流れてきたとあり、箸が登場するが、それはこの神話が「屠人放」の原型的要素をもっているからであり、人身御供の神婚譚である三輪山伝説の一夜妻のヤマトトトビモモソヒメが、箸で女陰を突いて死んだと『日本書紀』が書くのも、「屠人放」である。

死の原因を、性交・出産にかかわる女陰を突くとする話は、死と再生の思想を明示しているが、一夜妻には一夜孕《はら》み伝承があり、人身御供譚で食われる神妻が箸で女陰を突いて死ぬ話と、うまく合っている。

『日本霊異記』(中巻第三十三)に、聖武天皇の時代に大和国の鏡《かがみ》作《つくりの》造《みやつこ》の一人娘が、結婚の初夜に「痛い」と三度いったが、娘の両親は「まだ慣れていなくて痛いのだ」と語り合い、気になるがそのまま寝てしまった。翌朝、娘の起きるのが遅いので、母が起こしに行くと、娘の頭と指一本が残っているだけで、すべて食われていたとあり、「痛い」が初体験の性交と食われることの二重の意味で表現されている。

日本古典文学全集の『日本霊異記』の頭注は、「鏡作氏によって伝承された三輪山伝説のごときものが背景にあるのではないか」と書いているが、三輪山伝説は、前述したように、神婚譚であると共に、箸で女陰を突いて死んだという結末になっており、死と再生の伝承である。「痛い」に二重の意味が含まれているように、「女陰を突く」という表現には性交のイメージがあるから、「痛い」と同じく、死と再生の意味がこの表現にうかがえる。

このように、一夜妻の人身御供譚には、死と再生の秘儀がこめられていることも、無視できない。

第四章　「初夜権」と成人式と遊女

「初夜権」と遊女の「みずあげ」

「初夜権」について、中山太郎は、「一種の咒術として処女膜を破る儀式」とか、「強者の弱者に対する股の権利」などといわれているが、そうではなく、「女子共有の思想」によるとして、「純粋なる初夜権」の例をあげる。(1)

淡路の出島といふ小島は種々なる変った土俗を残してゐるが、ここでは結婚の前夜に新郎の最も親しい友人三名が、新婦を俗称天神様といふ鎮守の社に誘うて相通ずる。さうした後に新郎は始めて新婦と式を挙げ、併せてこれを独占する権利を許されるのである（「郷土趣味」第十四号）。

陸前国社鹿郡石巻町に近き福井村の各部落には「おはぐろつけ」と称する結婚に関する奇習が、つい十年ばかり前まではさかんに行はれた。それは縁談が成立して愈々明日結婚式を挙げるといふ前夜に、花嫁は自宅で部落内の若者連のうち、平素その花嫁に目をつけてゐた青年に身を任せるのである。而してその方法は青年が新婦を誘ひ出してもよく、また、新婦の家に忍び込むのも差支なく、家族もこれを公然と認許し、新婦もまた黙認するといふ入念の貞操蹂躪である。此の奇習は今でも辺鄙の部落には若衆の悪戯として、稀には行はれることがあるさうだ（「週刊朝日」第八巻二六号)。

更に奥州の其地方では結婚の前夜に花嫁は、自分の親族中の未婚の男子と通じてから、花聟の家に赴き式を行ふことになってゐるさうだ(「郷土趣味」第十四号)。

こうした例は、村の若者たちが村の娘たちを共有していたことを示していると、中山はみて、この「純粋なる初夜権の行使」から「派生し」、初夜権が「時勢の推移」によって、「破素(処女膜を破る儀式)のやうに解釈せられるやうになった土俗」として、「媒酌人は新婦に対しては八回だけ、新婦より優越権を有してゐるといふ意味」の「媒酌人八番」をあげ、「私は仮りにこれを媒酌人の股の役徳と名づける」と書き、似た例として、「羽前の米沢市に近い萩村では媒酌する者が、先づ花嫁となるべき者を貰ひ受けて(媒人が嫁を貰ひ受けるとは注意すべき事である)自宅へ連れ来たり、三晩の間は自分の側に起臥させてから、百八箇の円餅をつくり、それを媒酌人が背負ひ花嫁を同行して新婚の家に赴き結婚式を挙げる慣習」をあげ、「これも要するに三晩だけが媒酌人の股の役徳であったに相違ない」と書いている。(2)

また、次のような結婚習俗もあげる。

私の故国であるが下野国の極北である塩谷郡栗山郷は、山間の僻村であって昔は他人の顔は一年中にも数ふるほどしか見られぬと言はれた土地であるが、婚姻は概して近親同士で悉く早婚である。「娘十三嫁《ゆ》きたがる」と俚謡にあるやうに、都会なれば通学盛りの小娘が此地では立派に母親となってゐる。而してこゝでは婚礼の夜には、花嫁も花婿も必ず「お連《つ》れ様《さま》」といふ者を帯同する。お連れ様は両親の揃ふた同性を撰ぶのであるが、婚礼の式も進み、大盤振舞が終り、御段振舞が済むと「床のべ」となるが、お連れ様は無遠慮にも新夫婦と共に同じ室に枕を並べて寝るのが礼儀とされてゐる(報知新聞大正五年八月十八年号)。

この記事について中山は、「これは古くはお連れ様なる者が初夜権を行使したのを、かく合理的に通俗化したもの」とみているが、[3]「お連れ様」は媒酌人にあたる。

青森県庁に所蔵されていた明治七年三月二十八日の日付のある文書に、

元南部領七戸通三沢村と申所、風俗今以旧染不宜儀は、此村に限り、男女婚姻の期に致り、媒の者嫁女を夫家へ連れ行き、婚姻の夜は夫婦同席和淫の礼を不為致、媒の男右嫁女を妻同様に寝席致、其翌夜より真の夫婦同席供寝為致候由、是を名付て口取ト云。

とあるが、この「媒《なかだち》の男」は「お連れ様」である。彼は初夜の前に「嫁女を妻同様に寝席致」しているが、これを「口取」という。中山は「口取」を初夜権の行使者とみて、こうした初夜権の行使を「股の役徳」といっているのである。

中山は「股の役徳」は、「純粋なる初夜権といふよりは、むしろ『水揚げ』の方に近い」と書いているが、[4]「みずあげ」について、『色道大鏡(巻一)』は、「水上傾城の新艘を仕立、始て売出す事をいふ。買はじむる人を、水上《みづあげ》の客といふ。此名目、新艘の女郎を、船に比していひ出たる詞也」と書く。はじめて遊女(特に処女)が客と寝ることが、「みずあげ」である。

「みずあげ」は、有力者や金持が、高額の金を、遊女をかかえている廓主に払って行なう。したがって彼らは、単なる客ではない。その点では、金銭の問題は別として、先の媒酌人と似たところがある。

村の娘を自由にする習俗と「初夜権」

中山は、初夜権は「女子共有の思想」によるとして、次のような事例をあげる。(5)

越後の全国に行はれたと思ふ盆くじ(盆カカとも云ふ)と称する土俗は、古く編纂された『長岡領風俗問答状』に載せてあるが、今は(昭和三年――引用者注)近刊の『越後三条南郷談』から抄出する。それによると明治四五年までは毎年盂蘭盆になると、村の若者が盆の休日間だけの妻女を村の娘の中からくじ引で定めた。娘達はどうしてもこれに服従せねばならず、父兄もまた公然とこれを許して置いた。もし、くじ引をして自分の気に入らぬ娘が当ったときには、清酒一升出せば取代へてもらうことも出来た。これが定まると若者は、まだ日の高いうちから娘を呼びに行ったものだといふ。勿論、この盆くじが結びの神となって夫婦となる者も多いとのことである。而して同地出身の友人山田伝氏の語るところによると、村内の男と女との数に過不足がある場合にはその数だけ白くじを拵へ、それを引いた者はその年だけ妻なしで暮すことになってゐた。然し酒を出して娘を譲ってもらうことは自由であったとのことである。

丹波国何鹿郡志賀郷村では、昔から村内の男女同志で結婚することになってゐて、若しこれに反して他村の者と通ずる男女があると、その一組の男女を捕へ昼間素ッ裸にして両人に提灯を持たせて先に立たせ、村民はその後につき村内を囃しながら歩かせる制裁があった(加藤咄堂『日本風俗志・巻下』)。

安芸国安芸郡十二ヶ浦では旧慣として、娘は他村の者と関係することが禁じられてゐた。若し娘が此の制禁を破ると村の若者から「樽入れ」と称して僅かな酒肴をその娘に贈る。これを受けた娘は日時を定め氏神の社に村内の人々を招き、出来るだけ手厚い酒食の饗応をせなければならぬ。これを「樽開き」と称してゐる。そしてこれに要する莫大の費用は勿論その他村の男の負擔であって、然も此の樽開きをせねばその男と結婚することを許されぬのみか、人妻たるの資格なしとて指弾されるのを常とした（「週刊朝日」第九巻集二十二号）。

阿波国三好郡山城谷村では昔は未婚の娘は、村中の若者の自由になるものと考へてゐた。それ故に他村の者が娘に通ぜんとするには、先づ村内の若者に酒を買ひ黙認を受けることとなってゐた。然うざれば石打または殴打されるのを普通とした（『山城谷村史』）。

以上は、他村の男が村の娘と通じる場合の例だが、村の娘が同じ村の若者と通じない場合について、中山太郎は、

加賀国能美郡の村落では処女は村の若者の共有となってゐて、もしこれを承引せぬ父兄があると若者は大挙してその家を襲ひ、屋根をめくるのを習ひとしてゐる。そしてかかる娘のことを「せんでせん」と称して迫害し、概して嫁入りの妨げをなし婚期の後れるやうに努める。他日この娘が生活その他に就いて困難することがあっても、「あれはかりばの娘だから」とて同情せぬのを常としてゐた（早川孝太郎氏の談）。

という例を紹介している。[5] こうした風習について、折口信夫も、

近頃（大正十五年〔一九二六〕の頃——引用者注）まで、村の娘といふものは、村中の若い衆の共有だといふ様に考へて居りました。そして外の村の者が侵入すると、ひどい目に遭はせる。処女のあ

る家へは、自由に泊りに行き、後には隠れ忍んで行く。此は半分大ぴらで、夜は男が来るのを許さなければならなかったのです。此は維新前、或は其後も田舎では続いて居たやうです。と書いて、「女子共有の思想」があったことは認めているが、そのような考え方が生まれた理由については、次のように書く。

其がどこから来たかといふと、此は神祭りの時に、村の神に扮装する男が、村の処女の家に通ふ。即、神が村の家々を訪問する。其時は、家々の男は皆、出払って、処女或は主婦が残って神様を待って居る。さうして神が来ると接待する。つまり臨時の巫女として、神の嫁の資格であしらふ。「一夜妻」といふのが、其です。決して遊女を表す古語ではなかったのです。此は語学者が間違へて来たのも無理はありません。一夜だけ神の臨時の杖代《つえしろ》となる訳なのです。

中山のいう「女子共有の思想」は、「神の嫁」としての「一夜妻」に根源があるというのである。したがって「初夜権」についても、

初夜に処女に会ふのは、神のする神聖な行事でありました。実際は神が来るのではなくて、神事に与って居る者が試みる。つまり初夜権といふので、日本でも奈良朝以前には、国々・村々の神主といふ者は、其権利を持って居った痕跡がある。瀬戸内海の或島には、最近まで其風があった様です。此は、結婚の資格があるかだうかを試すのだといひますが、決してさういふ訳ではない。又さうした権利が、長老及び或種の宗教家にあると考へるだけでは、足りませぬ。村々の女は、一度、正式に神の嫁になって来なければ、村人の妻になれない。一度、神の嫁——の巫女になって来なければならぬといふ信仰が根本にあるのです。それの済んだ者は、自由に正式の結婚が出来た。其が

済まなければ、正式の夫をもつ事が出来なかった。
と書いている。[6]私は折口説を採る。

「若者連中規約」と「初夜権」

中山太郎は、青森県の次のような例を紹介している。[7]

陸奥国下北群東通村大字尻屋は、津軽海峡に突出した有名なる尻屋岬の所在地であるが、明治の初期までは、娘達は十五歳になると娘宿といふ定められた家に泊りに行き、そして村の青年達の要求には絶対に従はねばならなかった。若し此の要求を故なく拒絶すれば、彼女に此の上もない迫害と制裁とが加へられる。即ち拒絶された男子は直ちに此の事を娘の父兄に知らせると同時に村中へ報ずる。娘の父兄はその不心得を諭すために娘を二週間も一室に監禁して村の掟を説いて不都合を語るが、それでも娘が服従せぬときは断然居村を放逐してしまふのである。又この反対に娘達は外来者に対しては絶対に貞操を固守せねばならぬ。これに背くと同じく娘たちはその村を放逐されるのである。かうした鉄則は娘達の間に幾多の悲劇を湧き起させるのであるが、それでも娘達はそれに忍従せねばならぬのである（「週刊朝日」第十二巻第二十三号）。

中山は東通村尻屋の例を紹介しているが、尻屋に近い同じ東通村目名の「若者連中規約」（明治四十一年十月改則）には、次のように記されている。

一、若者連中、一週間に一回平均なる集会に会合する事。
一、集会には何時も神楽を首席とし、手舞三味線を習うものとす。

一、十五歳以上の女を以て、めらし組合を組織し、之れは若者連中に付属し、凡ての行動は若者連中の指揮を受くるものとす。随って保護を受くるものなり。

一、めらし外泊は、若者連中の許可なくして出来ざる事。

一、尚連中の若者に非ざれば、肌を接する能はざる事。

一、家族は一切娘そのものには、何の構えもせず、一切若者連中に預け、若者の自由に任せる事。

一、夜間に戸締、鍵等を掛けたる節は、罰金を徴せられるのみならず、時には除名せらるる事あり。

「めらし」は娘のことだが、こうした習俗は、「明治の初期まで」あったと、中山は「週刊朝日」の記事を引用して書いているが、「若者連中規約」は明治四十一年に記されているから、明治末期まではあったことになる。

最後の、戸締りしたり鍵などをかけるなという条は、「めらし」が娘宿に泊まらず自宅にいるとき、若者たちが自由に「よばい」できるようにするための規約である。

このような規約は、一見、中山のいう「女子共有の思想」によるようにみえるが、こうした規約を村人が守っていたのは、折口のいうような意味があったからであろう。

芳賀登は、「長崎県久賀島では、女子は一三歳になると、霜月一五日にヘコ祝い（腰巻をつける祝い）をする。結婚する相手がいなくても、婚礼衣装を新調して宮参りをする。親類からは着物や下駄を祝い品として贈ってくれる。娘は新衣をたびたび着替えて披露する。一三歳のヘコ祝いをすると『十三サラワリ』といって、処女性を失ってもよいとされた（鎌田久子『日本人の子産み、子育て』）」という例をあげている。

そして、こうした風習は、久賀島だけでなく、西南日本の沿海型漁村にあったとし、結婚する相手がいなくても「宮参り」をするのは、「神の嫁」になる意味があると書き、「十三サラワリ」や、「キムスメ（処女）をオナゴにしてもらう」「スケワリ」などの事実は、「性を捧げる対象が、神であったこと、決して人に捧げられるものでないことを示している」と書いている。(8)

これらの例では、女が十五歳（青森県東通村）または十三歳（長崎県久賀島）になってからとある。この年齢は成女式の年齢である。

堀一郎も、前述（九〇頁）の盆くじ（盆カカ）の習俗を、「村の未婚の娘が、クジによって、村の未婚の男子と盆の三日間同棲するもの」と紹介し、中山が紹介した新潟県だけでなく、静岡県の一部にもそうした風習があったと書いて、この性習俗を「古風なヒトヨヅマや初夜権のイニシェーション儀礼」とし、さらに「一種の成女式を含むSexual orgy」と解している。(9)

「成女式」について、『日本民俗事典』は、

> 女子の成年式。昔は男子より二～三歳早い一三歳前後に成女式が行なわれ、以後婚姻能力を備えた一人前の女性として村人から遇された。初潮のことを京都地方ではハツハナ、八丈島ではウイデといって、この時に盛大な祝いをしたが、古くはこうした初潮の祝いが成女式に相当した。今日でも、初潮に際して赤飯を炊く風は広く残っている。また、娘が一三歳になると伯叔母から腰巻を贈られて着用する腰部装飾儀礼や、鉄漿《かね》付けをする身体装飾儀礼も行なわれたところから、ユモジ祝いとか鉄漿親などの仮親と擬制的親子関係を結ぶ風もあった。（中略）
> 津島の久根田舎では鉄漿付け祝いには若者を招いて宴を設け、その後で自由な性的交渉が行なわ

れたというし、伊豆の三宅島でも赤飯を村の若者にふるまったというのは、かつて村の若者の公認を求めたものであろう。津軽地方には、娘が一五・六歳になると、旧五月五日の晩に娘の家へ注連縄を張り、それ以後ヨバイに訪れたという伝承があるが、これは若者にとって、娘が一人前になることが強い関心事であったことを示している。と書いている。(10)

いわゆる「初夜権」は、成女式の儀式が原型にあるとみてよいだろう。したがって、成女になると、成年になった「若者連中」の管理下に入ったのである。

女になる年齢と成女式の性儀礼

「十三サラワリ」といって、処女性を失ってもよいとされたのは、十三歳は初潮の時期だからである。播磨の民謡では、「十三バックリ、ケー十六」ともうたわれている(年齢はすべて数え年だから、満年齢では一・二歳引く必要がある)。

娘十三　嫁《ゆ》きたがる　(栃木県民謡)

十三になれば嫁《よめ》にやる　夏の酒、女子《をなご》は長くもたれまい　(新潟県田植歌)

鎌倉の　御所の祝いに　十三になる子がお酌に立つ　酒よりも肴《さかな》よりも　十三になる子がお目についた　お目についたらつれてござれ　おなごは出雲の縁じゃもの　(神奈川県鎌倉節)

ともうたわれている。したがって、

年は十三　この子が出来て　母といわれるのが恥しい　(山口県田植歌)

という、十三歳で母になった歌もうたわれているのである。しかし、

今年や十三　こら出ておくれ　あけて十四で身をまかせ　（徳島県盆踊歌）

という歌もある。中山太郎のあげる、

豊後国日田郡夜明村大字夜明では、毎年八月十五日（明治以前は旧七日）の夜に盆保々《ぼんぼぼ》といふ行事がある。この夜は一村の男女が総出となって綱引をする。そしてこの夜に当年十四歳に達した女子は、必ず男子に許すことに定められてゐる。もしこの夜に許さぬ女子があれば不具者として待遇され、往々にして結婚を拒絶され、または婚期が遅れることになってゐる（『さへずり草』松虫巻）。

という例も、十四歳である。

元禄時代に、古川古松軒が奥州を旅行した記録をまとめた『東遊雑記・巻四』には、金精神《こんせいじん》と称する神体を鉄の鎖で厳重に縛りつけておく村があるので、あまりの不思議さにそのわけを訊ねたところ、この神体は氏子の娘が十三・四歳になると夜分来って犯すので、それを防ぐために縛っておくのだと答えたが、神体は高さ三寸ばかりの木製の元根（男根・リンガー）であった、と書かれている。この例も「十三・四歳」である。

中山太郎は、「南方熊楠氏が紀州の兵主で目撃されたのに、十四歳ぐらいの少女が風呂屋へ来て、十七八歳の木挽の少年を付けまはし、種臼きって（「処女膜を破って」の意）くだんせ、としきりに言ふてゐた。この年頃になっても処女でゐるのを大恥辱に思ってゐるらしいとのことである」と書く。やはり「十四歳ぐらいの少女」とある。(11)

大間知篤三は、昭和七年に発表した「南予の通過儀礼(12)」で、

娘が十四・五歳になると、早く誰かから女にしてもらってくれればよいがと、親たちは心ひそかに願ったものである。親が心配のあまり酒を買ってきて、女にしてもらうことを依頼したといふ話もある。そのことをアナバチを割るといって、その役割を果たす人が、村人の間にきまるともなくきまっていた。たいていは物静かで口数の多くない男であり、つねづね畳や板にすりつけて爪を磨いており、三日ぐらいかかってその役割を終へたといふ。

と書く。爪を磨くのは、「アナバチ」に傷をつけぬためである。さらに大間はつづける。

また他の話者からつぎのようにも聞いた。娘が十三・四歳になると、ヒゲ（陰毛のこと――引用者注）が生へるとその根で閉じこめられて割れなくなるとか、サネカズラの根で割れなくなってしまふなどと威しつけた。そう言はれると、娘の方では非常に心配になって、アナバチを割ってもらう気になるのである。岩松町の素封家小西家の娘に対しては、どうしてもその機会が若衆たちには得られなかったので、腐りわれに割れたと悪口したといふ話も伝はってゐる。アナバチを割り、「初穂を頂く」と、それからは、さあ女になったから相手を世話してやろう。よろしく頼むといふことになり、誰それは誰のシロモノといふようにきまっていくのである。今日（昭和七年――引用者注）三十五歳以上の女で、これをしてもらわなかったものは、一割とはおるまいといふことであった。

この記述でも、十三・四・五歳である。南伊予の風習は紀州にもあり、南方熊楠が見たのは、少女のほうから好きな少年に迫っていた光景である。

『梁塵秘抄』にも、

女の盛りなるは

十四五六歳　二十三四とか
三十四五にし　なりぬれば
紅葉《もみじ》の下葉《したは》に異《こと》ならず

とある。

鎌倉時代、大納言久我《こが》雅忠の娘で後深草上皇に愛された二条の自伝『とはずがたり』によれば、彼女が十四歳になった文永八年（一二七一）一月十五日の夜、後深草上皇が彼女の家に訪れ、彼女を抱いている。十五日の夜は、彼女がこわがって泣くので、抱かれただけでおわり、翌日の夜、「初夜」を体験している。

後深草上皇は、いわゆる「初夜権」の行使者だが、十四歳になった一月十五日の夜からであるから、成女式の儀礼であることは明らかである。

福島県石城郡草野村付近では、娘が年頃になると、旧一月十五日の夜に村の若者が集まって、「誰々の家の娘は、まだ女になっていないから、あれを女にしてやろう」といって娘たちを呼び出す行事が、大正の末頃まで行なわれていたというが、この行事の日も一月十五日だから、成女式である。

しかし、十三・四・五歳に女にしてやる行為が、必ず行なわれたわけではない。赤松啓介は「初潮の民俗」で、播磨では、

ムラに住む少女の場合、初潮があると、若者や男たちの「夜這い」の対象になるわけで、ここでもいろいろと「水揚げ」とか、「初割り」、「初乗り」などという風習が論議される。しかし娘仲間のしっかりしているムラでは、初潮があったからといって相手をさせなかった。

十三と十六　ただの年でなし
十六で娘は　道具揃いなり

というわけで、十三に初潮があり、十六で陰毛が生え揃って、初めて一人前の女になると認めたのである。つまり娘仲間が一人前に成熟したと認めるまで、男たちの手を触れさせなかった。

と書いている。[13]

娘十六　ねぶたの白根
白いところに　毛が生える

とうたわれているように、まだ無毛の十六歳以前では、三日もかけないと、成女式つまり「初夜権」の行使が完遂しなかったからである。赤松啓介は、さらにつづけて、

最初の「初割り」には、その相手になる男を十分に吟味したそうで、のちのちまで、その娘の人生相談に乗ってやれるような人間を選んでやったのである。年齢も三十歳前後の壮年を選び、接客業者のようにヒヒ老爺へカネで売るようなことはなかった。ただしこれにも、そう厳しいムラばかりでなかったのは事実で、ムラによって放任していたのもある。まあ娘の希望も聞いたり、娘仲間で相談したり、若衆頭などの幹部の意見を加えたり、というのが、だいたいのムラの慣行であった。

と書いている。[13]

こうした成女式は、わが国だけでなく、世界共通の通過儀礼としてあった。

エリアーデは、「成女式と性の間の神秘的な関係」について、

進化した社会でさえ、娘たちはある種の婚前性交を享受し、若者との媾合は娘が糸つむぎに集ま

っている家で行なわれる。この慣習は二〇世紀の初頭までロシアに残存していた。処女性を高く評価する文化でも、若い男女間の媾合は親たちから黙認されるだけでなく、奨励さえされるのは驚くべきことである。これは放埒な蛮風ではなく、偉大な秘儀——女性の聖化とみなすことができる。この体験は生命と豊饒の源泉にあずかることである。婚前性交とはその性格はエロティックではなく、儀礼的なものである。それは通俗的なお祭り騒ぎではなく、すでに忘れ去られた神儀の断片を構成するものなのだ。（中略）こうした儀礼的行動の例が、久しい以前にキリスト教化された部族にさえ二〇世紀まで保存されてきたという事実は、想うに、きわめて古代の宗教体験、女性の霊魂の基本的体験の問題にかかわっている証拠となる。

と書いている。(14)

成年式と遊女

成女式に「女にしてやる」行事があるのだから、「男にしてやる行事」も成年式に行なわれた。柳田国男監修『民俗学辞典』は、

　成年式を済ませ一人前の男子と認められることによって、神事に参加することを許され、村人としての共同労働や利益分配に当って一人前に数えられるようになるのだが、何よりも大きなのは結婚の資格が生じるということであった。貴族社会でも元服には添臥の儀をともなって、将来その女性を妻に迎えるようなことも多かったが、常民の間でも例えば沖縄で十三才の元服の夜にズリ（遊女のこと）買いをさせたことや、長崎県久賀島村で若者組加入の日から娘宿に通うことを許され、

これをハダアハセと言っていたというような例がある。
と書いている。(15)

赤松啓介は、兵庫県の例をあげている。

明治の初め頃まで、加西郡などは成年式が終わると、その晩から先輩が夜這いの案内をしてやるムラが多かった。明石郡、加古郡、印南郡などの海岸地域では明石、高砂、室津、飾磨などの遊廓へ連れて行く。美嚢郡や加東郡、多可郡、多紀郡、加西郡の奥では、阿弥陀堂、薬師堂などにオコモリして後家や嬶連中が合同して性の手ほどきをしてやった。また加東、加西郡などの一部では庵寺の尼僧が個別に招いて教育したムラもあり、美嚢郡、加東郡、多可郡などでは、後家の家へ個別的に押しかけて性教育を受けたムラが多い。そういう習慣のムラでは、庵主さんや後家を「若衆のケイコ台」といった。難しいムラになると若衆がケイコしてくれといってくれば、後家は拒絶できないのもあって、いろいろともめたらしい。もし後家が他のムラの若衆にケイコすると、裸にしてさらした。（中略）

かってのムラでは、男一人前と認められて若衆入りすれば、性交の実地教育をするとともに、性生活の自由も保証してやったのである。古くは「村内教育」式が主であったが、明治の中頃から伊勢詣り、行者詣りが盛んとなって、古市や洞川などの門前遊廓で初教育される「域外教育」式が盛んとなり、年齢も十七、八歳ぐらいに引き上げられた。その後、教育勅語で純潔教育をやり始めたので、徴兵検査済の当夜まで引き延ばすようになる。これがだいたいの変化であり、ムラによっていろいろと違ったが、自転車の普及も大きい影響を与えた。つまり町村役場や鉄道の駅前に宿屋、料理屋などが発生し、仲居、芸妓、酌婦などが住み着き、自転車で通えるようになって、ここが新しく性教育センターになったのである。(16)

中山太郎は、「羽前国西田川郡神浦村大字黒森では、男子は十五歳で大人となるが、それには女子を知ることが条件となってゐる。それでその時になると父兄または雇主が、本人を伴ふて妓樓に赴く。これを俚俗に『お位受け』と称へてゐる（「講談雑誌」十三巻四号）。大和の大峰参りは、その昔は御嶽さうじとて千日の精進を要すると云はれてゐたが、今では上市町で精進あげとて、殊に男子十六歳となりて初めて参加した者は、これを連行した先輩が女郎買をも教へて、これで一人前の男となったといふ慣行がある（宮武昌三『習俗雑記』）」という例をあげている。(17)

『民俗学辞典』の「ずり」の項に、「沖縄奄美諸島の遊女の呼称。（中略）沖縄では明治中期頃まで男子の成年式の一つの行事として、息子をその親または伯叔父或は父の友人が遊廓に連れこんで、一人前の男にしてやる習俗がのこっていた。また、かような若者相手の私娼をニーセー・チューラサー（二才《にせ》を男にする女）の名で呼んでいる」とあるように（二才」は若者の意）、男にする役目を、「遊女」といわれる女たちが果たしていた。

男への「初夜権」行使

「男にしてやる」役目を、遊女でなく、普通の女性がする場合もあることは、赤松啓介が述べているが、赤松によれば、成年式の夜の最初の夜這いは、先輩が娘の家へ連れて行き、先輩が侵入すると、履物《はきもの》を持って出てくるまで待っていて、その後入って「筆下し」をしてもらう。または、予約してある娘の家へ一人で行くとか、姉妹のいる家へ入って姉妹に「筆下し」をしてもらう場合もあるという。[18]

こうした夜這い以外に、年上の女性による「男にしてやる」方法について、赤松は次のように書く。[19]

十三になった男の子のヘコイワイ、フンドシイワイなどに、目上の女性たちによる性教育、社寺の参拝をかねて同伴の年長の女性たちによる性教育などが行われた。そうした教育を受けた体験によると、親から今日はフンドシして行くんやぜといわれ、オバハンによう頼んであるからまかしておくよう注意されたそうである。近所と親類の女たちに連れられて寺へ参ったが、男の方をテビキ、オテビキというそうだ。寺へ参ってほどよい山のなかへ連れ込まれ、一人が後から抱きかかえ、一人がフンドシを外して、タテリ、チャウスなど教えてもらい、また女との接し方をいろいろと習ったそうである。

この著書では、他人から聞いた話を書いているが、別の著書で赤松は、自分の体験談を書いている。[20]

一三になると(赤松は一九〇九年生まれ——引用者注)、春の節句にこれを持ってオバハンとこ行き、と米二升の袋と、ウコン色の反物を持たせられて訪ねる。オバハンは座敷へ通して正座させ、米と反物を三宝にのせて床の間に供えた。なにか唱えていたが、後に般若心経とわかる。これは二度唱えることになっているが、終わると反物を下して次の部屋へ行き、フンドシ一つと腰巻きを作って入ってきて、私を裸にするとフンドシをしめてくれた。自分も裸になると腰巻を廻わさせ、手をとって納戸へ連れて行き、ね床へ入れてくれる。これがフンドシ祝いで、アカフンともいった。フンドシオヤになると、オヤジが留守の晩など誘いにくる。友達仲間は、お互いにどこのオバハンがフンドシオヤかわかるから、いろいろと評判した。

また、こういう記述もある。(21)

新入若衆の試験をした後家さん達の内緒話では、ときどきインポテンツがあるそうで、そうした若衆にクジで当たると、どうにか一人前の男にしてやろうと苦労するそうである。逆にあんまり巨根で入らなかったので、コトボシの油を塗って漸く納めたという珍談もある。そこは女郎屋でないから、なんとか一人前の男の免許をやることに苦労したのだろう。日常的には強がっている男が、いざとなると不能になるようで、根性が見えたなどという女もいるし、その場はなんとか免許をやっておいて、後から自分の家に夜這いさせて教えたという女もあった。美嚢郡奥吉川村、上淡河村、加東郡郡鴨川村とか、多可郡、多紀郡などの山村地帯では(いずれも兵庫県の郡――引用者注)、後家を若衆のケイコ台というムラが多く、たいてい後家さんに筆下し教育をしてもらっている。筆下しもいろいろと故障も出るので、母親たちも不安になり、あんたの息子はうちが男にしたるから、うちの息子はあんたが男にしてやって、などと相談するのもあるらしい。

このように、「男にする」役もあり、いわゆる「初夜権」は男だけのものではない。

前述(八八頁)した「お連れ様」の場合、花嫁の「お連れ様」は花婿の「初夜権」の行使者で、「男にしてやる」「オバハン」に相当する。

平井信作は、津軽地方の「おくり婆様」について、「嫁コが首尾よく貫通されたのを見とどけて、帰って親元へ報告するのが、おくり婆様の役目」であったと書いている。(22) 赤松啓介は、「播磨では結婚初夜の翌早朝、嫁の親族、姉か叔母などが視察に行くが、それを『部屋見舞』という」と書いているが、(23) 嫁の姉か叔母は、かつては津軽の「おくり婆様」と同じく、初夜の花婿・花嫁のそばに添寝して、新婚夫婦の性交渉があったかどうかを確かめ、うまくいかない場合は、「お連れ様」と同様に教授したのでであろう。

佐々木徳夫は、『みちのく艶笑譚』で、

初床で男が契りを結べどかがったども、女はなんぼしても股コ開がねがったど。隣りの部屋で初床の成り行きを見守ってだ仲人のあっぱ（媼）は、気が気でながったど。あっぱは真新しい布団の上さ仰向けになって、

「これや、とど（亭主）持ったら、こったに股コ開いで、あどは亭主に任せるもんだじえ。これとど、わいの上さあがってみろ。ちゃんと見でせ」

と、聟の堅くなった物をつかんで、わいの物さ当てがったど。

「これや、よく見だが。これが本当の夫婦の交わりだじえ」

て言ったど。

二、三日たって友人から感想を開かされた聟は、

「いやあ、十六花嫁よりも四十六の仲人あっぱの方がずっかりえがったじえ」

て言っただどさ。

と書いている。(24)

青森県三沢村の「口取」の例（八九頁）からみても、この青森県の艶笑譚は、本来は、新婚の初夜に仲人が花嫁・花婿と交わったのが、のちには女だけが「おくり婆様」といわれて新婚夫婦と添寝するようになって生まれたものであり、「おくり婆様」は、成年式を迎えたときの播磨地方の「オバハン」の

役目も果たしている。

天皇の成年式（元服）と「添臥《そいぶし》」

『とはずがたり』の作者は、十四歳の一月十五日から二日かけて、成女式を終えて女になっている。このときの「初夜権」行使は、後深草上皇が行なっているが、後深草は、『とはずがたり』によれば、二条の母によって男になっており、赤松啓介の書く播磨の「オバハン」役、遊廓の遊女の役を、二条の母が行なったのである（二条の母の家は、長兄の藤原房内が大納言、次兄の隆顕が権大納言の名門である）。

後深草は男にしてもらった二条の母に、閨房の術を「習ひたりしかば」、何かにつけて彼女に人知れず恋心を抱いたと、二条は『とはずがたり』に書いている。二条の母は、大納言久我雅忠の妻になって、二条を生んでまもなく（二条が二歳のとき）亡くなっているが、後深草が男になった歳は十一歳である。

後深草は四歳で即位しているから、「男になった」のは天皇在任中だが、九歳で即位した後一条天皇も、後深草と同じく十一歳で元服している。元服の歳、後一条天皇は、関白太政大臣藤原道長の娘威子を、皇妃として迎えている。

『栄華物語』は、その初夜の様子を、

帝の御年十一にならせ給されば、正月五日御元服の事あり。三月七日、大殿（藤原道長）の尚侍（道長三女、威子、当時二十歳）殿内へ参らせ給ふ。（中略）前々も覚つかなかなからず見奉り交はさせ給へる御仲なれど、尚侍殿は差し並び奉らせ給はんことをかたはら痛くおぼしめして、帝はひたみちに恥かしうおぼしめしかはす。

と書いている。
「前々も覚つかなかならず見奉り交はさせ給へる御仲」とは、後一条天皇は一条天皇の第二皇子で、母は道長の長女彰子であり、二人は叔母・甥の関係であったことをいう。したがって威子（尚侍殿）は、九歳も年下の十一歳の甥と「差し並び奉らせ給はん」（同衾する）ことを、「かたはら痛くおぼしめしたのである。そのため威子は、

澁々に上らせ給へれば、夜の御殿に入らせ給う程、いみじうつつましう、わりなくおぼしめされて、やがて動かで居させ給へれば……

というありさまであった。それを見て、天皇の乳母の

近江の内侍参りて、「あな物狂おし、なぜこうでは」とて、お帳のもとにおはしまさすれば、帝起き居させ給ひて、御袖を引かせ給ふほど、尚侍殿、むげに知らせ給はざらん御仲よりも、まばゆく恥かしくおぼしめさるべし。さて入らせ給ひぬれば……

とある。
二条の母と同じ立場が、天皇の乳母《めのと》の近江の内侍である。たぶん、後一条天皇の元服の寛仁二年（一〇一八）正月五日の夜、天皇の添臥をしたのは、近江の内侍であったろう。したがって、結婚の夜は、「お連れ様」「おくり婆様」の役で立ち会って、「お帳のもとにおはし」たのである。二人が行為に入らぬのをみて、「あな物狂おし、なぜこうでは」といい、閨房の技術を教えた天皇に相手を抱くようにすすめたので、二人は床についたのである。つづいて、
殿の上（道長の正妻倫子、尚侍殿威子の実母）おはしまして御ふすま参らせ給ふほど、げにめでたき

御ありさまにて、ことはり見へさせ給ふ。御乳母たち御帳のあたりに侍う。とあり、床についた二人の上に、威子の母が衾《ふすま》をかけて、ようやく「げにめでたき御ありさまにて、ことはり見へさせ給ふ」こととなったのである。

『顕広王記』には、高倉天皇の「御乳人」が「添臥奉るの間、懐妊あり」とある。

二条の母が後深草天皇の乳母であったかは定かでないが、十一歳の元服の夜、奉仕したあとも「夜昼奉仕」したと、『とはずがたり』は書いている。夜だけが「性」の奉仕と見るのは現代人的思考で、当時の天皇は、夜と昼に寝ており、昼も女性と同衾していることは、清少納言の『枕草子』にも、『とはずがたり』にも書かれている。二条の母は、まもなく結婚したから懐妊はなかったが、高倉天皇の乳母の場合は、元服の夜以降、数年間もつづいていたから懐妊したのである。『顕広王記』が、この懐妊を「世すこぶる奇礼とする所」と書いているのも、元服のときの添臥だけなら、天皇は十一歳であったから、添臥の女性が懐妊することはなかったからである。

九条兼実の日記『玉葉』は、後鳥羽天皇は文治六年（一一九〇）正月に十一歳で元服したが、前年の四月、後白河法皇から摂政兼実に、「天皇の元服に娘を入内させるよう」にという親書が届き、狂喜したことを記している。兼実の娘の任子（十八歳）と天皇の初夜（『玉葉』は「新枕」と書く）について（文治六年一月十一日）、『玉葉』は次のように書く。

「夜の御殿の北戸の御帳」に北面から入った「主上の御装束を解く。余これを脱がせ奉り」、天皇が「東枕」で「臥し給ふ」と、前年の十一月十五日に従三位に叙された兼実の娘の「三位殿」も、「御袴御衣を脱ぎ、臥し給ふ」。二人が臥すと「紅の御直垂を着せ、その上に御ふすまを着せ奉り」、二人は初夜を迎えた。

「北政所（三位殿の任子の母、兼実の妻）、相共に寝に付く」とあるから、任子の母は、後一条のときの乳母（近江の内侍）と威子の母（殿の上の倫子）の二人の役を、一人で行なったことになる。

北政所は、「お連れ様」「おくり婆様」であり、「部屋見舞」の親族も兼ねている。

折口信夫は、昔は「男の結婚する場合、大抵、村の青年に結婚法を教へる女があった」と書き、

その女は宗教的な威力をもった人であって、適齢に達した男等に、結婚の方法を教へるのであって、昔の人の理想としてゐたのであらう。（中略）教へる女があるのは生殖の方法を教へる為ではなく、そんな女を設けなければ宗教的儀礼がすまないと言ふ事なのである。大抵の場合は宗教的な女性がゐて、初めて、生殖の道に這入るところの女に会ふ。（中略）

普通神社に仕へてゐる巫女が、さうした為事をしたのは、古く記録に載ってゐる。神社に仕へてゐなくとも、宗教的な要素を持ってゐる女であればよい。中には旅をして来る遊女もあり、村に付属してゐる遊女、神社・寺院等の付近に住む遊女等がある。

さういふ一つの関門を通り越して初めて結婚に這入るのである。男が通らなければならない関門は割合早く忘れて、男は女の処へ通って結婚する様になった。

と述べている。(25)

天皇や東宮の場合は、男が女の所へ通う形はとらないが、「結婚法を教へる女」が添臥という形で奉仕していたのである。

「初夜権」とエビス神・若者頭

中山太郎は、「三河国南設楽郡長篠町附近の村落では、結婚の当夜は『おえびす様にあげる』と称して、新夫婦が特に合衾せぬ慣習がある（早川孝太郎談）」と書き、「これなどは蛭子《ひるこ》神の名に隠れて古代の神官が、初夜権を行使したことを物語ってゐる土俗である」とし、さらに次のような例をあげる。

能登国の鳳至・珠洲の村落中には、結婚の式場に新郎は列座せず、従って新婦と三々九度の盃事をなさず、新婦はひそかに舅姑とのみ親子の盃事をする習慣がある（『鳳至郡誌』『珠洲郡誌』）。

山城国葛野郡袖ケ畑村は京都を西北へ距る二里余の僻邑であるが、此村では昔から他村と通婚せぬ。花嫁は近所の女達が送って新婚の家に往くが、家に着くと一応両親に挨拶して、すぐ襷をかけて勝手へ出て手伝をする。そして夫婦の盃もせず、その夜は合衾せぬことになってゐる（「民俗」第一巻第二号）。

これなどもその古い世相は、新婦に対して初夜権を行使される間だけ新郎が所在を隠し、またはわざと合衾を避けたものであらうと考察される。

更に琉球では結婚式が終ると、それが中流以上の者であれば、新郎はその場から友人と連れ立ち遊廓に赴き、二三日流通《いつづけ》するのが国風となってゐる（伊波普猷談）。

この真相は能登のそれと同じく、初夜権の実行される期間だけを、わざわざ新郎が逃避したのに由来してゐるのである。(26)

中山は、こうした習俗を初夜権と関連させ、「おえびす様にあげる」とは、「女子共有の思想」にもとづき、「古代の神官」が神を悪用して「股の役得」をしたと解すが、そうではない。

鎌田久子は、『女の力』のなかで、

私がたいへん強烈な印象をもったのは、千葉県君津郡のある村で聞いた話です。

ここでは、昔は若い娘の結婚がきまると、父親か母親かがお酒を一升もって、若者頭――若者組の頭――のところへ行き、「うちの娘はまだ生娘なので、どうか娘にしてやって欲しい」と頼むといいます。処女性を若者頭にあげるわけです。

ここではあきらかに、娘と生娘を区別しています。全く男性に触れない娘が生娘です。生娘から娘に転換する。そこで、ひとつの社会的地位――心の中での意識なのですが――それが変化する時なのです。転換する、あるいは踏みこえる。境の時と考えています。

その転換する役目を若者頭に依頼するのです。若者頭は、「エビス神」、ところによっては「道祖神」などと、呼ばれることがあるといいます。これはあきらかに、かつて女性がみな、神の妻となり得べきもの、神の妻になり得る霊力のあるもの、とされた名残ではないでしょうか。処女性は、神に捧げるもの、という意識なのではないかと思われます。

ここでは、また、「生娘はこわい」といわれているのです。「生娘を嫁にもらうのは、たいへんこわいことだから、娘にしてもらわなければ困る」というのです。

これは、神の妻になるべきものを、人間が犯すことになるわけで、おそれの意識をもったものでしょう。別のいい方をすれば、生娘はひじょうに神聖で、犯すべきからざるもの、という意識だったのかもしれません。

と書いている。(27)

生娘は「おえびす様（または道祖神）にあげる」ことによって、娘になる。娘になるために神と交わる。その聖婚の神の代行者が若者頭であり、彼は「初夜権」の行使者と見立てられたのである。

若者宿・娘宿・「初夜権」

中山太郎は、『日本婚姻史』で、

肥前国佐賀郡川上村の男子は、十五歳になると、若モンの仲間に入り、妻帯すると脱退して中老となる。土地の掟として、昔は、「ボーブナ（南瓜の方言）と娘は若モン次第」と定められていて、娘達は此の掟に従ふことを余儀なくされてゐた。そして一旦若モンに加入すると、若モンを泊める宿があってそれへ起臥して自宅へ寝ぬことになってゐた。

と書いている。(28)「若モンを泊める宿」が若者宿である。

明治七年の青森県の文書には、前掲（八九頁）の記事につづいて、

元田名部通の内海浜字トマリと申所、併其近辺大底は男女に若者頭と申者撰立、婦人生て十四五歳、既に女道を知る年頃に至候折は、是を通称してメラシと唱へ、村中に女部屋と申所儲け置き、是へ夜分に至れば右メラシ共連れ行、淫奔自在此処旧染にして、婦の両親といへども之を禁ずる事不能、もし此村へ他郷より若き男入り来て、此村の婦人と恋交する時は、たとへ男女共示談和淫といへども、地風と号し、其男を捕へ村中の若者共打寄り打擲、或は海中に之を没すなど、傍若無人の所業見るに忍べず

とある。
また、熊本県玉名郡復北村の名石明神の十月十三日の祭では、昔は、未婚の娘たちは盛装して神社に集まり、男は意中の娘をかついで、海岸に臨時に建てた「妹小屋」で契ったというが、「女部屋」「妹小屋」は「娘宿」ともいう。

青森県下北郡東通村では「娘達は十五歳になると娘宿といふ定められた家に泊りに行き、村の青年達の要求には絶対に従わねばならなかった」例と、東通村の「若者連中規約」については前述（九三頁〜九四頁）したが、こうした娘宿（女部屋・妹小屋）と若者宿は対である。若者宿の若者の要求に娘たちが「絶対に従わなければならなかった」としても、それには若者頭のきめたルールがあった。

長崎県南松浦郡久賀島村久賀（五島列島）では、正月十六日と盆の十六日が、「ハダアワセ」日になっていた。若者入の日には、ワッカモン頭（若者頭）が酒八合（祝い事はすべて八合）をもって仲間入りさせる。その日娘宿の娘たちは、そうめん・なます・塩ブリなど、一人前五疋の肴《さかな》を持って若者宿へ行き、下座にすわる。このことを「酒肴を持って行く」という。若者は一人当り二、三合の酒をのんで十一時ごろまで遊び、女は酌取りをしたり、唄わされ、男は踊る。そのあとワッカモン頭は副頭と相談し、新入りのワッカモンに年長の娘をあてがう。彼は先輩につきそわれて娘宿に連れこまれ、ワッカモン頭に指名された年長の娘たちが男にする。これを「ハダアワセ」というのであり、娘宿の娘たちは若者たちの勝手な性のはけ口だったわけではない。娘宿の年長の娘たちは新入りの若者への「初夜権」の行使者であり、娘宿の新入りの娘たちには、若者頭を含めた若者宿の年長者たちが、「初夜権」を行使したのである。

赤松啓介は、「兵庫県加西郡で、娘宿の頃のはなしを聞いていると、そのムラでは、初潮があっても夜這いをさせず、発毛している状況を姉さんたちが検査、これならというと、夜這いを許可したそうだ」と書いており、(29)娘宿は、娘が一人前の女(成女)になるための性教育の場であった。

樋口清之は、「最近まで、志摩半島の安乗や、五島列島から壱岐にかけての島々には、娘宿の習俗が残っていた。まるきり、猥談の氾濫で、男が一人で参加しようものなら、なみいる女たちにひやかされて、それこそひどい目にあってしまう」と書いているが、(30)「猥談」も「陰毛調べ」も性教育であり、当然、同じことは若者宿でも行なわれていたのである。

秋田県仙北郡檜木内村、同郡田沢村では、旧正月十五日夜、娘たちの親は、一定の場所に「仮小屋」を設け、娘と夜這いに来る男を泊めさせた。もし、娘のために仮小屋を作らぬ親の家があれば、大勢の青年たちが押しかけ、誹謗《ひぼう》し投石した。さらに娘の嫁入りまで妨害したというが、この場合は、娘たち全員が集まる娘宿ではない。正月十五日の夜だけの「仮小屋」なのは、村の娘の親たちがすべて「仮小屋」を作るのではなく、成女式を迎えた娘たちの親が作る「仮小屋」だからである。新入りの若者が、娘宿へ行って成年式の性儀礼を行なうように、仮小屋の娘の所へ年長の若者が行って、成女式の性儀礼を行なったのである。

西日本、特に四国では、成人式を迎えた若者や娘の性儀礼のための恒久的な「寝宿」が多い。若者宿・娘宿で別々に行なう性儀礼を、寝宿で共に行なうのである。

こうした「宿」は、若者頭をエビス神・道祖神というように、神によって成人・成女になる儀式で、「初夜」の相手をする男女は、男神・女神である。

「柿の木問答」と「初夜権」

成人式のイニシエーションとして、男も女も一人前になるために性の儀式があったが、処女・童貞は、同じ未経験同士が行なうのでなく、先輩が手ほどきした。この手ほどきを、成人式でなく結婚初夜に行なうようになったのが、いわゆる「初夜権」の行使とみられたのである。

その場所は若者宿・娘宿・寝宿であったが、赤松啓介は、播磨の山間部では、「若衆入りした夜に、ムラのアミダ堂、ヤクシ堂などに後家さんや熟年の女性と「オコモリ」して、男にしてもらったと書く[31]。「アミダ堂」「ヤクシ堂」が寝宿になっていたのである。

兵庫県加東郡福田村三草から丹波へ出る山奥で、赤松が一九三〇年代に中年以上の女性数人から聞いた話によれば[32]、正月の薬師講の夜、若衆入りした数え年十五歳の少年と女性が「オコモリ」するが、少年は大体三〜五人ぐらいだという。女性のほうは後家（未亡人）が主だが、後家でも若い人を除いて四十前後を選んでいる。本尊の前に座って女性たちが般若心経を誦し、若者たちに教えるが、だいたい覚えられるようになるには夜半までかかる。そのあと、西国三十三ヶ所の御詠歌をあげる。それから同衾となる。このように、仏事を行なったあとで男にする儀式が行なわれることからみて、神社の「寝宿」の場合でも、同衾の前には神事がきちんと行なわれたのであろう。

誰と誰が組むかについては、人数によって決め方がちがったが、五組の場合は、男女別に、手に南・無・阿・弥・陀と墨で書いて、同じ文字が合った者が組み、五組以下の場合はジャンケンできめたという。

フトンに入って同衾、しばらく雑談して、気分が合ってくると、

おばはんとこに柿の木あるか

という、いわゆる「柿の木問答」がはじまる。「柿の木問答」について、赤松は、次のように記す。

女の方が、まだ気が乗らぬと、

まだ青いでえ

とか、

まだちぎるのん早いでえ

と断るし、男がモジモジしていると、

あの夜のこと知っとるか

と催促する。うまく合ったところで、

あるでえ

よう実なるか

なんぼでもなるでえ

ここまでの間に女は着物の帯を解き、腰巻の紐をほどいて、いつでも裸になれるようにしておく。

サア、よお見てんか

まず両乳を出して見せ、さわらせたり、にぎらせたりして、よくならし、それがすむと下の肢へ手を入れさせて、なでさせたり、いろいろと教える。双方の気が合ったところで、腰巻を外して全裸になり、

よお見んか

と開帳して拝ませた。若衆はたいてい参ってしまうらしい。

よう見たか

――

どないするねん

――

柿ちぎらへんのか

このくらい催促されて、

登ってちぎってもええか

なんぼでもちぎったらええ

――

お前、木登りもよおせんか

親切な人は男の帯を解き、フンドシの紐をほどいて外させた。困らせるのが面白いという人はなかなか教えてやらず、着衣のままで登ろうとすると、

そんなんで登られへん

と叱る。ともかく男も裸になって上ってくると、

しっかりだきつかな落ちるでえ

ここで女体のだき方、組み方を教え、またクチスイ、チチスイもさせるが、女の方もフラフラにな

り、もうどうでもよいと思うらしい。

サア、ちぎってんか

男のものを握って、自分の中へ入れさせる。若衆もいろいろでベソをかくのもいるし、あんがい上手にすむのもあり、平素はわからないような性格も出るらしい。なかなかうまくできんのもあって、女の方は一人前にしてやる役目があり、そんなのに当たると苦労するという。

赤松は、播磨の山間部で行なわれた成年式（若衆入り）の「柿の木問答」を、このように記しているが、播磨の海岸部に近いところでは、この問答は新婚の初夜に行なわれている。というのは、山間部のような若衆入りの性儀礼が行なわれなくなっていたからである。したがって、赤松の書くような具体的な「柿の木問答」でなく、床入りの儀礼として、

男　あんたの家に柿の木おまっか

女　おます

男　柿の実がなりまっか

女　なります

男　おらあが、登ってちぎってもええわか

女　かましまへん

男　へたらちぎらせてもらいまっさあ

という問答をかわしている。この問答のあと、初夜の契りが行なわれたのである。

前述の寝宿の柿の木問答では、ことがすむと一時間ぐらいの中休みをとる。赤松によれば[33]、この中休

みに「また仏前にならんで般若心経や御詠歌をあげ、熱い茶で菓子や餅を食べながら雑談する。女の方が猥談をして聞かせ、夜這いの作法、女のくどき方、結婚までの心得、女体の特色、大人の性生活、出産などの話をして教育した」という。そして、もう一度床に入る。二度目は若衆に、教えたとおりのことを自分でやらせ、夜這いに行って恥をかかぬだけの教育はしたという。

一回目と二回目の組み合わせは変えることはしなかったというが、早朝には、また仏前にならんで、般若心経や御詠歌をあげ、まだうす暗い六時頃、若衆を家へ帰らせた。この夜のことは、男も女も他言してはならないことになっていたという。

第一章で述べた雑魚寝《ざこね》も、御堂や神社の拝殿で行なわれているから、単なる「性的乱交」ではなく、般若心経や御詠歌または祝詞・神歌などの仏事・神事をともなっていたであろう（播磨の寝宿の例でも、五組ほどの雑魚寝だから、まわりを気にする若者がおり、そういうときは、「キョロキョロしょったら落ちるでえ、もっと気入れてちぎらんか」といったという）。

「柿の木問答」のような、成人式のイニシエーションとして性儀礼が行なわれなくなったあと、「柿の木問答」が結婚初夜に行なわれている。このことからみて、成人式のイニシエーションの一つであった性儀礼を結婚初夜に行なったのが、いわゆる「初夜権」なのである。

「初夜権」と遊女

中山太郎は、「わが国の上代にあっては女子に対する初夜権は、まったく神の手に握られていた」として、昭和二年二月刊の「人類学雑誌」四二巻二号に載る、次の記事をあげている。

長崎県北松浦郡平戸村字稗田の御社緑岡神社の神体は、石製のリンガー（長さ95cm）である。而して此の神に対する土俗の信仰の特異なることは、処女（純真な処女に限る）は縁談が整ひ愈々結婚挙式の前夜に、世人の目を遁るるため特に深更を選んで、密かに母親（母親なき者は姉叔母等肉親の既婚婦人）に伴はれて神殿に詣で、婚後の幸福と良児の授胎とを祈願する。豫め通知を受けた神官は、白装束でこれに立会ひ厳に同様の祈禱を捧げる。次に神官は奥殿石祠の扉を開き、恭々しく神体を捧持し来って先づこれを母親に授ける。母親は一揖してこれを受け更に娘に渡す。娘は拝授して座せるまま××を××、××の×××を×が××に当てる。次で前の儀式は逆行せられ、神殿は奥殿内に納められる。この間、神前の燈火は滅せられ、又一語の発することを許されない。すべて暗中黙々の間に式は進行する。処女でない娘は、此の荘厳にして意味深き結婚の序式を挙げることを憚らねばならぬ。

右の記事をあげて中山は、「此の神事が古く神によって初夜権が行使された、遺風であることは言ふまでもない」と書いている。(34)

中山が伏字にしているところを原文にあたると、「跨間を開き、神体の亀頭部を己が陰部に当てる」とある。昭和二年の刊行時には伏字になっていない文章が、昭和十年に引用したときには、伏字にしなくては刊行できなくなっている。このような日本政府の検閲の強化は、日本軍国主義の発展と結びついている。

中山は、初夜権は神事だったというために、「人類学雑誌」の例をあげているが、中山の引用する「人類学雑誌」は、もう一つの例をあげている。

長崎県北高来郡小字鶴田の台地に、荊棘を以て覆はれた一基の石製リンガー（長さ39cm）がある。近郷の娘達は結婚式が迫って来ると此のリンガーに参詣すべく、或る夜密かに母親に連れられて出かける。好んで月なき夜を選ぶのは平戸の場合に神殿の灯を消すのと共通の意義があるのであらう。祈願の内容も全く同様である。たゞこゝではリンガーを直接陰部に触れる代りに、娘は手を以て亀頭部を撫でては着衣の上から陰部にあたる辺りを撫でる。かうすること四五回にして終るといふことである。同地方で「神さんを撫でたか」といふことは、妙齢の少女達を揶揄する語であるが、露骨に底を割れば、「水揚げを済ましたか」と云ふことであるさうだ。

この記述を中山が除いているのは、前述の記事は緑岡神社の神体なのに、この記事は台地にある石だからである。しかし、リンガーとしては同じだから、同じ性習俗といっていい。結婚の条件として、処女であってはならないから、結婚直前にこのような行為をしたのである。

こうした性習俗は、成人式のイニシエーションであって、「古く神によって初夜権が行使された遺風」ではない。しかし、成人式のイニシエーションも、古くは神事であった。中山は神事に入らぬとして、「人類学雑誌」を引用しながら、鶴田の例は除いているが、この性習俗も「神さんを撫でたか」といわれているように、神事である。

いわゆる「初夜権」は、階級制社会の男性優位の例証として、処女に対してのみ行使されたとみられているが、本来は成人式のイニシエーションであったから、男に対しても「初夜権」行使があったことは、くりかえし述べてきた。

一人前の男・女になる性儀礼は神事であったから、成人式の性儀礼をすましていない場合は、結婚式の直前に行なった。男の場合は、遊廓・遊女という存在が、洋の東西を問わず、その役目を果たした。遊女は若者を「男にした」が、生娘を「女にする」ための遊女のような存在はなかった。そのため、「女にする人（神官・権力者・長老）」が登場した。それらの人を「初夜権」の行使者とみたため、被行使者は女性だけと考えられたのである。

しかし、一見「初夜権」の行使者とみられる若者頭は、エビス神・道祖神といわれていたように、処女（生娘）を「女」にするときは神になる。遊女も、童貞の若者を「男」にするときには女神であった。

第五章　神聖娼婦と日女《ひるめ》

神殿淫売と一夜妻

エルサレムの街の様子を書いた『旧約聖書』の「エゼキエル書」に、

路の辻々には高い床をつくりて、汝の美しさを辱かしめることなし、すべて傍らを通る者に、足を開きて大いに姦淫を行う。……汝、路の辻々に高楼をつくり、巷々《ちまた》に床を作りしが、金銭を受取りせば、娼婦のごとくならざりき。

とある。エルサレムは聖地である。この聖地で「姦淫」する女は、金銭を受け取らないので、「神聖娼婦」といわれている。

ギリシアの歴史家ヘロドトスの『歴史』第一巻一九九節には、イシュタル（アフロディテ・ミュリッタ）神殿での「神殿淫売」「聖所淫売」といわれる行為が書かれている。

バビロニア人の風習で最も醜いのは、この国の女性は、一人残らず、一生に一度は、必ずミュリッタ神殿で見知らぬ男と交わる風習であった。裕福な婦人は気取っていて、二頭立ての幌馬車で神殿へやってきて席をとる。彼女には多数の侍女が供をしている。だが、多くの女は頭に紐を冠のように巻いて、坐って待っている。神殿には綱で仕切った通路があらゆる方向から、女たちの坐っている場所へ通じている。見知らぬ男たちが、その通路を通って女を物色する。女たちはいったん坐ると、男と交わるまでは絶対に帰宅は許されない。男は自分の気にいった女を選び出すと、「ミュリッタ女神の御名にかけてお相手願いたい」というだけでよかった。ミュリッタとは、アッシリア人がアフロディテという名の女神である。男はその時女の膝もとへ銀貨をなげるが、金額はいくらでもよかった。つまり、その銀貨は聖なるものであって、女は最初に銀貨を投げた男に従い、交わる。女は相手がいかなる男であろうとも拒絶することはできなかった。性交がすめば帰宅が認められる。後で、もし、一度交った男が、彼女に莫大な贈物をして言寄ってきても、女は二度と応ずることはなかった。美人の女はすぐ帰宅できたが、醜い女はなかなか務めを果たせず、長い期間、居残っていなければならなかったという。

このようにヘロドトスは書き、こうした風習は、キプロスのパフォス、パレスチナのアスカロンにもあったと書いている。

井本英一は、「ヘロドトスの伝える聖所淫売の風習は、彼自身の言によれば恥べきものとされたが、当時ギリシア本土でもアフロディシア（アフロディテ祭）として同じことが行なわれていたのである。（中略）ギリシアでは遊女ヘタイラが神殿でこの役を演じた」と書き、「バビロンのイシュタル神殿での最も特徴的な要素の一つは、一回きりの男女の交会である。いわば一夜婚である」と書いている。(1)

バビロニアの神殿淫売は、女は一生に一度は神殿で男と交わらねばならぬという義務であった。そのため、美しい女はすぐその義務が果たせたが、醜い女は義務がなかなか果たせなかったと、ヘロドトスは書いている。そのことは、前述（二四頁）した大分県臼杵の近郷の祭と似ている。この祭礼の夜、村の女たちは、必ず三人の男と交わらねばならぬ義務があったが、若く美しい女はその義務を容易に果たせたが、そうでない女は一人の男すら得られず、夜を明かしたという。こうした「義務」は、この行為が「神事」だったことを意味している。

聖地エルサレムの娼婦は、聖地に来た男性を神の化身とみて一夜妻になったのであり、ミリュッタ神殿で一生に一度、女たちが見知らぬ男と交わるのも神婚である。

神聖娼婦と豊饒儀礼

フレイザーは、『金枝篇（三）』で、

廃墟となった神殿の印象的な宏壮さをもって聞こえるシリアのヘリオポリスあるいはバールベクでは、アスタルテーの神殿ですべての乙女がその身を外来の異人に委ねることを国の慣習が要求し、人妻もまた乙女たちと同じやり方でこの女神に対する信心のほどを証明した。コンスタンティヌス皇帝はこの慣習を廃棄し、神殿を毀ち、その代わりに教会を建てた。フェニキアの諸神殿では、女たちが礼拝に際して賃銀をとって操を売り、こうすることによって女神を宥めてその恵みに浴することができると信じた。アリ人ではまさに結婚しようとする女が門の傍で七日間にわたり姦淫することが律法で定められていた。（中略）リディアのトラレスで発見されたギリシャ語碑文は、宗教的売淫の慣習がキリスト紀元第二世紀のころまで残存していたことを証明している。それはオウレリア・アエミリアなる女が、その神の厳然たる命令により売女の資格で奉仕したのみならず、その母親も、そしてその女祖先たちも彼女に先だって同じことをしたと記しているのである。奉納の供物を支える一本の大理石柱に彫られた公告の記録は、このような生涯の素姓に何らの汚点もつけられなかったことを示している。アルメニアでは、貴ばれた諸家族がその娘たちをアキリセナにある神殿でアナイティスの用にあたらせるために奉献し、娘たちはそこで結婚前の長い間を聖娼として過した。彼女たちの奉仕期間満了の後には、誰もそのような娘を娶ることを躊躇しなかった。(2)

と書いている。

またフレイザーは、アスタルテー神殿のアスタルテー女神について、この神はバビロニアのイシュタル、ギリシアのアフロディテ、カナーンのアシタルテーと「同一視される神」であったと述べ、「カナーン人にとって愛と豊饒の女神」であったアシタルテーについて、

> パレスチナからはこんにち多量にこの女神像が出土していますが、裸形で、とくに乳房とPudendumが異常に強調されていることであります。そしてこの神をまつる肥沃祭祀には、神殿聖娼による聖なる売淫が行なわれました。アシタルテーの原型といわれるバビロニア、アッシリアの大女神イシュタルも大地の豊饒を支配し、同時に性欲の女神としての役割を持っていました。(中略)イシュタルとタムムッズの神婚は正月元日にあたって行なわれたといわれ、シュメールの王はこの日、この神話的神婚、すなわち大女神との儀礼的結婚を、女神の新床の置かれている寺院の密室で、この女神をあらわす寺院奴隷である神殿聖娼との間に行ない、この神的結合によって、地上における動植物の受胎と生長を確実にしようとしたのです。
>
> 同じようなモチーフは、遠くはなれた西アフリカのエウェ・ニグロ人の間にもありました。大麦の発芽する時期に、悪霊や災難をはらうお祭が行なわれ、多数の少女たちが、錦蛇に化身するとい

うピトン神の花嫁として捧げられ、彼女らは寺院で神の代弁者たる祭司によって床入りの式が行なわれ、娘たちはここで聖別されて、ときとしては神殿で聖なる売淫を営みました。これも土壌と動植物の豊饒多産を刺戟し確実にするためのものだと説かれています。

と書いている。(2)

イシュタルとタムムッズの神婚は、王と神殿娼婦による再現劇のあとで、民衆による「乱交」が行なわれたという。これは、筑波山の歌垣について、

他妻《ひとつま》に　吾《われ》も交はらむ　吾が妻に　他《ひと》も言問へ　この山を　うしはく神の昔より　禁《いさ》めぬ行事《わざ》ぞ
今日のみは　めぐしもな見そ　事も咎《とが》むな

とうたわれた「乱交」と似ており、「神の昔より禁めぬ行事」であった。

バビロニアの正月儀礼アキーツ祭は、王の再生祭儀だが、この祭は、バビロニアの天地の主、生死の支配者、創造神であるマルドゥクと水の女神サルバントゥの婚姻でおわる。この神婚儀礼について、エリアーデは、「この神婚は、女神の室において王と『神殿聖娼』とによって再現され、それは確かに集団的な放埒な大騒ぎ《オルギー》の時期と合致する」と述べている。(3)

オルギーによる乱交については、エリアーデがあげる諸例を、第二章の「性的オルギーについて」の項で述べたが、集団的なオルギーによる「乱交」も豊饒儀礼である。

インドの「神のはしため」の遊女

マルコ・ポーロの『東方見聞録(二)』は、南インドの風習について、次のように書く。

この地の寺院には多数の男女の神が祀られていて、信者は自分の娘を自分の信仰する神に捧げる。バラモンらによると、男神と女神が仲むつまじくして情交をもつときは、世の中がうまく行くが、そうでないときは不幸が訪れる。したがって、神を刺激して情交させる必要がある。娘たちはそのために募られ、ほとんど裸で、両神のまえで唱歌し、舞踊し、身を臥せてのたうちまわる。足を高く首の上まであげて踊る。その間、かたわらで貴族たちは食事をしている。娘たちは務めを終えると、帰宅する。翌朝、バラモンから、男神と女神の情交を見た、万事うまくいく、という知らせが届く。彼女たちは月に数回この儀式を繰り返す。こういう娘たちの肉体はぴんと張っていて、つまむこともできないほどである。彼女たちは男たちから金をとって、自分のからだをつまませてやる。マルコ・ポーロの見聞は十三世紀のことで、ヘロドトスやフレイザーが書く例より千年以上あとのことだから、性交が行なわれたことは書かれていないが、体をつまませていることは、わが国の「尻つねり祭」と同じである。

中山太郎は、尻つねり祭について、

尻抓り祭とかお腰や祭とか称して、性的行事の伴ってゐる秘密祭も尠からず各地に存してゐるが、特に著聞してゐるのは、九州犀川八幡宮の尻抓り祭である。俚謡に「犀の川原で尻ひねられ、今にひりひり痛ござる」とあるが、その大昔にあっては単に尻を抓るのでは無く、その行事が他に在ったことは言ふまでもない。（中略）静岡県伊東町の音無神社の例祭も著名なる闇祭であって、毎年十一月十日に行はれるが、その作法は実に奇抜なものである。即ち神官始め氏子の者が拝殿に列座し闇中に祭礼を行ひ、式後に神酒の土器を廻すが、その折には無言のまま次へ次へと尻を摘んで合図とするので、一にこれを尻摘み祭とも云うてゐる。昔は参詣する者は子女の別なく尻を摘み合うて戯れ興じたものであるが、今は段々と少くなったとある。これなども他の尻抓り祭と比較して考ふるとき、その古い相が性の解放にあったことは言ふまでもない。全体、闇祭と称して神前の燈火は勿論のこと、村中の総ての燈火を消して闇黒のうちに祭儀を執行するものの多くは、此の性的行事に便利なるための工夫に過ぎぬのである。東京に近い府中町の国魂神社で行ふ闇祭も、かなり露骨な性の取引があったことは段々と証拠が残ってゐる。更に京都に遠からぬ宇治町の闇祭にあっては、異名を種貰ひ祭と云はれただけに、極端なる性の解放が行はれたものである。闇祭は概してこれが目的となってゐたからである。

と書いている。(4)

インドの神殿・寺院での儀式で、娘たちが「男たちから金をとって、自分のからだをつまませる」のは、わが国の「尻つねり祭」と同じだが(ただし、わが国では金は取らない)、本来は神殿・寺院で行なわれた性行為が、のちに娘たちの尻をつねる行為に変わったのであろう。

定方晟は、インドの「ヴィンディヤ山中のラームガル洞窟から『神聖なる売春』に言及する最も(アショーカ時代後のまもないころ)の記録が発見されている」と書き、この神聖娼婦を「神のはしため」(デーヴァダーシー)というと書く。そして、「中世の南インドでは『神のはしため』に言及する刻印が多い。たとえば、チャールキヤ朝のヴィクラマーディティヤ四世王の将軍マハーデーヴァは『神のはしため』のための部屋を供えた寺院を寄進した」と書き、マルコ・ポーロが記した娘たちについて、「彼女らが『神のはしため』であったことは十分考えられる」と書いている。(5)

このように、インドの遊女が「神のはしため」といわれるのも、遊女が単に淫を売る女ではなかったからである。

「神殿淫売」「神殿聖婚」「神聖娼婦」など、聖と俗の言葉を一つにした用語が使われているが、「淫売」「娼婦」の表現は、セックスで金をとる商売人に対していう言葉だから、いままで述べた例には、厳密にはあてはまらない。

古代人にとって、洋の東西を問わず、性交は生命を生み育てる聖なる行為であったから、彼女たちは神妻として、特に「ハレ」の日に、神の代理としての男と交わったのである。したがって、単に自分の体を売る後世の売春婦とはちがう。

神殿淫売とクリスマス

バビロンのイシュタル神殿のいわゆる「神殿淫売」は、一夜妻としての神婚秘儀であるが、メソポタミアのイシュタル地母神は、エジプトのイシス女神にあたる。歴代のエジプト王の王女も、ヘロドトスによれば、イシス神殿の最高巫女であると共に、神聖娼婦であった。

イシス神殿での神殿淫売について、福田和彦は、「エジプトの場合バビロニアよりもっと娼家的なものであったようだ。イシス女神とその分身の豊饒神の神殿は公共的な娼家であり、神官や宦官の司祭たちが女衒の代役をつとめた。しだいに生殖的な意義は喪失し、性愛行為が商的行為に堕落し、遊戯的な性愛行為の場となり、女性の娼術が凝らされた」と書いている。(6) このように、神殿淫売と呼ばれる聖婚秘儀は、しだいに商行為に堕落していったが、フレーザーも書くように、本来は豊饒秘儀だから、神殿淫売には地母神の神殿が選ばれているのである。

エジプトの代表神イシス女神について、マンリ・P・ホールは、「彼女は一万もの名称を持つ女神として知られ、キリスト教により『処女マリア』へと変身された。なぜならイシスは、『太陽』を中心とするすべてのものに生を与えながら、伝説によると処女であり続けたからである」と述べている。[7] 処女マリアの息子イエス・キリストは十二月二十五日に生まれているが、この日は冬至である。

マンリ・P・ホールは、「異教徒たちは、十二月二十五日を『太陽神』の誕生日としてとっておいた。彼らは喜び、御馳走を食べ、行列に集まり、神殿で捧げ物をした。暗い冬が終わると、栄光の光の子が北半球に戻ってくる。老いた『太陽神』は最後の力を振り絞り、ペリシテ人（「暗闇の霊」）の家を滅ぼし、地下世界の象徴的な獣のあいだにあって、地下の深い所からその日生まれた新しい太陽のために道をあける」と書いて、次のようにつづける。

この祝典の季節について、オックスフォード大学パリオル学寮のある匿名の文学修士は、その学術論文『人類――その起源と運命』で次のように述べている。「ローマ人もまた太陽神の誕生を記念して、祭と円形競技場での競技を催した。それは一月一日の八日前、つまり十二月二十五日に挙行された。（中略）レオ一世の時代に、ある教父たちは「クリスマスの祭を尊いものとしているのは、イエス・キリストの誕生というよりむしろ太陽の回帰といわゆる新生のためである」と述べている。コンスタンティヌス帝とユリアヌス帝の治世に刊行されたローマ暦に見られるように、無敵の太陽の誕生するのはまさにその日であった。[8]

フレイザーも『金枝篇（三）』で、

ユリアヌス暦では十二月二十五日が冬至と定められ、一年のこの転機から日が次第に延びて太陽の力が強まって来るところから、その日は「太陽の誕生日」であるとみなされていた。シリアとエジプトで祝われたと見られる誕生の儀礼は驚くべきものであった。祝う人々はある奥の院にこもり、深夜そこから大声に叫んで言うのである。——「おとめ、子を生めり。光は増すよ」と。エジプト人は嬰児の像によって新しく生まれた太陽を表わし、それをその誕生日すなわち冬至に運び出して礼拝者たちに見せさえしたのである。

と書いている。(9)

冬至は、太陽の日照がいちばん短い日だが、この日を境に日照が長くなるから、太陽の死と再生の日である。

太陽神との聖婚秘儀と「ハレム」

アンリ・P・ホールは、イエス・キリストはキリスト教徒の「太陽神」で、この「『太陽神』を生んだ母なる『乙女』」のマリアの「原型」は、エジプトでは「イシス」であるとして、サイスのイシス神殿の碑文に「私が生んだ果実は太陽」と記されていることをあげている。(7) このイシスはメソポタミアのイシュタルにあたるが、神聖娼婦がいたのはイシュタルまたはイシス神殿であることからも、太陽神との聖婚秘儀が、「神殿淫売」といわれる行為の原義であろう(イシュタル女神はタムムッズと聖婚するが、タムムッズは太陽神である)。イシスとマリアは同義だというが、『新約聖書』のマグダラの「マリア」が娼婦なのも、それなりの理由があったのではあるまいか。

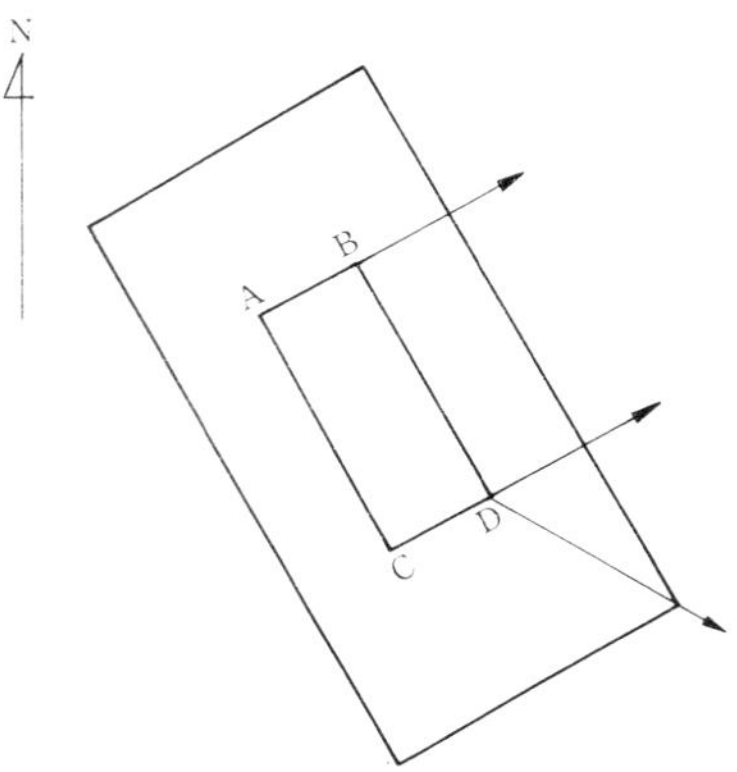

図3の1　ムカイヤルの聖塔略図

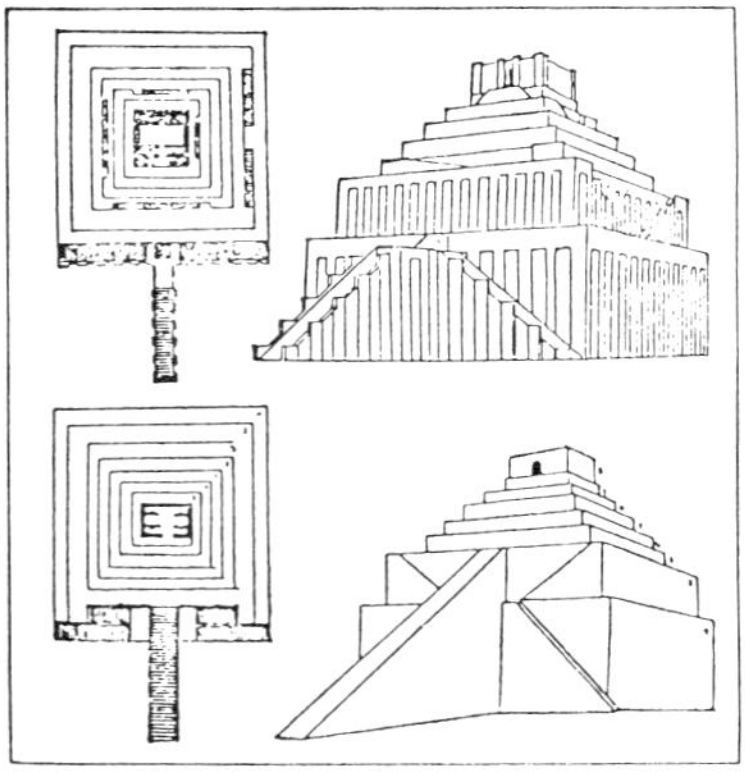
図2　ブーシング（上）とバロー（下）のバベルの塔推定復元図

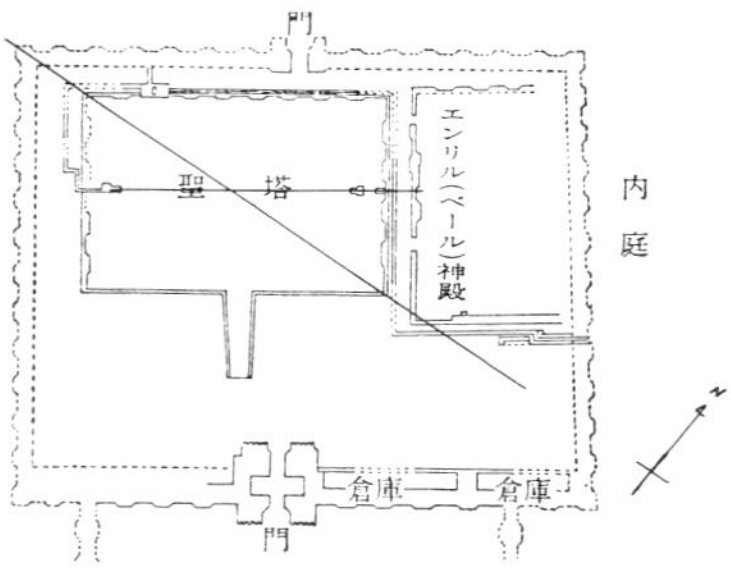

図3の2　ニッブールのジグラット復元図

井上芳郎は『シュメル・バビロン信仰史』で、バビロンの「神殿の神婦」には、紀元前二三五〇年ほど前のグデア王の祈願文によれば、王母や王女がなり、宮殿内の円形に囲まれた密室にいるが、円形の密室の中は、さらに周壁でかこまれており、その「周壁の中央に、琥珀で鏤《ちりば》めた寝床を置く」という。その寝床に「最高神婦」が横になって「安らかな眠りの間に、神が天より太陽の船に乗じ、聖河を降って、ジグラットの東方の窓から入り、この神婦に憑り降るというのが、この時代の信仰形式であったと認められる」と述べている[10]。

「ジグラット（ジッグラト）」は、七層の聖塔のことで、『聖書』に出てくるバビロンのバベルの塔もジグラットである。

バベルの塔（バビロニア王朝〔紀元前六二五年～前五三八年〕の時代に建造され

た)は、ベルリン大学のコルデワイらの一九〇八年から一九一三年の発掘調査で、バビロンのエテメンアンキにあったことが確実になった。推定復元図は二通りあるが（図2）、どちらも最上層に神殿を想定している。それはヘロドトスの『歴史』に、「最上層の塔の中には大きな神殿があって、その神殿の中には豊かに設備された大きなベッドがあり、その側に黄金のテーブルがあった。そこにはなに一つ像はなかった。そこでは神自身によって指名された、その国の女のほかは夜をあかさない。そのように私はこの神の神官であるカルデア人から聞いた」と書かれているからである。（ヘロドトスの『歴史』の「塔はすべて周囲をまわっている螺旋階段によって登られる」という記述は、発掘調査の結果、まちがいで、図のように正方形であった。）

神は太陽の船に乗って「ジグラットの東方の窓から入り」とあるが、バベルの塔といわれるジグラットの各層の東南東の角は、冬至の日の出方位にある（図3の1・2、バビロンは北緯三三度）。古代メソポタミアで、ジグラットの四隅が重要視されていたことは、刻銘のある粘土円筒の出土からもいえるが、私は、拙著『天照大神と前方後円墳の謎』で、次のように書いた。

> 聖塔《ジグラット》の東の窓から、太陽の船が入ってくるというのは、四隅の重要視からみて、東または東南東の隅に窓があいていたのではないだろうか。（中略）東の窓とは、真東を軸に南北約三〇度の冬至・夏至、春分・秋分の日の出方位を重要視していたことを示している。正方形でなく長方形のジグラットもあるのだから、単に東西南北をきめる建築上の技術的方位ではなく、東（東南東・東北東も含める）を聖なる方向とする宗教的方位であり、それが建築に応用されたのである。だから、東の隅は、ほとんど春・秋分、冬・夏至の日の出の方位になっている。このような方位観は、神

（太陽）と日妻の神婚を意味しているのであろう。[11]

日神の聖婚の場所に密室が選ばれているが、エリアーデによれば、「王と神殿聖婚によって再現された」聖婚が行なわれたのは「女神の密室」である。[3]

こうした密室を、バビロニア語ではha-remという。この言葉は、シュメール語のkar-lilからきている。「kar」は「遮断した場所」、「lil」は「障壁」だから、密室の意である。

井上芳郎は、『シュメル・バビロン社会史』のなかで、次のように書く。

シュメル語に於て、この聖室の名「閉ざされたる部屋」の意味を現わすkar-lilが、遂には、その中に起居する神聖な「神婦」そのものの名となったが、しかもこの名が、シュメル時代末期に於ける、シュメル法律の中にもこの意味によって表わされている。而して、今もいう通り、このkar-lilのバビロン訳語がharemで、これ亦、元来そのシュメル原語の意味の通り「聖室」に外ならなかったのだが、このharemというバビロン語が、そのままの形でバビロンからアッシリアに、それから同じセミト語系のアラビア語に継承され、その後、この語が欧州にまで伝へられて、現代ヨーロッパの語彙の中にまで侵入している事は、諸賢の座右のある独・仏・伊・英その他の辞書中に於てこれを見る事が出来るであろう。（中略）而して、近代アラビア語以後に於ては、このharemという語が、かつて神に奉仕する神婦としての神聖な地位であったという事を忘れてしまって、遙かに後代のギリシャ的聖売笑婦の意味と解されるか、然らざれば、王者または富者に買われた女奴隷を収容する女郎屋、又は後閨としての意味においてのみ解されているが、これは勿論、決して正しい見解でない事は言を俟たないであろう。[12]

「聖室」「女神の居る密室」の意が、後代の「ハレム」に俗化したのは、わが国の「あそび」や「あそび女」の俗化と共通している。

冬至の日の太陽神との聖婚秘儀

三品彰英によれば、ギリシアの地母神デメテルを祀るエライオン山の洞窟には、上部に八インチほどの小窓があり、そこから朝日が洞窟内に射し込み、デメテル女神の祭壇を照らしたというが、その日は冬至だったという(13)。

マルタ諸島のすべての巨石神殿は、ドーム状の屋根のついた人工洞窟だが、タルシーン神殿(紀元前三一〇〇年頃建造)からは、高さ二・五メートルの地母神像が出土している。この神殿のいちばん奥まった「聖にして聖なる部屋」(「第一神殿」といわれる)も、冬至日の出方位にあるから(14)、ギリシアのエライオン山のデメテルの洞窟や、ジグラットのハレムと同じく、小窓から冬至の朝日が射し込むようになっていたのかもしれない。地母神像が祀られていることからも、そのように推察できる。

冬至は「太陽神の誕生日」であるだけでなく、太陽神と地母神の聖婚の日でもあり、地母神のいる洞窟に射し込む冬至の日の光は、太陽神そのものである。冬至の日に日光が指し込むよう洞窟に窓をあけているのは、冬至の日を、地母神が太陽神と聖婚し(たぶん聖婚後古い太陽神は亡くなり)、新しい太陽神が誕生する、太陽の死と再生の日とみていたからであろう。

こうした地母神の役目を、バビロンの王母や王女は「神婦」となって果たすため、ジグラットのハレムに冬至の日にこもり、東方の窓から太陽の舟に乗って来る太陽神を待ったのである。こうした聖婚秘儀の延長上に、神聖娼婦の習俗がある。

　同じような太陽神と神妻の聖婚秘儀は、インカにもある。マチュ・ピチュ遺跡は、太陽を祭る神殿都市であった。この宗教都市を一九一一年に発見したアメリカのハイラム・ビンガムの発掘調査では、周囲の洞窟から一七三の遺体を発掘しているが、一五〇体は女性で、二三体の男性は大部分老人の遺体であった。しかも女性の遺体は、「アクヤクーナ」（「太陽の処女」の意）と呼ばれる若い女性たちの遺体と推定されている。

　アクヤクーナには美しい少女が選ばれ、アクヤワシとよばれる修道院のような特別な施設に入り、糸つむぎ、機織り、神酒（チチャ酒）のつくり方から、神々の祭祀に必要なことを学び、十四歳ごろになると首都クスコに行き、インカ皇帝に拝謁し、審査をうけて「太陽の処女」となった。そして、「太陽の神殿」などで一生、神に仕えた。もし不倫を犯したときには、生き埋めなどの残酷な死刑に処せられたのは、シュメールのジグラットで、太陽の船を迎える神妻が、不倫の場合、焚殺という酷刑に処せられたのと似ている。

　インカの太陽の処女たちは、巫女として一生を送っているが、このような神妻としての巫女たちが集団で住んでいたマチュ・ピチュは、神妻都市・巫女都市といえる。少数の男たちを、ホーキンズは「宦《かん》官《がん》」と推測している。(15)

　このマチュ・ピチュ遺跡の最上部から、さらに三〇〇メートルも登ったけわしい岩陰のテラスから、高位の太陽の処女（ママクーナ）の墓が発見された。ママクーナは、太陽の処女アクヤクーナを指導し取り締まる役にあった。彼女の遺体のそばからは凹面鏡が発見された。この鏡について、狩野千秋は次のように書く。

銅の凹面鏡は重要である。この鏡は平面鏡をつくるよりもむずかしいし、また化粧用としては不便である。したがって、普通の用途とはちがった目的のためにつくられ使用されたものであろう。多分、インティ・ライミ（太陽の祭り）の時に使う儀式用の鏡であったと考えられる。

インティ・ライミは、毎年六月の夏至の日に行なわれたもので、これはインカの祖先である太陽神をあがめる国家的な大祝典であった。この儀式には、いけにえであるヤーマを焼いて清めるために「聖火」をおこす儀式が行なわれた。また、それは太陽がみずからの手によって行なうものと信じられていた。神官は大きな腕輪をつけていたが、これには凹面鏡がはめこまれていて、これを太陽にかざして木綿の布に火をおこした。そして、この「聖火」は太陽の神殿と処女の館にはこばれて、一年間をつうじて保たれた、と伝えられている。このことからマチュ・ピチュでも「聖火」の儀式が行なわれ、先のママクーナはその時に銅の凹面鏡を使用したのであろう。[16]

この記述には、三つの問題点がある。

一、太陽の祭りを「毎年六月の夏至の日」と書いているが、インカは南半球だから、夏至でなく冬至の日である。

二、凹面鏡で火をおこすのには、小さい鏡（小さい曲率）でなければならない。したがって腕輪にはめこまれた凹面鏡が使われるが、出土した凹面鏡は大きく、火をおこすことはできない。

三、聖火をとる祭儀は、太陽神の代理の神官が行なっている。巫女である太陽の処女（アクヤクーナ）やその統率者（ママクーナ）は行なわない。

図4　太陽神殿の内部に冬至の朝日が射しこんだ瞬間（チャールズ・ベルリッツ『謎の古代文明』小江慶雄・小林茂訳，紀伊国屋書店より）

この事実から、狩野説は無理である。

私は、拙著『天照大神と前方後円墳の謎』で、凹面鏡と共に銅の搔爬器《そうはき》と毛抜き用のピンセットが出土していることと、チャールズ・ベルリッツが、「太陽神殿内部の冬至の瞬間」と書いて[17]、太陽神殿の寝台に日光が射している写真（図4）を提示していることから、寝台を神坐《かみくら》とみて、

この神坐に横になった太陽の処女（日妻）に対して、ママクーナ（最高巫女）は、毛抜き用のピンセットで陰毛を抜き、搔爬器で女陰を開き、凹面鏡で神殿の窓から入る冬至の日光を受けて、開いた女陰に入れるという秘儀（巫女らが手伝ったのであろう）を行なったのだろう。したがって、秘儀の用具は、最高巫女の所持するもっとも大事な聖具であったから、遺体と共に葬られたと推測する。

と書いた[18]。

私の推測は、現地を訪れ、太陽神殿の寝台（神坐・

神床）と、神殿の小窓の位置との関係を調べて、さらに裏づけられたが、守屋俊彦は、拙稿について、「ここには、神と巫女との聖婚の情景が具体的に描かれていて、興味深いものがある」と、「箸墓伝承私考」で書き、さらに、

> もし、わが国の古代にピンセット型の箸があったとすれば、細部はともかくとして、これに類するような秘儀が、聖婚の際、儀礼として行なわれたともみられるのである。それが陰を撞くということの実態だったのではないだろうか（『古事記』の箸墓伝承に、「箸にて陰《ほと》を撞《つ》きて」とあること指している――引用者注）。応神記の天之日矛の物語に、昼寝をしていた女に太陽が、「虹の如く輝きて、その陰上《ほと》を指し」て妊身し、赤玉を生んだとあるのも、こうした推測を助けてくれるかもわからない。

と書いている。(19)

日女《ひるめ》としての天照大神

朝鮮の古文献の『三国史記』『三国遺事』によると、扶余《ふよ》王の始祖朱蒙（扶余族の高句麗王の始祖東明王のこと）の母柳花は、河辺の「室中」に「幽閉」されたが、閉ざされた室の中へ窓から太陽が入りこみ、日の御子を生んだという。この「室」を「隧穴《ずいけつ》」と記すが、隧穴は洞窟のことである。この伝承の柳花は、洞窟で日の光を受けるギリシアのデメテル地母神の話と共通しているが、洞窟はハレム（密室）であり、ジクラットのハレムで太陽の船を迎える「神婦」とも重なる。ハレムは擬似子宮である。

エリアーデは、洞窟が子宮に見立てられていることを、くりかえし書いているが、『豊饒と再生』に

おいて、「受胎の生理学的な原因が知られるようになるまでは」、子供は「母の胎内に呪的接触によって入れられるまえは、岩、深い淵、洞穴の中で、成長した」とみられていたと書く[20]。

母胎を「子宮」というのは、「子《ね》」は中国方位の北で、子午線の「子」だが、中国の宇宙説では森羅万象の根源が「子」だからである。紀元前二世紀頃に書かれた『准南子《えなんじ》』天文訓によれば、「二十四節気」の基点の「子」は冬至になっている。冬至の太陽がこもるところが「子宮」である。

扶余(高句麗)王の始祖伝説の「隧穴」といわれる「室」も擬似子宮だが、この隧穴の祭りも冬至の日に行なわれ、「東明祭」といわれている。

扶余(高句麗)神話とオリエント神話の共通性は、「柳花」という名からもいえる。紀元四三〇年頃作られたクレタ島の貨幣に、牡牛となったゼウスと、大地の豊饒を司る柳の精のエウロペ女神(「ヨーロッパ」はこの女神名による)との聖婚物語が描かれているのは、毎年一回クレタ島で行なう豊作祈願の太陽神(ゼウス)と地母神(エウロペ)の聖婚祭にちなんでいる。土居光知は、エウロペ女神の「エウ」は柳のことだとし、「柳は水辺の木であって、豊かな水を連想せしめ」「柳の精とは水の精とほぼ同じ」と書き、「柳が女となって子を生む話は、日本を始め世界中到るところにある」と書くが[21]、「柳花」についてはふれていない。「柳花」は河の神の娘であると『三国史記』や『三国遺事』は書いているから、ギリシア神話のエウロペと通じ合っている。

冬至の日の太陽と洞窟で聖婚し、日の御子を生む古代朝鮮の「柳花」は、オリエントの地母神であると共に、太陽神の妻、日本神話の「日女《ひるめ》」でもある。

天照大神を天照日女命ともいうが(『万葉集』『日本書紀』)、大林太良は、ギリシア神話と日本神話の共通性について、天照大神の天岩屋隠れの例をあげて、「海神が馬の形で女神デーメーテールあるいはケレスに近づき、あるいはこれを犯す話は、スサノオが馬を服屋《はたや》に投げこんだため、織女あるいはアマテラス自身（書紀本文）が梭で恥部を突いて死ぬモチーフと似ており、またアメノウズメの裸踊りもデーメーテール神話に似ている」と書いているが、(22)デーメーテール（デメテル）は前述（一三七頁）したように、ギリシアの地母神である。

「アメノウズメの裸踊りもデーメーテール神話に似ている」というのは、バウボーと呼ばれる巫女が、デメテル女神にキュケオーン（挽割《ひきわり》麦と野生の薄荷《はっか》からなる汁）をすすめて拒まれたので、裳《も》をまくり女陰を露出すると、下腹部から女陰にかけて描かれた淫猥な顔が、笑いながらあらわれた。それをバウボーは手でゆり動かし、腹の皮のよじれるような舞踊をつづけたので、デメテル女神は笑いだし、元気を回復し、すすめられるままにキュケオーンを口にした。こうして大地（地母神デメテル女神）は、おのずから生成の活力を取り戻した、というギリシア神話が、アメノウズメが女陰を出して天岩屋の前で踊ったという神話と、似ているからである。

バウボーの裸踊りがデメテル女神の生命力を回復したことと、ウズメの裸踊りによって天岩屋に隠《こも》っていた天照大神が岩屋から出てきたことは、同じことである。デメテル女神は天照大神、バウボーはウズメと重なる。ウズメの歌舞を『古事記』は「あそび」と書くが、バウボーの踊りも神あそびで、バウボーは遊女《あそびめ》といえる。

デメテル女神は、前述したように、洞窟内にいて冬至の朝日を受けているが、天岩屋神話も新嘗の日からはじまっており、冬至の太陽の死と再生の神話である。

倉野憲司・守屋俊彦・松前健は、天岩屋神話を死と再生の物語とし、岩屋隠れをアマテラスの死、岩屋からの出現を新しい日の御子の誕生とみている(23)。アマテラスを太陽神と太陽神の妻（日女）のダブルイメージとし、その死と再生（新しくアマテラスは日の御子として誕生）の神話とみているのであるが、アマテラスの性格は、本来は「ヒルメ（日女・日妻）」である。

柿本人麻呂が、天照大神を『万葉集』で「天照日女命《ひるめのみこと》」と書き、『日本書紀』が「大日孁《ひるめ》貴《むち》」「天照日孁尊」と書くように、天照大神は日女・日妻である。太陽神と洞窟で聖婚をする地母神も、日女・日妻である。この日女(妻)は、日の御子としての太陽神を生むが、天岩屋神話では、日女(妻)が日の御子となって岩屋から出る。このように日女が日神に成り上がっている点が、他の神話とちがう。

「大隅正八幡宮縁起」にも、大日女《おおひるめ》という童女が日光を女陰に受けたとあるが、こうした伝承は、オリエントの地母神や神婦が、洞窟内に射し込む日光（太陽神）と聖婚することや、インカの太陽の処女（日女）の聖婚秘儀、高句麗の柳花伝説と同じである。『古事記』の天之日矛伝承では、新羅の国の話として、昼寝をしている女性の陰《ほと》に日光が射した話を載せている。これらの伝承は、日の御子を妊《はら》んで日神を生む話になっているが、大日女も八幡神を生んでいる。

大日女の処女懐胎伝承は、高句麗・新羅を経由してオリエントの処女懐胎伝承（マリアの処女懐胎伝承も神婚神話で、日女である地母神信仰に源流があることは前述した）に通じているが、『古事記』の天岩屋神話でも、新嘗（冬至）の日に日女は女陰を突いたとあり、神婚があったことを示している。守屋俊彦は、『古事記』の天岩屋神話の、「天服織女」が「梭《ひ》で陰上《ほと》を衝き」とある記述は、「箸で陰を撞く」と同じ神婚を意味するとみている(19)。私は、同じ話を『日本書紀』が天照大神（本文）、稚日女《わかひるめ》（一書の一）のことにしているので、「大隅正八幡宮」の大日女と同じ伝承だと思っている。

しかし、冬至神話は死と再生の神話であるから、女陰を梭で突いて死んだとし、性交イコール死を表現しているが、アマテラスの天岩屋神話からみても、皇祖神・日神に成り上がった女神は、本来は神の一夜妻の日女《ひるめ》・遊女《あそびめ》であった。

日女と日神の聖婚秘儀

古代オリエントやエジプト・ギリシアの冬至祭儀も、死と再生の儀礼であり、その場所は洞窟か、擬似洞窟の建造物（ジグラットまたは神殿）であり、天岩屋（『日本書紀』は「天岩窟」と書く）と同じである。洞窟が子宮とみられていたことは先に述べたが、大阪府八尾市教興寺弁天山の岩戸神社は、神体は洞窟だが、洞窟の入口（岩戸）は女陰のかたちをしている。この神社は『延喜式』の神名帳に載る天照大神高座《たかくら》神社である（くわしくは拙著『神社と古代王権祭祀』の「天照大神高座神社」の項で述べた）。『延喜式』で「天照大神」を社名にするのは、この神社のみだが、唯一の「天照大神」を冠する神社が、女陰のかたちの洞窟を神体にしていることからも、天照大神の原像は明らかである。日神の一夜妻の日女（神妻）が、皇祖神の日神に成り上がったのである。

後世、天照大神高座神社は「岩窟《いわや》弁才天」といわれるようになるが、鎌倉市の江の島の弁才天、熊本市植木の穴弁才天（菱形八幡社）も神体は洞窟である。江の島の「弁天窟」は別名「秘門窟」といわれ、弁才天像には特に女陰が彫られている。

愛知県渥美郡田原町城宝寺の本堂前には、石垣で積んだ小山があって、昔は弁才天、今は弘法大師を祭る小堂がある。この堂の下に、入口の幅一メートル、高さ一メートル五〇センチ、奥行五メートルほどの穴があり、御穴様というが、大正時代には、女陰の形をした神体を祭り、石に穴をうがったものや凹形のものなど、女陰の形をしたものを奉納していたという。

　こうした信仰をもつ弁才天は、子宝を得るためと安産祈願のために庶民の深い信仰を得ていたが、天照大神の社名をもった唯一の神社が弁才天社になったのも、天照大神の原像にそうした性格があったからである。弁才天はインドの河の神だが、前述した日妻(女)の柳花も河の神の娘である。仏教化して弁才天になっているが、天照大神の原像は柳花と同じであり、柳花は前述したように、ギリシア・エジプト・古代オリエントの地母神と重なっている。

　前述した『古事記』の日光感精伝承では、新羅国のアグ沼のほとりで女が昼寝をしているとき、女陰に日光が射したとあり、洞窟は登場しないが、高句麗の柳花と同じく場所は水辺であり、弁才天信仰の日女としての天照大神と結びつく。

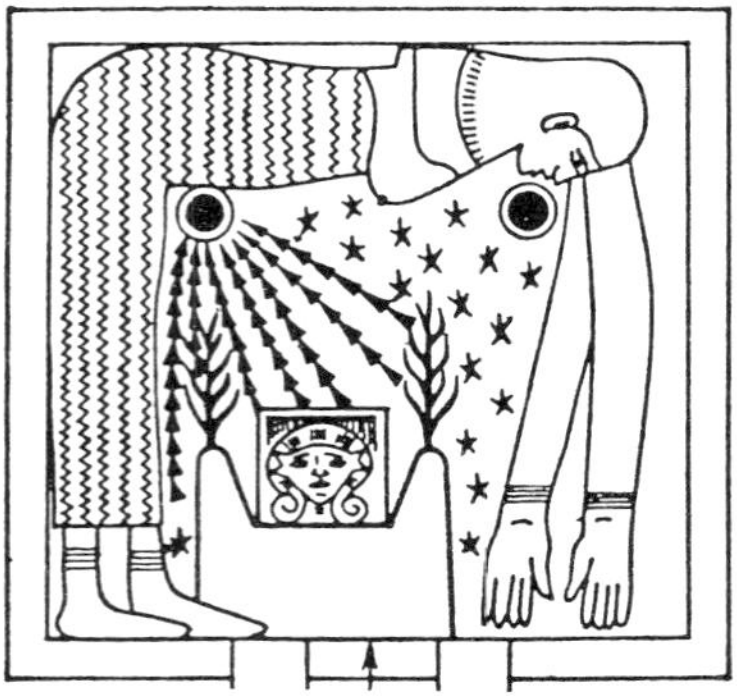

図5　エジプトのヌート神（アンドレ・ボシャン『ピラミッドの謎はとけた』青木伸美訳，大陸書房より）

　エジプトでは、太陽神ラーは、太陽の母であり妻である天神ヌート（天照大神と同じ性格）に、夕方呑み込まれ、翌朝、東の空へ再び生み出されるといわれているが、ヌートは地上ではハトホル女神になる。**図5**は、エジプトの古都デンデラのハトホル神殿に描かれている絵であるが、ヌート女神が口から太陽を呑み込み、女陰から太陽を生み出し、ハトホルを石棺からよみがえらせている。ヌートの胎内は洞窟で、天岩屋(窟)であり、太陽を生む女陰は岩屋戸である。天照大神と天岩屋は重なっている。

ところで、沖縄の『おもろさうし』には、「太陽《てだ》が洞窟《がま》」という表現がひんぱんに登場する。太陽は西の洞窟に沈んで東の洞窟から昇るとみて、この洞窟を「太陽が洞窟」というのである。この太陽の洞窟を守る巫女は、祭りの終りの日に、洞窟内の鍾乳石(石筍)に女陰をこすりつける聖婚儀礼を行なっているが、この秘儀を谷川健一は、「太陽神の子を生むための儀礼」とみている。(24)

沖縄の宮古群島の大神島の東の御嶽《うたき》に、天の岩屋といわれる洞窟があるが、この洞窟に入れるのは、「ヤマトサス」と呼ばれる女性だけであり、谷川健一は、「ヤマトサスと太陽との交媾の儀式がおこなわれた」と推測している。(25) 天の岩屋のヤマトサスは、天岩屋の天照大神であり、共に日女(妻)である。

沖縄の「太陽が洞窟」内の聖婚秘儀は、本来は、女陰に日光を受けることであったろう。

『出雲国風土記』(島根郡加賀神崎・加賀郷の条)は、佐太大神が生まれた「窟」があると書いているが、この洞窟は「加賀の潜戸《くけど》」といわれている。この「窟」をキサカヒメが、「闇《くら》き岩屋なるかも」といって、金の弓に金の矢をつがえて射通したところ、洞窟が光り輝いたので「加賀」といったという。このキサカヒメが佐太大神を生んでいるが、この姫は日女(妻)であり、洞窟は「太陽が洞窟」である。土居光知・松前健・谷川健一は、この伝承の金の弓矢を日(弓)と日光(矢)、すなわち太陽神の象徴とみている。(26)

松前健は、「金の弓矢を持つ神が、太陽神であることは、ギリシアのアポロンをはじめ世界的な信仰である。また実際の、この神の祭りには、そうした呪具を使用したのであろう。この出産の場である窟

（加賀の潜戸）は、同時に聖婚の秘事の場でもあり、したがって厳重なタブーが守られていたのであろう。窟の中に、そうした女神、ことに赤貝の母神がまつられ、その奥を弓矢で射通すということ自体、一種の性的神事を思い浮べさせられる」と書いている。(27)

松本清張は、加賀の潜戸を見て、「この洞窟のかたちは女陰に似ている」「矢は男性の象徴である。女性の洞窟を矢が射るのは、性交を意味する。原形はこれだろう」と書いているが、(28)「キサカ」（キサ貝＝赤貝のこと）という名も、女陰を意味する。

弓矢のことでは、『古事記』の応神天皇の条に、出石《いづし》乙女を妻にしたいと願う春山之霞壮夫《はるやまのかすみおとこ》の母が、藤葛《ふじかづら》で弓矢を作り、「嬢子《をとめ》の厠《かはや》にかけ」ておいたところ、厠に入った出石乙女が、その弓矢を見て持ち帰り、弓矢は春山之霞壮夫になって乙女と交わったとあるが、春は東と同義に使われており、春の神は太陽神である。出石乙女は日女・キサカヒメ、厠は洞窟と重なるから、加賀の潜戸の話と根は同じ伝承といえる。

沖縄の宮古群島の一つ伊良部島の佐良浜に、「太陽《てだ》がなしの御獄《うたき》」という聖地があるが、この御獄にまつわる話によれば、二人の兄妹が住んでいて、妹が便所へ入ったとき、東側から太陽の光が射しこみ、太陽の指が妹の女陰に入って、彼女は太陽の子を宿したという。この便所も「太陽が洞窟」とみてよいだろう。

神武天皇の皇后ホトタタライススケヒメは、大物主神が丹塗矢になって川を流れて行き、便所（古代の便所は川辺にあって、垂れ流しの一種の水洗便所）に入っていたセヤタタラヒメの女陰を突いて生まれた子だとあり（『古事記』）、矢（日光）が厠（洞窟）で日女の女陰を突いたと、はっきり書いてある。

守屋俊彦は、「天香具山」と題する論考で、香具山の南麓にある天岩戸神社は、祭神は天照大神で御神体は「岩穴」だが、「よく見ると、それは穴というよりも、割れ目のように見え、一見女陰を思わせる」し、天香山神社の御神体も岩穴だが、「割れ目がはっきりとあって、明らかに女陰の形をしている。一般的にいって、古代では洞窟や岩の割れ目は女陰とみなされていた」から、天香具山の洞窟は天照大神の女陰を意味し、太陽神との聖婚を意味していると書き、沖縄の「太陽《てだ》が洞窟《がま》」や「加賀の潜戸《くけど》」も、香具山の女陰の形をした岩穴と同じものとみる[29]。

そして、「天岩屋戸神話の原話」は、「神としての太陽とその神に仕える巫女とが石窟の中で聖婚し、太陽の子が生まれる」というものだったとみる[29]が、天照大神高座神社の岩穴も、天岩戸神社、天香山神社の岩穴と同じである。天皇は「日の御子」だから、天皇の始祖伝承が天岩屋神話になっているのである。

遊女と神聖娼婦

わが国では、インカのような太陽神との聖婚秘儀は行なわれないが、日の御子の天皇が太陽神となって、日女としての一夜妻と神婚秘儀を行なう。この秘儀は新嘗の「とよのあそび（とよのあかり）」に行なわれるから、今まで述べた冬至祭と共通している。

第二章の「天皇・出雲国造と采女と新嘗」の項で述べた出雲国造と神官采女の神婚秘儀も、新嘗の日に行なわれている。

『日本書紀』は、景行天皇二十七年条に、熊襲《くまそ》国の川上梟師《たける》が親族を集めて新室《にいむろ》の宴をしようとして

いるところへ、日本武尊《やまとたける》は入りこむが、そのとき日本武尊は、

　髪を解きて童女《をとめ》の姿と作《な》りて、密《ひそか》に川上梟師が宴《うたげ》の時を伺ふ。仍《よ》りて剣を裀《みそ》の裏に佩《は》きたまひて、川上梟師が宴に入りて、女人《をみなども》の中に居ります。川上梟師、其の童女の容姿《かほよき》を感《め》でて、則ち手を携へて席《しきね》を同《とも》にして、杯《さかづき》を挙げて飲ましめつつ、戯《たはぶ》れ弄《まさぐ》る。

と書く。

このあとで日本武尊は川上梟師を殺しているが、女装した日本武尊は、『日本書紀』允恭《いんぎょう》紀の、新室の宴に天皇に召された衣通姫《そとほし》と同じである。衣通姫を「一夜妻」と『日本書紀』は書いているから、同じ新室の宴に「童女《をとめ》の姿」になった日本武尊も、一夜妻である。

川上梟師が行なった新室の宴を、十二月はじめのことと『日本書紀』は書くが、允恭紀の新室の宴も十二月一日である。旧暦の十二月一日は冬至の頃である。新室の宴は一般に新築祝と解されているが、新嘗に作られる室が新室である。

天岩屋神話で梭で女陰を突いた場所を、『日本書紀』は「新宮《にひみや》」と書くが、これも新築の宮でなくて、新嘗のハレム（密室）であり、新室と同じである。

神婚は洞窟・密室で冬至に行なわれるが、こうした「窟」は、わが国の新嘗の新室・新宮にあたる。エリアーデは、「神婚は、女神の密室において、王と神殿聖娼によって再現された」と書くが、[3]「密室」は「新室」、王は允恭天皇、神殿聖娼は衣通姫と重なる。

平安時代に大江匡房（一〇四一〜一一一一）が書いた『遊女記』では、衣通姫が遊女の祖になっているが、それは、彼女が冬至祭（新嘗）の一夜妻・神妻だからである（衣通姫の遊女伝承については、第十二章

「なぜ遊女は『衣通姫の後身』か」で詳述する)。

天照大神が冬至祭の一夜妻・日女(妻)であることからも、衣通姫は天照大神と結びつくが、衣通姫は皇女(『古事記』)または皇孫(『日本書紀』)になっており、遊女の祖は、系譜のうえでも皇祖神天照大神に結びついている。これは遊女と天皇が同質の要素をもっていたからだが、それはわが国だけのことではない。

神聖娼婦(神殿聖娼)と王の関係は、遊女と天皇の関係と重なる。だから、王妃・王女が神聖娼婦になっているように、皇妃・皇女の伝承をもつ衣通姫も遊女の祖となっているのである(中世になると、小松(光孝)天皇の皇女を遊女の祖とする伝承も生まれる。このことは第十三章でくわしく述べる)。沖縄でも「ズリ(遊女)」の祖は、琉球王妃・王女になっている。『聖書』が聖母と娼婦を共に「マリア」といっているのも、神にもっとも近い者として同質とみていたからではなかろうか。

俗な普通(日常)の女性に対して聖と賤の女性は、共に普通でないこと(非日常)によって「ハレ」の存在であった。『古事記』は、

　一賤《あるいや》しき女《をみな》、晝寝しき。是に日《ひ》、虹の如く耀《かがや》きて、其の陰上《ほと》に指《さ》しき

と書く。日女《ひるめ》は天照大神のような聖女であり、このような賤女でもあるが、彼女らは、普通の女性とちがって、神と遊ぶ「あそび女《め》」、「一夜妻」なのである。

第六章 『万葉集』の遊行女婦

大伴旅人・家持と遊行女婦

『万葉集』巻六に、

冬十二月、大宰師《だざいのそち》大伴卿の京に上る時に、娘子《をとめ》の作る歌二首

凡《おほ》ならば　かもかもせむを　恐《かしこ》みと　振りたき袖を　忍びてあるかも　(九六五)

大和道《やまとぢ》は　雲隠りたり　然《しか》れども　わが振る袖を　なめしと思ふな　(九六六)

右、大宰師大伴卿、大納言を兼任し、京に向かひて道に上る。この日に、馬を水城に駐《と》めて、府家を顧《かへり》み望む。ここに卿を送る府吏の中に、遊行女婦《あそびめ》あり。その字を児島と曰《い》ふ。ここに娘子《をとめ》この別れの易《やす》きことを傷《いた》み、その会ひの難《かた》きことを嘆き、涕《なみだ》を拭ひて自ら袖を振る歌を吟《うた》ふ。

とあり、この歌は、大伴卿（大伴旅人）に「遊行女婦」の児島が贈った送別の歌である。（「遊行女婦」には、「あそびめ」とする日本古典文学全集と「うかれめ」とする日本古典文学大系の二つの訓みがあるが、私は「あそびめ」を採る。）

また、巻十八に、「遊行女婦土師」がうたった歌として、

垂姫《たるひめ》の　浦を漕ぎつつ　今日の日は　楽しく遊べ　言ひ継ぎにせむ　(四〇四七)

が載る。越中の国守大伴家持をたずねて、天平二十年（七四八）の三月末日、都から来た田辺福麻呂の歓迎の遊覧のとき、うたった歌である。

それから数日たった四月一日には、家持は部下の久米広縄の家に遊行女婦土師《はにし》を伴って訪れ、宴《うたげ》をしている。そのとき土師は、

二上の　山に隠れる　ほととぎす　今も鳴かぬか　君に聞かせむ　（四〇六七）

とうたっている。

天平二十年から四年たった天平勝宝三年（七五一）の正月三日に、家持は遊行女婦土師ではなく、別の「遊行女婦蒲生娘子《かまふをとめ》」を同行し、内蔵忌寸縄麻呂《くらのいみき》の館を訪れている。館の庭に雪の岩山をつくり、巧みに草花を彩りしているのを見て、蒲生娘子は、

雪の島　巌《いは》に植ゑたる　なでしこは　千代に咲かぬか　君がかざしに　（四二三二）

とうたっている。

このように、「遊行女婦」たちは歌を作っている（「遊行女婦児島」も前述の歌以外に、巻三に、大伴旅人に贈った「家思ふと　心進むな　風まもり　よくしていませ　荒しその道」という歌を載せている）。当時、文字が読め、書けるのは、一般に上層部の人たちだけであったから、歌を作ることは、現代の人々の作歌とはちがう。「遊行女婦」たちが、大宰府や越中国庁の最高官僚に伍して歌を作っている点からも、その才能・地位を現代的な遊女観で判断することはできない。

遊行女婦蒲生は、正月三日の雪の宴では、作歌以外に、伝誦歌の「死にし妻を悲傷《かなし》ぶる歌」を詠んでいるが、巻八には、ただ「遊行女婦」が詠んだと題詞にある、

君が家の　花橘は　なりにけり　花なる時に　あはましものを（一四九二）

という歌が載る。

扇畑忠雄は、この歌も蒲生が詠んだ歌と同じく、「遊行女婦の自作でなく、伝誦した民謡と見なされる」と書いている。[1] 瀧川政次郎も、蒲生が伝誦歌をうたったことや、一四九二番の歌からみて、「遊行女婦」が「平安時代の遊女クグツと同じく、宴席に侍して流行歌や民謡を謡ったことを語っている」とみるが、[2] 旅人や家持にかかわる「遊行女婦」は、単に彼らの宴席に出て歌を謡った遊女にすぎなかったのだろうか。

遊行女婦左夫流《さぶる》

越中国守としての大伴家持は、国守の史生《ししょう》（書記官）である尾張小咋《おわりのをくひ》を「教へ諭《さと》す歌」を天平感宝元年（七四九）五月十五日に作っている。また二日後の五月十七日には、呼びもしないのに小咋の妻が越中へ来たことを詠んだ、

佐夫流児《さぶるこ》が　斎《いつ》きし殿に　鈴掛けぬ　駅馬《はゆま》下れり　里もとどろに（四一一〇）

という歌を作っている。

遊行女婦佐夫流（「教へ諭す歌」に「佐夫流といふは遊行女婦の字《な》なり」という注記がある）がかしずいていた家に、駅鈴をつけない駅馬が着き、村は大騒ぎになった、という意である。小咋は任地で遊行女婦の佐夫流を妻にし、一緒に住んでいたので、都にいた先妻が突然押しかけてきて、大騒動になったのである。したがって、家持の「教へ諭す歌」の内容も、離婚する理由もないのに妻を離別し遺棄すると、一

年半の徒刑と百打ちの杖罪になり、妻がいるのにさらに妻を娶ると一年の徒刑になると、法律の条文を書き、そのあとで、都に置いてきた妻を棄てるなと書いている。

この歌は、都の妻が押しかけて来る二日前に作り、小咋に「教へ諭し」ている。史生は国守の言ったことを文書にする秘書的書記官だから、家持は小咋が遊行女婦を妻にしていることを、知らないはずはない。知っていてだまっていたが、都の妻が来ることを知って（彼女は駅馬を使っているから、国守の家持には、都から小咋の妻が越中にむかっているという情報が入ったのだろう）、あわてて二日前に、「教へ諭す歌」を小咋に見せたのである。こうした歌を作っておかないと、小咋の妻に対して、史生の上司である国守の面目が立たなかったからであろう。

家持が小咋の遊行女婦との同棲をとがめなかったのは、自分も遊行女婦と関係していたからだろう。山本健吉は、遊行女婦の土師を家持は「寵愛」していたと書くが、(3)「寵愛」でないにしても、家持も妻を都に置いてきているから、宴に招いて歌を詠んだだけの相手ではなかったろう。したがって家持は、小咋を「教へ諭す歌」でも、遊行女婦と肉体関係をもつのがいけないといっているのでなく、妻にしたことをたしなめ、重婚は法律違反で「義夫の道」ではないと、教え諭しているのである。

「娘子《をとめ》」と記された遊行女婦

『万葉集』には「遊行女婦」と明記されなくても、彼女たちの作ったとみられる歌が他にもある。そうした歌の一つに、作者を「娘子」とのみ記す、

明日《あす》よりは　我は恋ひなむ　名欲山《なほりやま》　岩踏み平《なら》し　君が越え去《い》なば　（一七七八）

がある。この歌の題詞には、「藤井連、任を遷されて京に上る時に、娘子の贈る歌一首」とある。この書き方は、遊行女婦児島の「大宰師大伴卿の京に上る時に、娘子の作る歌二首」と同じである。

藤井連は、この「娘子」の歌に答えて、

命をし　ま幸《さき》くもがも　名欲山　岩踏み平《なら》し　またまたも来む　（一七七九）

とうたっている。たぶん、この娘子も、児島と同じ遊行女婦であったのだろう。

藤原宇合大夫《うまかひまへつきみ》　遷任して京に上る時に　常陸娘子《ひたちをとめ》の贈る歌一首

庭に立つ　麻手《あさで》刈り干し　布さらす　東女《あづまをみな》を　忘れたまふな　（五二一）

この歌の作者「常陸娘子」[1]について、扇畑忠雄は、歌の巧みさからみても、常陸国守藤原宇合の愛人であった遊行女婦とみている。

石川大夫《まへつきみ》　任《まけ》を遷《うつ》されて京に上る時に　播磨娘子《はりまをとめ》の贈る歌二首

絶芽寸《たゆらき》の　山の峰《を》の上《へ》の　桜花　咲かむ春へは　君し偲《しの》はむ　（一七七六）

君なくは　なぞ身装《よそ》はむ　くしげなる　黄楊《つげ》の小櫛《をぐし》も　取らむとも思《も》はず　（一七七七）

の作者「播磨娘子」も、扇畑は遊行女婦とみる。

題詞が、大伴卿や藤井連の送別のときの題詞と同じだから、常陸娘子・播磨娘子も、筑紫や越中の遊行女婦と同じであろう。

霰打《あられう》つ　安良礼《あられ》松原　住吉《すみのえ》の　弟日《をとひ》娘子《をとめ》を　見れど飽かぬかも　（六五）

と長皇子《ながのみこ》（天武天皇の第四皇子）が詠んでいる歌の「弟日娘子」について、伊藤博は、

「弟日娘子」は住吉の遊行女婦の名であろう。住吉は西海に船の発する地で、大宰府などととも

にこの類の女性がたむろした。ただし、遊行女婦は、後の遊女と異なり、歌作の芸や伎楽の芸などに秀で、官人や貴人の宴席に侍り、座を取り持つことのできる教養人であった。遊行女婦の役割を考慮しないで、万葉の宴の座の妙味を理解できない場合が多い。

と書く(4)。また、長皇子に献じた、

草枕　旅行く君を　知らませば　岸の埴生《はにふ》に　にほはさましを　(六九)

という歌の作者「清江娘子《すみのえのをとめ》」についても、

住吉の遊行女婦であろう。六五の弟日娘子と同様、宴席に侍して座興の役を勤めたもの。二人を同一人と見る考えもある(注釈)。「清江」は「住吉」に同じ、歌はこの一首のみ。旅のお方と知らなかった、すなわちずっと住吉に留まって下さるお方とばかり思っていたので、衣を染めてあげられなかったという意がこもり、とかく故郷の妻に心を向ける人々をそれとなく皮肉っている。それとない皮肉は甘えであり歓迎であって、遊行女婦の肌合いを感じさせる。現地に焦点を向けている点でも、六七と姿勢が等しい。

と書いている(5)。扇畑忠雄も「弟日娘子」「清江娘子」を遊行女婦とみている(1)。

『万葉集』巻十五は、天平八年(七三六)六月に難波を出発した遣新羅使人を中心とする歌群だが、そのなかに載る「肥前国松浦郡の柏島《かしはじま》の亭《とまり》に舟泊まりする夜に、遙かに海浪を望み、各《おのおの》旅の心を慟《いた》みて作る歌七首」のなかの一首、

天地《あめつち》の　神をこひつつ　我《あれ》待たむ　はや来ませ君　待たば苦しも　(三六八二)

の作者「娘子《をとめ》」や、「竹敷《たかしき》の浦に舟泊まりする時に、各《おのおの》心緒《おもひ》を陳《の》べて作る歌十八首」のなかの、

もみち葉の　散らふ山辺ゆ　漕ぐ船の　にほひにめでて　出でて来にけり　（三七〇四）

竹敷の　玉藻なびかし　漕ぎ出なむ　君がみ船を　いつとか待たむ　（三七〇五）

の二首の作者「対馬娘子《つしまのをとめ》」（竹敷の浦は対馬の美津島町鶏知《けち》付近）について、日本古典文学大系・日本古典文学全集・新潮日本古典集成の『万葉集』の頭注は、すべて「遊行女婦」としている。

吉井巌は、三六八二番歌の「娘子」について、神田秀夫の「魅惑の対象たる娘子」の論に導かれて書いた、「娘子と呼ばれる女性は、Ａ・遊行女婦、Ｂ・物語のヒロイン――何らかの虚構に支えられた女」とみる橋本四郎の説（「幇間歌人佐伯赤麻呂」『上代の文学と言語』所収）に共感して、松浦の「娘子」や「対馬娘子」以外に、大伴家持が歌を贈った「娘子」（六九一・七〇〇・七一四・七八三・一五九六）も、「接待を任務とする女性、専門化した遊行女婦に近い存在」とみている。(6)

『万葉集』には、「遊行女婦」「娘子」が詠んだ歌が五十余首載るが、地名を冠するか地方在住と判明する娘子の歌が半分を占めている。地名を冠する「娘子」は、遊行女婦児島・土師・蒲生と同じく、官人たちの宴遊に参列して歌を詠んでいるから、遊行女婦と同じ性格の「をとめ」とみるのが通説である。(7)

遊行女婦の「遊行」の意味

柳田国男は、遊行女婦について、「遊女といふ語には、本来は売春といふ意味はありませんでした。万葉集の頃には之を遊行女婦《うかれめ》と名づけて居まして、九州から瀬戸内海の処々の船着き、それから北は越前の国府あたりにも、此者が来て居て歌を詠んだ話が残って居ます。其名称の基く所は、例の藤沢寺の遊行上人などの遊行も同じじで、所謂一所不住で、次から次へ旅をして居る女と謂ふに過ぎませぬ。日本の語に直してうかれ女と申したのも、今日の俗語の浮かれるといふのとは違ひ、単に漂泊して定まった住所の無いことです。後に之を『あそび』と謂ったとは、言はゞ一種のしゃれの如きもので、遊といふ漢字が一方には又音楽の演奏をも意味し、遊女が通例其『あそび』に長じて居た為に、わざと本の意を離れて斯うも呼んだものかと考へます」と書いている。(8)

柳田が、『万葉集』の頃は「うかれめ」といったというのは、承平年間（九三一～九三七）に源順が編纂したわが国最初の分類体百科辞典の『倭名類聚鈔』に、

遊女　揚氏漢語鈔云遊行女児　和名、宇加礼女、又云阿曽比

とあるのを（この記述が「遊女」の初見）、『万葉集』の「遊行女婦」にあてはめたものだが、平安時代中葉の文献例から、奈良時代（「万葉集の頃」）に「うかれめ」といっていたとは断定できない。第一・二章でくわしく述べた「あそび」の原義からみても、「一種のしゃれの如き」発想で、「わざと本の意を離れて」「あそび」と呼んだものか、という柳田説には、賛同できかねる。

「遊女」「遊行女婦」という表現からみても、「あそび」「あそびめ」が古く、「浮女《うかれめ》」は新しい。

柳田は、中世の「遊行上人」の例から「遊行」を考えるから、彼女たちを「一所不住で、次から次へ旅をして居た女」とみるが、そうした面もあったろうが、一所に定住していても「あそび女」であった。遊行女婦が一所不住なら、大伴旅人と同行してもよいのに、遊行女婦児島は大宰府にとどまっている。

柳田は、大伴家持の宴席に出た遊行女婦たちも国府へ流れて来た者とみるが、大宰府にいた遊行女婦と同じく、国府にいた遊行女婦の可能性のほうが強い。

遊行女婦と推察される清江娘子・対馬娘子・常陸娘子・播磨娘子は、土地の名がついていることから

も、「一所不住」で「次から次へ旅をして居た女」でなかったことをうかがわせる。清江娘子が、長皇子の衣を染めてあげたかったと詠むのも、彼女が住吉に定着していたことを推測させるものであり、対馬娘子が「いつとか待たむ」と詠むのも、対馬に在住していたことを示している。また常陸娘子は、自分を常陸の「東女」といっている。

犬飼公之も、柳田が「遊行女婦」を「遊行上人」と同じにみる見解や、折口信夫が遊行女婦を「じぷしいの女と似てゐる」とみる説(9)を批判して、遊行女婦を「土着遊女」とし、「われわれは、〈うつろふ〉のは遊女ではなく、官人であったことを忘れてはならない」と書く(7)。しかし「土着」だとすれば、なぜそうした「女婦」を「遊行」というのか。そのことにまったくふれず柳田・折口を批判する犬飼説は、身勝手である。

私も遊行女婦に土着性が強いことは述べたが、柳田・折口・犬飼のように、体だけの「遊行」に限定せず、心の「遊行」も含めている（体だけに限定して解すのは、三氏だけでなく一般的解釈である）。犬飼は「〈うつろふ〉のは遊女でない」というが、大伴家持は、遊行女婦左夫流を「紅」に譬《たと》えて、「紅はうつろふものぞ」と詠んでおり、「うつろふ」女性を遊行女婦といっている。

左夫流が越中土着の女婦で、大伴家持・尾張小咋が都から来た「うつろふ」官人であったとしても、彼女たちは男から男へと「遊行」する女婦であった。普通の妻（「橡《つるはし》のなれにし衣《きぬ》の女」）とはちがうのである。小咋の都の妻とは異なり、彼女たちの心を「一所不住」とみて、紅の衣の女は「うつろふものぞ」と、家持は小咋にいっているのである。

犬飼公之は、遊行女婦・娘子の歌について、官人の送迎に便なる交通の要衝に出むいて、遊女として生き、新たな赴任官人を迎えるためにも、正式な結婚を許されなかったであろう彼女らが、その「垣」の中で、秘かな愛を温め得るとすれば、官人との交渉を通してしかなかった。官人らの多くにとって、それはかりそめの交情であったが、遊女にとっては、浅はかな女のさがや媚態だけではなかったであろう。多くの別離に於て、遊女歌の「真実のなげき」に対して、男は返歌せぬか、おざなりの歌を残して去った事実は、そこに根をおくものであったろう。(中略)遊女に残されるものは、常に孤独であったのである。〈さぶるこ〉の名称が〈さぶし〉と同義であることは、かかる遊女の実体を示すもの、別離の遊女歌の発想も、そこにあったとみるべきではないのか。

と書いている。(7)

彼女たちが「常に孤独であった」のは、心(というより「愛」)において「うつろふ」女婦、つまり遊行する女婦であったからである。したがって「さぶし」児なのである。

このように、「遊行女婦」の「遊行」を、旅から旅へと漂泊する女のイメージだけで考えたのでは、その実態が見えてこない。

「手児《てこ》」といわれた遊行女婦

瀧川政次郎は、「万葉集によって当代の遊行女婦のすべてが、秀歌をよむほどの教養を有し、貴顕の席にも招じられるほど、社会的に位置の高いものであったと考えるのは、大きな間違いであると思う」と書き、下級の遊行女婦、つまり、「平安時代に『夜発《やはち》』と呼ばれた」「単なる娼婦が、諸国に散在していたと思う」と書き、次のように述べる。

続歌林良材集引くところの駿河国風土記逸文には、「手児《てこ》の呼坂《よびさか》」のことが見えているが、手児は、万葉集、巻十四に「人みなの言《こと》は絶ゆとも埴科《はにしな》の石井が手児《てこ》が言《こと》な絶えそね」（三三九八）とあるから、男に愛敬《あいきょう》よくする女であって、ただの生娘《きむすめ》ではなさそうである。葛飾の真間《まま》の手児奈《てこな》も、そのような女だったようである。万葉集、同巻に

東路《あづまぢ》の手児の呼坂《よびさか》越えかねて山にか寝《いね》むやどりはなしに（三四四二）

とあるから、手児の呼坂には、旅人を泊めてくれる女がいたようである。故友西村真次博士は、その名著『万葉集の文化史的研究』の中でこのうたに触れられ、「手児の呼び坂とあるからには、女の方から呼びかけたのであって、後世の『二階から手招く』式の職業婦人が峠にゐて宿を貸し、旅の人を慰めたとしか見ることができない」と述べておられる[2]。

瀧川は原文を引用していないが、「手児の呼坂」のことを書く『駿河国風土記』逸文の内容は、次のような記事である。

廬原《いほはら》郡不来見《こぬみ》の浜に妻を置きて通ふ神あり。其《その》神つねに岩木の山より越て来るに、かの山に荒ぶる神の道妨ぐる神ありて、遮《さ》へぎりて通さず。件《くだん》の神在《あ》らざる間を伺ひて通ふ。かかるが故に来ること難し。女神は男神を待とて岩木の山の此方《こなた》に到りて、夜々《よるよる》待に、待得ることなければ、男神の名を呼びて呼ぶ。よりて其処を名付けて、てこの呼坂とす。

「手児の呼坂」は、岩木山（興津と由比の間の薩埵《さった》山の古名）を越えた由比側の坂であることは、興津の不来見の浜（興津川の河口付近）から来る男神を、「岩木の山の此方」つまり由比側で毎夜待ち、その名

を呼んでいたことからいえる。

西村・瀧川がとりあげる『万葉集』の歌（三四四二）は、宿のある手児の呼坂に行く手前の岩木山で野宿したという歌だが、この歌と、

東道《あづまぢ》の　手児の呼坂　越えて去《い》なば　我《あれ》は恋ひなむ　後《のち》は相寝《あひね》とも　（三四七七）

の二首を、『続歌林良材集』は、男神が詠んだ歌と書く。

この歌は、「東海道の手児の呼坂の宿に泊まらずに行くと、彼女が恋しくなるだろうな。帰路に相寝することができたとしても」という意味の歌である。

『続歌林良材集』は、この歌に対して、

磐城《いわき》山　直越《ただこ》え来ませ　磯崎《いそさき》の　許奴美《こぬみ》の浜に　我立ち待たむ　（三一九五）

という『万葉集』に載る歌を、女神の歌としているが、「磐城（岩木）山」を越え、「手児の呼坂」を下った所にある浜が、「磯崎の許奴美の浜」である。

前述の『駿河国風土記』の「てこ」を解説して、

てことは、東俗のことばにて女をてこといふ。田子のうらも手子の浦なり。

と『続歌林良材集』は書くが、「てこ」は東国では、本来は幼児をいう言葉であった。『万葉集』に、

剣大刀　身に添ふ妹《いも》を　とりみがね　音《ね》をそ泣きつる　手児にあらなくに　（三四八五）

という歌が載る。手で抱かれる幼児、赤ん坊をいう「てこ」（東国方言では「てご」）が、女を指すようになったのは、たぶん抱かれる女を抱かれる幼児と同じに見たからであろう。「てごめ」という言葉からみても、女性一般ではなく、本来は、特別な若い女性をいったのであろう。

手児の呼坂の女神は、男神が「妻を置きて通ふ神」なのだから、単に女神を「手児」といったとみたのでは、男神が「妻を置きて」通った「手児」と呼ばれる女神の実像は、見えてこない。旅人が客人神と見られていたことは、くりかえし述べてきたが、こうした古代人の発想が、東海道を行き来する旅人を男神とし、旅人を坂の下で呼ぶ「手児」を女神としたのだろう。

田子の浦は、元は「手子の浦」だというが、「手折り」を「たおり」ということからみても、「て」から「た」に転じたのだろう。現在の富士市田子の浦は、『万葉集』の時代の田子の浦ではない。手児の呼坂の坂下にある浦（倉沢・由比・蒲原の海岸）が手児(子)の浦、転じて田子の浦である。(10)

田子の浦については、

昼見れば　飽《あ》かぬ田子の浦　大君の　命恐《みことかしこ》み　夜見つるかも　（二九七）

田子の浦ゆ　うち出でて見れば　ま白にそ　富士の高嶺に　雪は降りける　（三一八）

という歌が『万葉集』に載る。二九七番歌は田口益人、三一八番歌は山部赤人の作だが、彼らは旅人として詠んでいる。天下の絶景のこの場所では、急ぎの旅人も、必ず休んで景色を楽しんだと思われる。当然、宿もあり、旅人を呼ぶ女たちが「手児」といわれたのであろう。

「真間《まま》の手児奈《てこな》」という遊行女婦

『万葉集』は「手児の呼坂」の「手児」以外にも、「手児」という呼び名の女性のことを詠んでいる。山部赤人・高橋虫麻呂は、「真間の手児奈(名)」（「ナ」は主に東国語に見られる愛称の接合語）をうたっている。赤人は、

古《いにしへ》に　ありけむ人の　倭文機《しつはた》の　帯解き交《か》へて　伏屋《ふせや》立て　妻問ひしけむ　勝鹿《かつしか》の　真間の手児奈が　奥つきを　こことは聞けど……　（四三一）

と詠んでいる。

折口信夫・中山太郎・瀧川政次郎・桜井満らは、「帯解き交へて伏屋立て妻問ひしけむ」という表現から、遊行女婦と推測している。(11)

東歌の「下総国の歌四首」に、

葛飾《かつしか》の　真間の手児奈を　まことかも　我に寄すとふ　真間の手児奈を　（三三八四）

葛飾の　真間の手児奈が　ありしかば　真間のおすひに　波もとどろに　（三三八五）

足《あ》の音《おと》せず　行かむ駒もが　葛飾の　真間の継ぎ橋　上《や》まず通はむ　（三三八七）

とある。赤人や虫麻呂は、「真間の手児名（奈）」を固有名詞として詠んでいるので、東歌の手児奈も一般に固有名詞とみられているが、この歌の「真間の手児奈」は、「手児の呼坂」の「手児」と同じく、普通名詞とも解せる。

真間（千葉県市川市真間）の地は、下総国府に近い江戸川下流の入り江で、旅人の宿泊する港であったから、手児の呼坂と似ている。

高橋虫麻呂は、真間の手児奈（名）をうたった長歌（一八〇七）で、「湊入りに　舟漕ぐごとく　行きかぐれ」と詠み、彼女の墓は「波の音の　さわぐ湊」にある、とうたっている。

水門《みなと》の　葦の末葉《うらば》を　誰《たれ》か手折《たを》りし　我が背子《せこ》が　振る手を見むと　我《われ》ぞ手折りし　（一二八八）

という歌について、日本古典文学全集『万葉集（二）』の頭注は、「旅に出る男を見送る女の作とも、港町の遊行女婦の吟ともみられる」と書くが、伊藤博は、「多分、港に半定住する遊行女婦のかかわる歌と思われ、港や村々の宿場では彼女たちの活躍した面も多かったことが推察される」と書いている。(12) 湊(水門、港)には、当然、旅人が泊まる宿があったのだから、田子の浦と同じく、「手児奈」がいたであろう。のちの江口・神崎も、真間と同じ条件の「湊」である。東歌の「真間の手児奈」を、のちの江口・神崎の遊女たちと同じとみることで、歌の意は正確に解せる。

高橋虫麻呂は、真間の手児奈と同様に入水自殺した芦屋の菟原処女《うはらをとめ》を、手児奈と連作(長歌と反歌)で詠んでいる。題詞はどちらも「をとめ」にしているが、真間は「娘子」、菟原は「処女」と書き分けている。大伴家持が菟原の「をとめ」を詠んだ長歌も、題詞は「処女」と表記するが、真間の「をとめ」は、山部赤人の歌の題詞も、虫麻呂の題詞と同じく「娘子」である。

「娘子」と表記される「をとめ」に、遊行女婦のイメージがあることは前述したが、真間の菟原の「をとめ」の表記を区別して書いているのは、真間の「をとめ」を遊行女婦と『万葉集』の編者が見ていたからであろう。

真間の手児奈は、民謡歌としての東歌がいちばん古く、次が山部赤人の歌で、次が高橋虫麻呂の歌だが、虫麻呂は芦屋の菟原処女と同じイメージで手児奈をうたっているから、折口が指摘するように、真間「聖処女」に成り上がっている。しかし、題詞表記が「娘子」と「処女」に区別しているように、真間娘子は、菟原処女のような普通の「をとめ」でなく、真間の港にいて旅人と接する「手児奈」たちであった。そのなかの一人の入水自殺が、赤人や虫麻呂によってうたわれたのであろう。

遊行女婦の実態

服藤早苗は、「遊行女婦から遊女へ」で、

従来、地方の遊行女婦や娘子達は、都から地方に下る官人達の地方妻的役割を持つ女性とされ、中世以降の売春を業とする遊女と同性格の古代的存在形態であり呼称である、とされてきた。これに対し、浅野則子は、歌の内容分析から、額田王の次に登場する女流専門歌人とすべきことを提唱している（「女歌の成立試論—遊行女婦を中心に—」）。律令国家成立以降、律令規定では、大宰府や地方国衙周辺には女官は存在しない。しかし、宮廷で女官が列席したように、地方国衙やその周辺での宴にも女官と同性格を持つ女性達が必要とされ、養成されたのではなかろうか。遊行女婦は、女官に準ずる役割を帯びた女性達であった、と考えるのである。こう考えれば、遊行女婦が、宮廷女官や貴族女性達と同じ名称の娘子とよばれた要因が、明確になるのである。

と述べ、『万葉集』の遊行女婦・娘子は、「準女官的性格の女性達として公的行事に組み込まれた職務を担っていた、と位置づけることができる」と結論している(13)。

服藤は、遊行女婦は準女官的女流専門歌人で、「中世以降の売春を業とする遊女と同性格の古代的存在形態であり呼称である」とする説を否定しているが、この服藤説を、猪股ときわは「遊行女婦論」でとりあげ、服藤説を否定して、『万葉集』の遊行女婦は「中古以降の遊女なるものと通じている」と書く(14)。

両氏とも論拠をあげているが、服藤はなぜ「遊行」というかの説明をまったくせず、ひたすら「準女官的性格」の説明のみをしている。この服藤説を批判する猪股は「遊行」に視点を置いて、遊行女婦と中古以降の遊女の共通性を述べているのだから、説得力は猪股論文にある。私も猪股説を採る。

しかし猪股は、服藤説批判に力点を置きすぎて、服藤のいう準女官的性格をまったく無視している。だが『万葉集』の歌の多くは、中央・地方官庁に属する男女および関係者の歌だから、遊行女婦・娘子の歌について、服藤のような解釈は無視できない。私も準女官的性格は認める。といっても、服藤のように、遊行女婦を準女官的女流専門歌人に限定してしまう見解は採らない。

真間の港の手児奈たちのうち、歌が詠めて歌舞の上手な女性は、たぶん程近い国庁の宴などには召されていただろう。しかし、東歌にうたわれる「真間の手児奈」は、東海道の「手児の呼坂」の「手児」と同じだから、官人御用だけではない。

大伴旅人・家持が登場させた遊行女婦たちは、大宰師や越中国守の相手もしただろうが、佐夫流のような関係にならない限り、役所や役人の宴に召されないときは、東歌にうたわれる手児奈のような存在として、官人以外の男たちの間を「遊行」していたのであろう。

『万葉集』は官人と接触した遊行女婦・娘子が多く登場するから、『万葉集』だけで解せば、準女官的女流専門歌人の要素は認められるが、表面に出ない部分にも目をむける必要がある。

服藤は、「中世の絵巻物に登場する遊女達は、長い垂髪と作り眉をし、宮廷女官達の公服である緋の袴をつけた姿である。彼女達が袴を着用することができ、これが遊女のユニホームにもなるのは、なぜであろうか。八世紀の律令国家では、律令に規定された公服は、朝廷内部で着用されるものであり、一般庶人の使用しうるものではなかったとされている（武田佐知子『古代国家の成立と衣服制』）。この公的衣服たる袴を、遊女が着用するようになる背景は、（中略）遊行女婦や娘子の準女官的性格を考えた方が適切ではないだろうか」と書いているが、[11]「緋の袴」は遊行女婦左夫流の服装でもあった。

遊行女婦は、官庁御用としての「準女官的性格」があったから、紅（緋）を用いていたが、それは、越中国守が史生（書記官）に歌で告げているように、「うつろふもの」がする服装であった。

準女官的女流専門歌人としての性格が遊行女婦にあったとしても、遊行女婦を妻にした官人尾張小咋を見る「里人の目」は、大伴家持がうたっているようなものであった。

里人の　見る目恥づかし　左夫流児に　さどはす君が　宮出《みやで》後姿《しりふり》　（四一〇八）

左夫流に見送られて出勤する小咋の後ろ姿（左夫流児にさどはす君が宮出後姿）は、「里人の見る目恥づかし」で、「里人の目」は、この役人が恥ずべき行為をしていると見ていた。したがって、服藤のように「準女官的性格」を強調しすぎると、遊行女婦の実態は、見えてくるようで逆に見えなくなってしまう。

遊行女婦の本質は、中世の遊女たちから近世の遊廓の傾城に至るまで、一貫してつながっている。「うつろふもの」としての遊行女婦は、日常の「ケ」の生活者（「橡《つるはし》のなれにし衣《きぬ》」を着る女）に対し、非日常の「ハレ」（「紅《くれなゐ》はうつろふものそ」）の女であった。その点で、神にもっとも近い存在であったが、すでに『万葉集』編纂の奈良時代には、聖の影としての賤を、「里の人（「ケ」の生活者）」は見ていた。しかし、「手児の呼坂」や「真間の手児奈」の「手児」が、女神や聖処女としてうたわれているように、「遊行」「うつろふもの」のもつ聖と賤のイメージは、うつろわない日常の生活者からすれば、一体に見えたのであった。

第七章　遊女と巫女《みこ》

遊女の巫女起源を批判する説

柳田国男は、遊行女婦に関連して、「社会学の研究者たちは、しばしば昔の巫女の娼女であったことを説きますが、実はそれでは言い様が悪いので、むしろ遊女がもと巫女の一様であったのです」と書いている(1)。

この巫女起源説については、瀧川政次郎と服藤早苗の批判がある。

瀧川政次郎は、「職業人としての遊女が、日本の社会に出現したのは、財物をもって貞操を買うことが普通に行なわれていた朝鮮の社会に住んだ女が、日本に渡来した以後のことであろう」と、『遊女の歴史』で書く(2)。この著書は一九六五年に刊行されているが、戦前・戦中の皇国史観そのままの遊女史である。

瀧川は、朝鮮から渡って来た「白丁族である傀儡子の婦女および帰化漢人の婦女」が、「遊行女婦」になったとみて、「遊行女婦なる職業婦人の社会が成立すると、社会の落伍者である浮浪の徒、乞食者の中から、その社会に仲間入りする者が現われてくる。農耕社会に進化した弥生土器時代、古墳時代の日本の社会に、落伍者として取り残されたものは、狩猟・漁撈の原始産業から脱出できなかった山部・

海部の族である。ゆえにこの時代の遊行女婦の中には、山部・海部の婦女も介在していたと思うが、その本宗ともいうべきものは、半島から渡ってきた白丁族である傀儡子の婦女および帰化漢人の婦女であったと考えられる」と書く。[3]

「帰化」人や山部・海部の婦女や、社会の落伍者の婦女が遊女になったとみる、遊女に対する露骨な差別観・蔑視観に立つ瀧川は、すでに故人だが、もし生きていたら、本書のタイトルを見ただけで不快に思ったろうし、とりわけ、「天皇と遊女」でなく、逆にしていることに激怒したであろう（瀧川は国学院大学教授で法学博士）。

瀧川は、「我が国の遊女が朝鮮から来たものであることは、『遊女』なる語が朝鮮語であること、遊女に相当する日本の古語が存在しないことによっても肯定せられる」と書く。[4]「遊女」の表記が中国にないから、「朝鮮語」だというのである。

『倭名抄』は、「遊女」を「うかれめ、あそび」と訓んで、『万葉集』の「遊行女婦」をあげており、「ゆうじょ」などという漢音訓みはしていない。『梁塵秘抄』でも「遊女《あそび》」と訓んでおり、「あそび」が「日本の古語」である。したがって、「遊女《ゆうじょ》」に「相当する日本の古語が存在しない」のは当然である。

このように「あそび」として論じなければならない言語を、「ゆうじょ」として論じ、遊女は朝鮮から来たとする遊女起源説なのだから、瀧川説は論拠の初歩的段階で成り立たない。

服藤早苗は、瀧川説について、「この民族蔑視とその構造的連関を持つ女性蔑視説は、現在では検討するに価しないであろう」と一蹴している。[5]しかし、民族と女性蔑視にもとづく遊女起源説は「検討するに価しない」としても、遊女に関する豊富な史料を提示している点で、私は瀧川の見解も引用してきた。

服藤は、瀧川とちがった視点から、巫女起源説に疑問をなげかけている。

遊女の起源をめぐっては、古くから柳田国男・中山太郎などにより、巫女起源説が主張され、最近でも五来重が遊部から遊行女婦や遊行巫女へと分化発展した（「中世女性の宗教と生活」）、とするように、基本的部分は継承されている。これらの説の根拠は、中世以降の遊女の存在形態から類推することによって導き出されたのを特徴とする。また、その根底には、男性が俗的政治を担当するのに対し、女性は原始古代より聖なる神事部分を分担し祭祀を司ったとする、男女分業論が不動のものとして存在していた。

しかし、最近の女性史研究の成果によれば、その性役割分業も、八世紀以降の社会基盤の歴史的変質に対応して成立したものであることが、明らかにされている（岡田精司「宮廷巫女の実態」、義江明子「〈玉依ヒメ〉再考――『妹の力』批判」）。それに依拠するならば、遊女の巫女起源説も再検討の余地が出てこよう。

と書き、「売春をその職能の一つとする遊女は、一〇世紀に成立し、一一世紀中葉以降は、中世的遊女として職能集団を形成し、広く各地に活動するようになる。この遊女の成立は、未熟ながらも社会全体の家父長的家族＝家成立を歴史的背景にしたものであり、女性の性が男性に従属する歴史の成立でもあった」と結論する。(5)

「売春を業とする」遊女は、十世紀代に、「女性の社会的地位低下と対応して、歴史的に成立した」から、それ以前に存在していた巫女がその起源ではない、というのである。したがって服藤は、八世紀の

「遊行女婦」は「準女官的性格」をもつ「女流専門歌人」であって、「売春を業とする遊女」とは無縁だったとみる。

この服藤の遊行女婦説については、「遊行」の視点に立って猪股ときわが全面的に批判していることは先にみたが、服藤は、遊女巫女起源説について、「男性が俗的政治を担当するに対し、女性は原始古代より聖なる神事部分を分担し祭祀を司ったとする、男女分業論」を「不動のものとして」生まれた説とみている。しかし、服藤早苗のいう「男女分業論」は、脇田晴子が「原始社会の祭政一致の段階や未開社会にあっては、一般に、祭祀という観念の世界は女性がつかさどり、政治などの現実社会は男性が担ったという傾向があり、男女の分業がおのづからなされているという(6)（石川栄吉「原始の女性」『女性史総合研究会通信』七号）」と書くように、脇田や服藤が属する「女性史総合研究会」のメンバーが主張していたのであって、柳田・中山・五来らを、その仲間に入れるのは強引である。柳田らの説の根拠を、「中世以降の遊女の存在形態から類推」していると断定しているが、こうした断定は、柳田・中山の説に対する浅読みである。「遊女」「遊行女婦」と書いているところだけを拾い読みしただけでは、柳田・中山の巫女起源説の全貌は見えてこない。

五来の巫女起源説も、古代の「遊部」を根拠に述べているのであって、中世以降の遊女の存在形態だけからの類推ではないし、ましてや古代の男女分業論に固執した論旨ではない。

私は、柳田・中山・五来説に全面的に賛成するわけではないが、だからといって、右翼と左翼の両極に立つ二つの巫女起源説批判は、批判としては興味を惹くが、どちらにも賛同はできない。

巫女＝遊女とみる説

倉塚曄子は、「わたくしにとって、遊女の前身は必ず巫女であったのか、遊女は巫女の呪術性をうけついだのか、これらは問題ではない。現実の歴史的脈絡はどうであれ、遊女は巫女と類儀的な存在であったといいたいのである」と書いている(7)。

佐伯順子は、巫女＝遊女とみて、次のように書く。

沖縄の遊女兼巫女といわれるズリ（尾類）の存在をも傍証に、遊女の巫娼起源説を提唱した代表的先学に、中山太郎（『売笑三千年史』）や柳田国男がいた。しかし彼らは、基本的には巫女の娼女たるゆえんを、女が巫女として生きるための生活の手段として売娼という方法に訴えた、と解釈している。

とりわけ柳田国男は、遊女の主たる宗教的職業はあくまで歌舞であり、遊女はもと巫女の一種であったから、巫娼であったことも当然であるが、売娼は派生的に生じた「人に賤まるる……小さな偶然」にすぎぬ、と断言している。

『遊女の歴史』や『江口・神崎』を著わした瀧川政次郎に至っては、遊女＝巫娼説そのものを否定する立場をとった。氏は、「性的咒術は神聖なる行為であり、売笑は淫猥な行為である」として、宗教的な性と売娼とを断固として区別し、「性的咒術を行なう巫女を羞恥を失った婦女とは言い難い」と述べている。しかし、不特定多数の男性と交わったことは、はたして本当に今日いわゆる「売娼」と同じ意味を有していたと断言できるのだろうか。そして売娼的行為は「羞恥を失った」

行為であると今日的感覚で判断してよいのだろうか。フレイザーが記した聖なる多淫、聖娼の存在と考えあわせる時、こうした判断はかなりあやしいもの、今日的歪曲に思えてくる。

これに対し、山上伊豆母《いづも》氏が『巫女の歴史』で示された見解は、傾聴に価する。氏は、「巫女が

遊女に転身していく要素は、じつは神霊の依り代であり自然神の降下をまつ原始巫女の時代から存した」として、巫女が「神妻となる」性格を有していたゆえに遊女は「聖婚」の相手として求められたと主張した。これは、遊女の〝聖なる性〟の可能性を説いた数少ない例として評価できるものであろう。ただし、氏の見解にもおとし穴がある。それは、「巫女が遊女に転身」という発想である。実はこの発想が柳田や瀧川氏の誤りを招いたものなのである。遊女は巫女の一種なのではない。遊女という表現そのものが、そのまま巫女という意味を、かっては有していたのである。

このように書いて、佐伯は近世の遊女たちの性も「聖なるもの」であったとする。(8)

このような佐伯順子の見解について、服藤早苗は、「根底から再検討すべき」だとし(5)、曽根ひろみは、佐伯が「色恋の菩薩」「色恋の女神」とする、文芸作品のなかでとらえられた近世の遊女像と、史料に登場する近世の娼婦としての遊女の現実が、大きく隔たっている点から、佐伯説を批判する。(9)

佐伯は、柳田らの巫女起源説が性を賤としている点を批判し、性は聖であることを強調している。私も、柳田が遊女の性を切り離し、遊女の歌舞と巫女の歌舞を重ねて、遊女=巫女とする見解には、賛成しかねる。佐伯のように、性を「聖なるもの」とみる視点に立つべきだと思うが、この視点だけを強調して、近世の遊女の現実を無視して、文芸作品のなかの近世の遊女と古代の遊女を重ね合わせているのには、ついていけない。奈良時代の遊行女婦も、前述したように、その性の遊行は聖と賤の両面で見ら

れていた。

聖と賤は、いずれも日常性の「俗」に対して、非日常の「ハレ」である。佐伯は、『遊女の文化史』のサブタイトルに、「ハレの女たち」とつけるが、「ハレ」は聖だけではない。日常の目から見て聖も賤も異常だから、巫女や遊女は、天女であり地獄の人でもあった。彼女たちのいる場所は、神域であれ遊里であれ、そこは異界で、異界は聖地であり賤地であった。この聖・賤一体の異界が、時代が下がるにつれて分化していったのである。

私は、そういう視点で巫女起源説を採る。

『梁塵秘抄』の巫女

後白河法皇撰の『梁塵秘抄』に、
住吉四所の御前《おんまへ》には
顔よき女体ぞおはします
男は誰ぞと尋ねれば
松がさきなる好《す》き男 (二七三)
という歌が載る。住吉の巫女と、巫女のもとへ通う色男をうたっており、巫女も遊女と同じである。
巫女起源説を否定する瀧川政次郎も、「伊勢神歌」の
いや 神客神《かみまらうど》のお前には
いや 顔よき巫女《みこ》こそ 舞ひ遊べ

の「顔よき巫女」と「顔よき女体」を同じとし、「広田社参詣を口実に、神崎へ遊女買いに言った伊予守藤原長実は、広田の南宮にも顔よき巫女やあると、南宮に里神楽《さとかぐら》を奉納したが、田舎くさい巫女ばかりが出て舞うので、『興無きに依って、事未だ了らずして先づ帰路』についた」と記す『長秋記』(天永二年〔一一一一〕九月五日条)の例をあげ、「巫女が好色の対象にえらばれたこと」は認めている。[10] しかし、聖なる日本の神を祀る巫女が遊女の起源では断じてない、という国粋的皇国史観に立つ瀧川は、「巫女が好色の対象にえらばれた」のは、巫女の地位が下落した結果だと説明する。

それは、瀧川と対極の立場にある服藤が、「女性の性が男性に従属する歴史の成立」という視点で遊女の成立を論じていることと重なる。右翼と左翼の両極にいる瀧川と服藤の結論が同じになるのは、巫女と遊女を切り離しているからである。

倉塚曄子が『巫女の文化』で論じているように、巫女と遊女の関係を「類儀的な存在」とみないと、以上の歌の説明はつかない。

『梁塵秘抄』には、

住吉は
みなみ客殿　なか遣戸《やりと》
思ひかけがね
はづし気ぞなき　(五四一)

という歌が載る。

榎克明は、表の意味は、「男神が女神にいくら懸《け》想《そう》しても、女神の方では遣戸の掛金をはずして迎え入れそうにもないよ」と解し、裏の意味を、「住吉の美しい巫女に言い寄っても、なかなかなびいてくれそうにもないよ。必ずしも貞操堅固というわけでなく、花魁《おいらん》の『初会は振る』式の気位をいったのであろう」と解す。(11)

山の調《しら》めは桜人《さくらびと》
海の調めは波の音　また島めぐるよな
巫女《きね》が集ひは中の宮
化粧遣戸《けしょうやりと》はここぞかし　(三二三)

この歌は、『梁塵秘抄』に載る安芸の厳島(宮島)を詠んだ歌である。「化粧遣戸」を、美しく飾った引き戸と単純に解するわけにいかないのは、『梁塵秘抄』が、遊女たちの集まった狩場を「化粧狩場」といっているからである。この「化粧」には、遊女・巫女と「懸想《けそう》」の意がある。「遣手」「遣手婆」を、遊女と客との間をとりもつ女の意で使っているのも、「遣手」を開ける「手」の意味をこめている。このことからも、「化粧遣戸」のなかでの行為が何を意味するかは明らかである。「中の宮　化粧遣戸はここぞかし」は、巫女たちが「好き男」と寝るところがここだよ、という意で、五四一番歌の「みなみ宮殿　なか遣戸」と同じ意味である。

厳島の「化粧遣戸」の巫女は「内侍」といった。『平家物語』(巻二、「徳大寺厳島詣」)は、大納言徳大寺実定が厳島詣でをしたとき、

誠に彼社《かのかしら》には、内侍とて優なる女どもおほかりけり。七日参籠せられけるに、夜昼つきそひ奉り、もてなす事かぎりなし。

と書く。夜、「内侍」が「もてなす事かぎりなし」には、住吉の巫女と同じ「顔よき女体」のもてなしが入っている。

清盛も「夜昼つきそひ奉り、もてなす事かぎりなし」という内侍に娘を生ませている。九条兼実は『玉葉』で、この内侍の娘を「巫女腹の女子（世に御子姫と号す）」（治承五年正月十三日条）、「禅門の少女（安芸の御子姫と号す、これなり）」（治承五年正月二十九日条）と書いている。「御子姫」とは、「巫女《みこ》姫」である。

『源平盛衰記』は、治承五年正月二十七日に、「安芸の厳島の内侍が腹にもうけたりける第七の乙姫の今年十八になり給ひけるを法皇の御所へ参らせけり」と書く。法皇とは『梁塵秘抄』を撰した後白河法皇であり、法皇は時に四十八歳であった。彼女の入内《じゅだい》は、「公卿・殿上人供奉してひとへに女御入内のさまなり」とあるから、巫女腹であっても清盛の娘は「女御《にょうご》」扱いであった。

太秦《うづまさ》の
薬師がもとへ行く麿《まろ》を
しきりととどむる木嶋《このしま》の神　（五五五）

という歌を、『梁塵秘抄』の解説者たちは、木嶋神社の遊女的巫女たちが、広隆寺に行く男たちの袖を引いている歌と解すが、山上伊豆母は、「太秦の薬師とは、広隆寺内の薬師仏をさすが、じつはこれは〝生き仏〟で、その付近にすむ遊女を意味することは、『新猿楽記』『二中歴』の遊女の名に『薬師』がみえることで推量される」と書き、「木の島の神」も「アマテラス系の女神」だから、「薬師などという仏名をもった巫娼へ行こうとす漂客（麿）を、木の島の女神ないし巫女が妨害するといった宗教と嫉妬

のからんだ呪歌であろう」と述べている。(12)

客人神としての遊客と神社と遊廓

倉塚曄子は、神に仕える巫女の一夜妻・神妻としての性格が、遊女と「類義的」だと書くが、(7)猪股ときわは、遊行女婦の「遊行はもともと神婚のためにやってくる〈神の巡行〉であった」と書く。(13)巫女や遊女の「遊び」としての「性」は、神婚のイメージがあるから、客の男を「伊勢神歌」は「神客神《かみまらうど》」とうたうのである。

『梁塵秘抄』の、

神ならば
ゆらら　さららと降りたまへ
いかなる神か
物恥はする　（五五九）

についても、前述したように、山上伊豆母は、「巫唱」が遊客を、「神ならば」「いかなる神か」とうたったものと推測している。山上の解釈だけでなく、神降しする巫女になかなか神が憑《つ》かないという意味も、この歌には含まれているが、神に向かって「物恥はする」といっているのだから、山上のいう意味もある。遊客が客人神とみられているのである。

『梁塵秘抄』に載る次のような今様も、遊女的巫女をうたっている。

御前《おまへ》に参りては

色も変らで帰れとや
峰に起き臥《ふ》す鹿だにも
夏毛　冬毛は変るなり　（三六〇）

「御前」は「住吉四所の御前」と同じで、神社をいう。神社に参詣をしたあとは、目的を変えて巫女とあそばないで（「色も変えで」）どうして帰るのか、鹿だって夏毛から冬毛に変わるではないか、という意である。

こうした巫女と遊女の共通性から、中山太郎は、遊廓は神社中心に発達したとし、代表的なものに伊勢神宮の古市遊廓をあげ、「少しく誇張して云へば、名が聞え徳の高いもので、附近に遊廓を有してゐぬ神社は無いといふも、決して過言ではないのである」と書き、

京都に近い伏見市の泥町と、深草の撞木町とは、稲荷と藤ノ森の両社のために発達し、「くらはんか船」で有名な枚方及び橋本の両地と男山八幡宮、奈良の木辻と春日社、摂津住吉社と乳守、広田社と神崎、下ノ関の赤間宮と稲荷町、筑前の筥崎宮と博多柳町、讃州金毘羅社と新町、日吉神社と大津の柴屋町、出雲の美保神社と同地の遊里、越後の彌彦神社と寺泊、越前敦賀の気比神宮と六軒町、熱田神宮と宮ノ宿、静岡市の浅間神社と彌勒町、伊豆の三嶋神社と三嶋女郎衆、常陸の鹿嶋社と潮来の遊廓、武蔵府中の国魂神社と同所の遊女町、信州諏訪社と高嶋遊廓、陸前の塩釜神社と門前の遊廓などを重なるものとして、殆んど枚挙に遑あらずといふ多数である。就中、珍重すべきは筑波神社を祭れる筑波山の半腹と、安芸の巌嶋に遊里の営まれてゐることである。これ等は神社に参拝するために赴くのか、遊女を買はんがために往くのか、恐らくは信心と道楽とを兼ねてゐた

であらうが、蓋してその関係は、歴史的にいへば、太古から伝統的に残されてゐたのである。

と書く。(14)

そして、「住吉四所の御前には、顔よき女体ぞおはします」の歌を引き、「顔よき女体」は、「神社に附属していた神の釆女の末であって、併も『すき男』を歓び迎へた巫娼その者である」と書き、「摂津の住吉神社では、毎年二回づつ卯ノ葉の神事には、大阪新町の遊女が八乙女として参加し、田植祭には乳守の遊女が早乙女となって参加し、昭和の現代でもそれが懈怠なく行はれてゐる」のは、住吉大社の「巫娼」が住吉の乳守遊廓の「発達に与っていた」ためとみている。(14)

中山や山上は、遊女的巫女を「巫娼」といい、その「巫娼」を遊女の起源としているが、「巫娼」という言葉で巫女・遊女を論じると本質を見失う危険があるから、私はこの言葉は使わないが、神社のそばに遊廓があるのと、巫女と遊女の「類義的性格」は、結びついている。

鎌倉時代の『東北院職人歌合』の巫女の絵には、

君と我　口をよせてぞ　ねまほしき　鼓も腹も　うちたたきつつ

という歌がついている。この歌の内容は、神に奉仕する巫女というより、遊女とみてのものであるが、『拾遺古徳伝絵詞』には、

江口神崎の遊女舟を近くさしよせければ、僧の御船にみぐるしといひければ、神楽をうたひいだしはんべり

とあり、遊女が神楽をうたっていることからも、「類義的性格」は明らかである。

歩き巫女と遊女

遊女には、港や坂下などに定住していた者たちと、遊行していた者がいたように、巫女も神社に属していた定住の巫女と、「歩き巫女」といわれる漂泊の巫女がいた。

わが子は十余になりぬらん
巫女《かうなぎ》してこそ歩くなれ
田子の浦に潮《しほ》汲むと
いかに海人集《あまびとつど》ふらん
まだしとて
問ひみ問はづみ　嬲《なぶ》るらん
いとほしや　（三六四）

と『梁塵秘抄』にうたわれているような歩き巫女の代表として、中山太郎は熊野三山の巫女をあげ、次のように書く。

三山の巫女達は、或は口寄せの呪術を以て、或は地獄極楽の絵解き比丘尼《びくに》として、更に牛玉及醋貝を配って金銭を獲る為に、己がじゝ日本国中に向って漂泊の旅に出た。それは恰も後世の伊勢の御師の如く、現今の越後の毒消し売りの如く、田舎わたらひに、日を重ね月を送ったのである。而して是等の巫女又は比丘尼が女性の弱さから倫落の淵に堕ちて売色比丘尼と化したのである。[15]

神仏習合によって熊野の巫女は「比丘尼」と呼ばれたが、中山は「女性の弱さから倫落の淵に堕ち」

た結果、「売色」に走ったとみる。こうした発想の強調は、瀧川の女性蔑視観や、すべての原因を男性優位社会とする服藤のような論旨に、陥りがちである。中山の書く近世の巫女・比丘尼の実態については、「女性の弱さ」「男性優位社会」をまったく否定はしないが、「売色」に走った根本的原因は、もっと別なところにある。

『沙石集』巻二十（弘安六年〔一二八三〕成立）に、

　河内国ニ生蓮トイフ入道アリケリ、云々。太子ノ御廟ニ詣デテ殊ニ精誠ヲイタシテ祈請シケル示現ニ、御廟窟ヨリ老僧一人出テ、汝ガ所望スル御金利ハソノ傍ナル者ニ乞ヘト仰セラルルト見テ、ウチ驚キテカタハラヲ見レバ、歩キミ子ノ、髪肩ニカカリテ色白クタケ高キガ齢廿二三バカリナル、臥《フ》シタル外ナシ、云々。御廟ノ前ニ帰リテ、抑《ソモソモ》イカナル人ニテ御座ス、住所ハイヅクゾ、御名ハナニトゾト申スゾ、夜明ケナバ寝坊ヘオハセ、能々《ヨク》申契《チギ》ラント懇《ネンゴロ》ニカタラヒケレバ、サシテ住所ハナシ、名ヲバ寂静トコソ申ストテ、返事スクナニウチヤスミケリ。チトマドロミテ曙ニ見ケレバ此ノミ子見エズ。アサマシク覚エテアマネク尋ネケレドモ、遂ニナカリケリ。

とある。神仏習合の時代だから、巫女は「寂静」という比丘尼の名であり、主人公も「生蓮トイフ入道」になっているが、この「歩キミ子」は神仏の化身である。

「女性の弱さ」や「男性優位社会」の結果、神仏に仕える巫女・比丘尼が娼婦に落ちたのをごまかして、神仏の化身に見立てたのではなく、『沙石集』は、真から神仏の化身と見ている。というのは、日常の生活者の夫婦間の性行為とちがって、不特定の人との性行為は、非日常の「ハレ」の行為、つまり神婚・聖婚とみられていたからである。「ハレ」の性行為のときは、男も女も神になる。

『駿河国風土記』逸文で、遊客と遊女を男神・女神に見立て、「伊勢神歌」や『梁塵秘抄』で、遊客を客人神、巫女・遊女を女神に譬えて詠んでいるのも、そのことを示している。こうした古くからの聖なる性行為（不特定の人と交わる性行為）は、神に奉仕する人々が行なっていたのだから、巫女が遊女化したのではなく、それが巫女の聖なる義務なのであった。その役割を比丘尼も行なったのである。

大江匡房（一〇四一〜一一一一）は『遊女記』で、江口を代表する遊女を「観音」と書く。藤原明衡（九八九？〜一〇六六）の『新猿楽記』に載る遊女の名も「薬師」である。『平家物語』に登場する白拍子（遊女的舞女）の名は「仏」であり、「仏」と共に清盛に寵愛された白拍子は「祇王」「祇女」という。「祇」は「神祇」「祇園」の「祇」である。

このような名を遊女・白拍子が名乗っているのも、神仏の化身とみられていたからである。特に、漂泊の巫女・比丘尼には、そうした性格が強かった。

『梁塵秘抄』の歩き巫女は、「田子の浦に潮汲む」とあるが、第六章で述べたように、田子の浦は「手児の呼坂」の坂下にある。この歩き巫女も、『駿河国風土記』が書く、東海道を往来する男神（旅人）を呼ぶ「手児の呼坂」の女神であったのだろう。

特定の人との性行為のみを認め、不特定の人との性行為を「悪」とみる発想では、巫女や比丘尼の娼婦化は「女性の弱さ」「男性優位社会」の結果としか見えないだろう。そうした面も全面的には否定しないが、古代からの「ハレ」の性に根があったことを認めないと、実体は見えてこない。

不特定の人と交わる性が「ハレ」の性であったからこそ、『万葉集』で高橋虫麻呂は、こうした性を、神の「禁《いさ》めぬ行事《わざ》」とうたっているのである。しかし実体が見えない人たちは「乱交」という。こうした性は「乱」ではなく、「神事」である。この神事については、第一～四章で実例をあげて述べたが、「乱交」とみなす警察によって、すべて禁じられてしまった。

一般の男女は、ハレの日・ハレの所でのみ、神に化身して神遊びをした。彼らはいつでも不特定の人と交わることはできなかったが、遊女・巫女・比丘尼はいつでも交わった。それは、彼女たちが神仏の化身とみられていたからである。

「遊女の如くなれる」巫女

『倭訓栞《わくんかん》』（谷川士清著、前編四十五巻は安永六年〔一七七七〕から文政十三年〔一八三〇〕、中編三十巻は文久二年〔一八六二〕、後編十八巻は野村秋定が補訂して明治二十年〔一八八七〕に刊行された）に、

熊野比丘尼といふは紀州那智に住て山伏を夫とし、諸国を修行せしが何時しか歌曲を業とし、拍板《びんささら》をならして謡ふことを歌比丘尼と云ひ、遊女と伍をなすの徒多く出来れるをすべて、其歳供を受けて一山富めり。この淫を売るの比丘尼は一種にして、県御子《あがたみこ》とひとしきもをかし。

とあり、熊野比丘尼・県御子は「淫を売る」としているが、西鶴の『好色一代男』にも、「県神子《あがたみこ》も望めば遊女の如くなり」とある。

『好色見合』の大原神社の条には、

千早かけて菅笠、家々に入って鈴を振り、幾度も神をひるがへして舞ひぬる。（中略）神子《みこ》は暖簾の内に入れば、如何やうのやりくりもなる事なり。しかのみならず、すこし手占を頼みたいといへば、二階へも奥の間へも呼ぶ所へ来る。何なりと占はせて、世の咄するに、それしやの女あぢには

気が遠くなり、あののもののと濡れかける。

とある。

江戸では、「口寄巫女《くちよせみこ》」「市子《いちこ》」ともいったが、彼女たちには、「土手組」と「仰向け笠」の区別があった。「土手組」は昼は口寄（託宣）を行ない、夜は土手で売色をするからであり、「仰向け笠」は、市内を流し歩き、男の客に呼ばれたとき、被っている菅笠を入口に仰向けて置けば応諾、うつ伏せに置けば拒絶の意思表示をしたからである。

荒井白蛾が『関の曙』（巻上）に、「江戸にて三月ごろ箏笠《すげがさ》を着て町々を過る女は口寄みこ也。それ故江戸の女子に、箏笠を着るもの一人も無し」と書いているように、菅（箏）笠は、口寄巫女（市子）の看板であった。したがって江戸川柳に、

寄せ中候と竹笠ころばせる　（「柳樽」十五編）

笠の置きやうで男の口も寄せ　（「柳樽」三十六編）

とあり、口寄と笠と売色をからませて詠んでいる。また、

竹笠をうつ向けられて萎えるなり　（「末摘花」三編）

という川柳もある。

笠を口寄せ巫女がかぶる由来について、『俚諺集覧』は、「靈姑《イチコ》、市中を歩くに竹ノ子笠の蒲鉾なりを被りたるを其の印とす。此笠は甲斐の信玄より下されしものと云ふ」と書くが、『梁塵秘抄』の、「遊女《あそび》の好むもの」をうたったなかに「簦翳し《おほかさかざし》」とあるから、漂泊する遊女や巫女の代表的持物が、笠だったのである。

中山太郎は、この笠を『俚諺集覧』が「甲斐の信玄より下されしもの」と書く理由について、巫女村といわれる長野県小県郡禰津《ねづ》村に伝わる文書に、巫女の祖の「千代女房」が武田信玄から「甲信両国神子《み》頭《こ》」に任ぜられたとあることによるとみて(16)、笠をかぶって「江戸市内を歩き廻った巫女の多くは、信州巫女であった」と書いている(17)。

そして、「紀州の田辺町では、信州から来る巫女を『白湯文字』と称した。而して江戸期になると、京都、大阪、筑前、伊勢、能登などの各地で、私娼の一名を『白湯文字』と呼んだのは、恐らく此の信濃巫女が伝播した不倫に原因してゐるのではあるまいか。私の生まれた南下野では、信州から来る『歩き巫女』は、私娼と同じ営みを辞さなかったと聞いている」と書き、さらに、

「民族」第三巻第一号に、

越後山寺では、神降ししてゐたモリ(市子)が、どうして神様がのらッしゃらぬ、どうしたゞかや」と独言を云って嘆ずると、「貴様に俺がのらう道理がない、俺は今日はのらんわい、今朝夜明けまで、若い衆が、入替り立替り、のりッ通して居たぢゃないか」と不謹慎に混ぜ返した者があった。

と載せてある。是等は元より、一場の戯談にしか過ぎぬとは思ふけれども、またこうした醜行の多かったことは否定されぬのである。

猶ほ此の場合に、併せ考へて見なければならぬことは、民間において、市子と関係するのを、幸福を増し、利益《リヤク》を加へるものと迷信した土俗の存したことである。信州の松本市附近の村落では、昔は此の迷信が強く行はれてゐて、旅をかけた市子が来ると、その宿を若者が競うて襲うたものだ

と云ふことである。かゝる迷信が何によって発生したか、更に此の迷信が何時《イツ》ごろから、何れの地方にまで行はれたか、他に類例を知らぬ私には、全く見当のつかぬ問題ではあるけれども、田舎わたらひの巫女の性的半面に、斯うした迷信の伴うてゐることは、注意すべき点だと考へたので、附記して、後考を俟つとする。

と書いている。(17)

中山は、巫女に神がのることと、若い衆が巫女にのることを、「一場の戯談」としているが、遊客が神に見立てられていることは、『梁塵秘抄』や「伊勢神歌」の例をあげてくりかえし述べた。巫女との交わりは、中山の書くような「醜行」ではなく、「神遊び」であった。松本付近の習俗を中山は「迷信」とみるが、けっして「迷信」ではない。『沙石集』に載る「歩キミ子」が神の示現した姿であるように、市子は神とみられていたから、市子と関係すれば、「幸福を増し、利益を加へる」と考えられたのである。もちろん、中山のあげる事例の大正時代には、市子を神とみる考えはなくなっているが、幸福や利益を得るということだけはいい伝えられていて、「迷信した土俗」になっていたのである。

西鶴の『男色大鑑』（巻二）に、

竈拂《かまどはら》ひの巫女、男ばかりの家を心がくる。

とある。「竈拂ひ」をする巫女が男所帯を心がけて回っているように、江戸時代の巫女は「売色」の面が強くなっているが、「竈拂ひ」の神事が表向きの専業であったことからみても、神婚的要素は消えていない。

『好色一代男』巻三、「口舌の事ふれ」には、あら面白の竈神や、お竈の前に松植えてと、清《すず》しめの鈴を鳴らして県御子《あがたみこ》来《きた》れり。（中略）望めば遊女の如くなれるものなり。それ呼び返して男住居の宿に入れて、その神姿取おかして、新たに女体あらはれたり。勝手より御神酒《おみき》出せば、次第に酔心、かたじけなき御託宣……（後略）

とある。まず神の化身を示す「神姿」であらわれ、「清しめの鈴を鳴らして」「竈拂ひ」の神事を行なうときは「巫女」そのものであり、「神姿」から「新たに女体あらはれ」たときは「遊女」のごときなのである。

この巫女が、「遊女の如くなれる」のちのことを、西鶴は、

名残の神楽銭、袖の下より通はせて、見るほど美しく、淡島殿の妹かと思はれて、お年はと問へば、嘘なしに今年二十一社、茂りたる森は思ひ葉となり云々

と書く。「神楽銭」は売色の枕銭、「二十一社」は二十一歳、「茂りたる森」は陰毛をいうが、西鶴にとっては、県巫女の実像はこのようなものであった。

見物も悦びのある鈴を振り　（「柳樽」一編）
尻目などつかひ神楽を奏すなり　（「柳樽」十一編）
神楽堂目にかゝる迄おして出る　（「柳樽」十六編）
神楽堂しまひにきざな目をふさぎ　（「柳樽」十六編）

などの川柳の「神楽」も、西鶴の「神楽銭」と深くかかわっているが、銭も神楽《かみあそび》のための供物である。

「遊女の如くなれる」比丘尼

『倭訓栞』は、熊野比丘尼も県巫女と同様に「淫を売る」と書くが、京都の熊野比丘尼について『艶道通鑑』（正徳五年〔一七一五刊〕、増補《ますほ》残口《ざんこう》著）は、

朝ぼらけより黄昏まで、所さだめず惑ひ歩く、日向《ひなた》くさき歌比丘尼の有様、昔は脇挟《わきはさ》みし文匣《ぶんこ》に巻物入れて、地獄の絵説《ゑとき》し血の池の穢れをいませ、不産女《うまずめ》の哀れを泣かする業《わざ》をし、年籠《としごも》りの戻りに烏牛王《からすごわう》配りて、熊野権現の事触れめきたりしが、いつの程よりか隠し白粉に薄紅つけて、附髪《つけかみ》帽子に帯巾の広くなり、知らぬ顔にて思はせ風俗《ふり》の空目《そらめ》づかひ、歩み姿も腰すへての六文字、米かみで菅笠が歩くと笑はれしは昨日になりて（中略）。

筏に乗りて川狩を嬉しがり、饅頭に飽て西瓜好きする僻者共は、「さっぱりとしたるが面白し」と、斎明《いみあき》にも精進堅《しやうじんかため》にも及《し》くものなしと、是を弄ぶぞかし。


と書く。

大阪の比丘尼については、西鶴の『好色一代女』（巻三）「調謔の歌船」の条に、

川口に西国舟の碇《いかり》おろして、我故郷の嬌々《かか》思ひやりて淋しき浪の枕を見かけて、其人に濡袖の歌比丘尼とて、此津に入乱れての姿舟、艫《とも》に年かまへなる親仁ゐながら楫とりて（中略）、勧進といふ声も引切らず。流行節を謡ひそれに気を取り、外より見るもかまはず元船に乗り移り云々

とある。

荒井了意（一六一二〜一六九一）の『東海道名所記』（万治二年〔一六五九〕刊）も、東海道を遊行する比丘尼について、

いつころか、比丘尼の伊勢・熊野にまうでゝ行をつとめしに、その弟子みな伊勢・熊野にまゐる。

この故に熊野比丘尼と名づく。其中に声よく歌をうたひける尼のありて、うたふて勧進しけり。その弟子また歌をうたひけり。又熊野の絵と名つけて、地ごく極楽、すべて六道のあり様を絵にかきて、絵ときをいたし、おくふかくおはします女房達は、寺詣で、談義なんどもきく事なければ、後世をしらぬ人のために、比丘尼はゆるされて仏法をもすゝめたりける也。

いつの間にか、となへ失なふて、くま野・伊勢には詣れども、行をもせず、戒をやぶり、絵ときをもしらず、歌を肝要とす。みどりの眉ほそく、うす化粧をし、歯は雪よりも白く、手あしに胭脂《べに》をさし、紋をこそつけねど、たんがく染、せんさいぢや、黄がらちや、うこん染、くろちや染に、白裏ふかせ、黒き帯に腰をかけ、裾《すそ》けたれて長く、黒きぼうしに頭《かしら》をあぢにつゝみたれは、その行状《なりふり》はお山風になり、ひたすら傾城・白びやうしになりたり。

と書いている。

荒井了意は、傾城《けいせい》(遊女《ゆうじょ》)・白拍子と同じになる前は、比丘尼は「売色」はしなかったとみているが、漂泊する巫女・比丘尼は、かつての遊行女婦と同じで、神妻としての一夜妻の要素、つまり遊女《あそびめ》的性格を、本質的にもっていた。その本質が忘れ去られ、売色の面のみ強くなったのが、了意が接した比丘尼たちなのである。

E・ケンペルが書き留めた『江戸参府旅行日記』の元禄四年(一六九一)の記事に、旅行中に見た比丘尼のことを、「彼女たちは、ほとんどが、われわれが日本を旅行していて姿を見たうちで最も美しい女性である」と書き、四日市で会った比丘尼について、

何人かのうら若い比丘尼のことにも少し触れておくが、彼女たちも旅行者に近づいて物乞いし、幾

つかの節のない歌をうたって聞かせ、彼らを楽しませようと努めていた。また望まれれば、その旅人の慰みの相手になる。彼女たちは山伏の娘で、上品で小ぎれいな身なりをして歩き、仏門の生活に身を捧げていることを示す剃った頭を、黒い絹の布で覆い、軽い旅行笠をかぶって太陽の暑さをさけている。

と書いている。[18] 荒井了意が接したのと同じ時代の熊野比丘尼の姿である。このように、漂泊の巫女・比丘尼の実態は、ほとんど同じである。

漂泊の巫女や比丘尼が伝承していた八百比丘尼伝説の八百比丘尼は、八百姫明神として祭られている。彼女は人魚の肉を食べて八百年も長生きしたというが、常に十六・七歳の処女のごとくであった。三十九度他家に嫁したあと、比丘尼になって諸国を巡ったという（婚数は伝承によって一定していないが、どの伝承も結婚回数は非常に多い）。このような結婚した数の多さは、多くの男と接した巫女・比丘尼の実態の反映であろう。

「マレドレ」と「ヰリドレ」

巫女・比丘尼と遊女の関係は、奄美大島や沖縄の例をみれば、その本質の同質性が理解できる。奄美大島では、遊女を「ドレ」「ゾレ」というが、「マレド（ゾ）レ」と「ヰリドレ」にわかれる。

柳田国男は、「マレドレ」は「村々を渡りあるく者、文学の言葉でいふならば遊行女婦、又はウカレメの名によって知られて居た女たち」と書き、「ヰリドレ」は定住していた者と書く。[19] 前章で述べたように、「遊行女婦」は「マレドレ」と「ヰリドレ」の両方の要素をもっており、「マレドレ」は歩き巫女や歩き比丘尼に近い。「マレ」は「客人」の「マレ」である。

柳田国男は「マレド(ゾ)レ」について、さらに次のように書く。

島の故老たちの記憶によれば、ドレは一年に何回か、大よそ廻って来る季節が定まって居り、隣の村々の噂が先づ伝はるので、心待ちに待たれて居た。宿はどうしてきまるか明らかでないが、多分は行商などの場合も同様に、毎年のトクイ、即ち縁故ある家が有ったのであらう。いよ〳〵到着したと聴くと、それへ村中の男たちが集まって来て、酒と歌とのまどゐが始まるのであった。誰が一夜の主となるかといふことは、古来の掟があってさう大きな問題ではなかったらしい。(中略)ドレの職分は広汎であって、枕席はたゞ一種の副業に過ぎなかったことは、芸妓といふものゝ方に近かったことであろう。[20]

柳田は、遊女が枕席にはべるのも「一種の副業」で、歌舞の芸が本業とみており、性の視点を軽視しているが、歌舞の遊びは、神婚儀礼の神遊びに至る前座である。「ヰリドレ」は神の一夜妻だが、「マレドレ」は客人《まれびと》として訪れる女神だから、「誰が一夜の主となるか」は「古来の掟」があったのである。「古来の掟」は「さう大きな問題ではなかった」のではなく、「大きな問題」であった。

そのことは、柳田が奄美大島のある小島で聞いた話からも裏づけられる。

これはヤマトの方にも例の多いことだが、少年が成長して一人前の男となる境目に、必ず履まねばならぬ儀式の一つとして、女の添臥しといふことが予定せられて居た。霊山の麓や大きな神社の傍などに、遊び宿の有るのは其為だったと言はれて居るが、島の人口が限られて居るので、さらに大きな機関の必要はない。村にただ一人のドレがあっても十分だった。それがここでは段々に年を取って、もう新たに相続をする者もなく、最期の一人などはもう大へんなお婆さんであった、というような哀れな話もあった。[19]

この記述からみても、ド（ゾ）レが歌舞のために存在したのではないことは、明らかである。

折口信夫は、奄美大島の喜界島の「天者腹《てんじゃばら》」といわれる家の祖先は、天から降りて来た女神で、村人は尾類《ずり》（遊女）が降ったといったと、「琉球の宗教」で書いている（「ズリ」は「ドレ」のことで、主に沖縄でいう）[21]。天から寄り来る女神は、「ズリ（ドレ）」といっても「マレズリ（ドレ）」である。

折口は、「古代日本文学に於ける南方要素」では、

　沖縄の羽衣伝説といふべきものは、非常に簡単です。羽衣伝説に出て来る女性は、天女ではないのです。奄美大島に近い喜界島に参りますと、天女どころか、どれ（沖縄の語ではずり）——尾類、即、遊女だとさへ言って居ます。（中略）つまり遊女が、羽衣伝説に出て来ます。沖縄本島へ行きますと、其が巫女です。場合によってはのろとかつかさなど申す神女、といふ風に表現せられて居るのです。此が人間と結婚することになって居る。神そのものではない。神に近いものです。

と書いている[22]。遊女（ドレ・ズリ）は、神に近い天女・神女とみられていたのである。

沖縄の遊女「ズリ」

沖縄では遊女を「ズリ」というが、金城朝永は「琉球の遊女」で、

　那覇は僅か六万余の人口で（昭和七年頃の人口——引用者注）、三千の遊女を擁してゐる不思議な市であって、仮に人口の三分の一、二万を青年以上の男子とし、遊女の中から、老妓と雛妓を除いた

二千を、純粋の遊女とすると、男子十人に対する遊女一人位の平均になる。（中略）男子にして、遊女を買はない者が驚嘆の眼で以て見られ、結婚前は勿論のこと、その後に於ても、公然と遊女に接してゐるし、又その妻も之を許容してゐる、と云ふより、一般の永い習俗であるからには、自ら一種のあきらめを以てゐて、夫の女郎買に焼餅をやく女が、嫉妬心の強い女として、女同志からも軽蔑な眼を向けられる程で、「ズリ・ユブル・ヂンブヌン・ネーン」（女郎を買ふ知恵もない）と云ふ話は「無能な男」と殆ど同義語である。以前は、夫を一人前の男にしてやる為めに金をやって遊女屋へ送り出した女もゐたと云う事さへ、決して珍しくはなかった。琉球の女達がかう考へる様になるには色々の理由があった。四十余年前までは、琉球の一般の男子――那覇人のみに限らず――は十三祝（日本の昔の元服式・即ち成年式）が済むと、その父みづからが息子を馴染みの女郎屋に連れて行って「ハチ・ズリ」（初女郎）を買って男にしてやる風があったし、那覇に於ては結婚の場合花婿たるべき男は、数日前に親友数人をその馴染みの女郎屋に招待して、「ビントウ・ビラチ」（弁当開き）と称する前披露の宴を張り、結婚当夜はこれらの親友に伴はれて式場から直に前記の女郎屋に泊り込み、数日経た後で花嫁と同衾すると云う習俗がある。結婚は決して遊女との絶縁を意味するものではない。花婿はその数日の間に、遊女との今までの親交の別離を惜み、兼ねて将来家庭上の助力と情交をも約し、第二期の関係に移るのである。遊女も亦、以後はその家庭に出産、病気、祝宴、葬礼がある場合には公然と手伝いに来る。かくの如く遊女は男を通して家庭生活にまでも深く食い込んで来てゐるのである。

と述べている。(23)

このような琉球人の遊女観は、伊波普猷が、

琉球には尾類《ズリ》と称する一種特別の売笑婦がゐるが、その由って来たるところが判らない。彼女等自身が自分等の鼻祖は御姉妹《オミナシベ》（王女）であると云ってゐることや、一種の神を祭り、兼ねて遊廓内の一切の世話を焼く長老が、牡前《オイメー》と云われていることや、老妓が巫女同様に世間の人から一種の尊敬を払われているところなどを見ると、尾類の鼻祖は、やはり他の民族の歴史に於いて見るやうに、神に仕へる巫女にして売笑を兼ねたもので、その歴史も亦た琉球の歴史と同じ古さを有ってゐるものと思われる。

と書いているように、(24)巫女と遊女の関係の深さによるのであろう。

「牡前《オイメー》」は、遊廓の楼主のなかで力量・人望のある者が選ばれるが、楼主はすべて女性で、元はズリであったものが多い（本土の院政期や中世の「遊女長者」も、「牡前」と同じである）。牡前の一人が白堂《しらどう》の拝所《おがん》に仕え、もう一人がクバツカサ（高級巫女）に仕えているのは、老ズリ（老妓）が巫女と同格に尊敬されているのと共通する。

高級巫女の最高位の「聞得《きこえ》大君《おおきみ》」には王妹がなるが、ズリの始祖で那覇の辻遊廓の開祖は、尚真王の世子浦添王子尚維衡の妃といわれており、王妃である。このように、最高巫女には王妹がなる慣習があり、遊女の祖を王妃とする伝承があるのは、巫女・遊女の根が同じとみられていたからである。

中山太郎は、「ズリが守護神の祭日——すなわちズリの鼻祖尚王妃の命日である毎年旧正月二十日に行う『ズリ馬』と称する祭典は、全く娼婦が中心となってゐる。然もこの祭典を目撃された同地出身の友人金城朝永氏の談によると、ノロが祭祀に列するために着用する神聖なる式服と、このズリ馬に出る

娼婦の盛装とが悉く同一であるということは、ズリとノロの間に深甚なる交渉のあったことを考えさせる」と書き（巫女を「ノロ」という）、「琉球の娼婦は初めノロから出て、拝所《をがん》を中心として生活してゐたことが想像される」と書いている。[25]

折口があげる事例からみても、ズリ・ド（ゾ）レといわれる遊女、またはノロ・ツカサといわれる巫女は、女神・天女の化身とみられていた。このような遊女・巫女についての見方は、本土にもあったが、沖縄や奄美には、そうした見方が本土よりも強く残っていたのである。

金城朝永が、昭和初年の沖縄のズリ馬祭について、「遊廓の行事と云ふよりも那覇の町にとってその年中行事中の大きなもの丶一つに数へてもよい位で、是は旧正月廿日に挙行されるので、土地では『廿日正月』といへば、『尾類馬《ズリウマ》行列』を意味してゐる程有名なものである」と書いているように[23]、沖縄では遊女の祭りが一大年中行事になっていることからみても、本土の人々より沖縄の人々のほうが、本来の遊女観を失っていなかったといえる。

以上述べてきたように、遊女と巫女は根が同じである。極論すれば、神妻としての卑弥呼や天照大神（原像は「日女」）は、巫女だけでなく、遊女の祖といっていい。したがって、第十三・十四章で詳述するが、遊女の祖は、沖縄のズリの祖が王妃・王女であるように、本土でも皇妃・皇女になっている。

第八章　遊女と天皇

宇多天皇と遊女

「遊女」の初見史料は、『倭(和)名抄』だが、『倭名抄』の成立した承平年間（九三一～九三八）から二十年余たった頃、『大和物語』が成立している（天暦五年（九五一）頃）。この『大和物語』に、宇多天皇（八六七～九三一）と遊女の記述が載る（『大和物語』百四十六）。

「亭子の帝」は「鳥飼の院」（大阪府三島郡にあった離宮）で、「例の如、御遊」をした（この遊びの時期は、天皇のときか法皇になってからか不明だが、一般に法皇のときとみられている）。「御遊」の相手の遊女のなかから、大江玉淵の娘を召しているが、召した理由は、「声おもしろくよくあり」「様《さま》かたちもきよげなりければ」とあり、遊女のなかから、特にすぐれた美声と美貌の持主が召されたのである。「上に召しあげ給ふ」は、当然、離宮の夜の寝所にも「召す」意である。

『大和物語』は、この話の前にも（百四十五）、「川尻におはしましにける」ときに、遊女の「しろといふもの」を召したと書いている。「川尻」は河口の意である。

『古今集目録』は、「白女、大江玉淵の女と云々、遊女也。摂津江口辺に住む」と記し、『尊卑分脈』も、大江玉淵の女子について、「白女、古今集作者」と書き、『大和物語』百四十五に載る遊女「しろ」

と、『大和物語』百四十六に載る遊女「大江玉淵の女」が、一つになっている。

百四十五の遊女「しろ」の記述によれば、彼女の歌に感動した法皇は、涙まで流され、着ていた「袿《うちき》一襲《ひとかさね》・袴《はかま》」を給い、そばにいた人たちに向かって、「この女に衣服を脱いで与えない者は、席を立ちなさい」といったので、みんなが着ていたものを脱いで与えたという。

当時の遊女は、帝皇の「御遊」の相手をしているのである。彼女は江口の遊女だというが、『大和物語』より百年余あとに書かれた『遊女記』は、河内の江口（大阪市東淀川区江口）、摂津の神崎（尼崎市神崎）、蟹島《かしま》（大阪市西淀川区、神崎川を隔てて神崎の対岸）の遊女（神崎・蟹島が『大和物語』の「川尻（河口）」である）について、

倡女《うため》、群《たむろ》を成して、扁舟に棹さして旅船に着き、もって枕席を薦《すす》むと書き、

上は卿相《けうしやう》より下は黎庶《れいそ》に及《いた》るまで、牀笫《ゆかむしろ》に接《みちび》き、慈愛を施さずといふことなし

と書く。「牀笫」とは、床の上面を竹で編んだもので、「閨房」を意味する。

『遊女記』よりやや前に書かれた『新猿楽記』も、

十六の女は、遊女・夜发《やはち》の長者。江口・河尻の好色なり。慣うるところは河上の遊蕩が業。

と書いている。「遊蕩の業」は「枕席を薦む」ことで、「慈愛を施さずといふことなし」なのである。

遊女己支《こき》と住んだ元良親王

『大和物語』（百四十五）によれば、「南院の七郎君」（光孝天皇の孫で宇多天皇の甥の参議源清平（八七七〜

九四五）は、遊女「しろ」（『古今集目録』は白女を江口辺の遊女と書くが、『大和物語』は「川尻」と書くから、『新猿楽記』の「江口・川尻の好色」の川尻で、神崎・蟹島の遊女である）の「すむあたりに、家つくりてすむ」といったので、宇多法皇は七郎君に「しろ」を「給ひあづけける」と書く。「給ひあづけける」とは、「預かって世話をするように仰せつけられた」の意だが、彼はこの意にしたがって、「常になむとふらひかへりける（いつも訪れて面倒をみたということだった）」と、『大和物語』は結んでいる。

七郎君は、宇多法皇の兄の是忠親王の七男だから「七郎君」と呼ばれたのだが、彼が遊女しろの家の近くに家をつくるというのは、単に近所に家を建築したのではなく、面倒をみるために遊女の家を建てたのである。

皇族が遊女と一緒に住む例は、他に陽成天皇の第一皇子の元良親王（八九〇〜九四三）がいる。「南院の七郎君」と元良親王は、次の系譜が示すように、同時代の皇族である。

元良親王は、『元良親王御集』によれば、「宮、うかれ女己支《こき》と住み給ふ」とある。遊女己支の家に住んだというが、遊女の茅屋に親王が住めるはずはない。親王の愛人になった遊女のために家が建てられ、その家に「住み給ふ」たのである。「南院の七郎君」が建てた家も、遊女しろの住む家であり、その家

は七郎君が「常になむとふらふ」ためのものであった。

元良親王は、遊女己支の家に「住み給ふ頃」、

独りのみ　世に炭竈《すみかま》に　くゆる木の　絶えぬ思ひを　知る人ぞなき

いとへども　うき世の中に　炭竈の　くゆる煙を　待つよしもがな

と詠み　遊女己支も、

帚木《ははきぎ》を　君がすみかに　いりくべて　絶えじ煙の　空に立つ名は

と返歌を詠んでいる（『元良親王御集』）。遊女己支が自分の住む家を「君がすみか」といっていることからも、親王自身が建てた家に「うかれ女己支と住み給ふ」たのである。

『遊女記』に、「妻《め》・妾《をうなめ》と為りて、身を没するまで寵《あい》せらる」とあるが、遊女己支はその一人である。彼女は美しかっただけでなく、歌も詠める才女であった。遊女しろも、「様かたちもきよげ」で「声おもしろくよし」であり、さらに、宇多法皇が感動して泣くほどの倡女であり、また、歌も作る才女であった。こうした遊女が、皇族や貴族に、「身を没するまで寵せ」られたのである。

勅撰歌集に歌が載る遊女たち

遊女しろは、『大和物語』によれば、

浜千鳥　飛びゆくかぎり　ありければ　雲立つ山を　あはれこそみれ　（百四十五）

命だに　心にかなふ　ものならば　何か別れの　悲しからまし　（百四十五）

あさみどり　かひある春に　あひぬれば　霞ならねど　たちのぼりけり　（百四十六）

という三首の歌を、「亭子の帝」の御前で詠んでいる。

このうち「命だに」の歌は、延喜年間（九〇一〜九二三）に醍醐天皇の命で最初の勅撰集として成立した『古今和歌集』（巻第八離別歌）に、「源実《さね》が、筑紫へ湯浴《ゆあ》みむとてまりける時に、山崎にて別れ惜しみける所にて、よめる」という題詞がついて、作者は「白女」とあるから、この「白女」を『大和物語』は、河（川）尻の遊女「しろ」にしているのである。

『十訓抄』は、白女の話を載せたあと、

肥後国の遊君檜垣嫗《ひがきのおうな》は後撰集に入り、神崎の遊女宮木は後拾遺集をけがす。青墓の傀儡名曳《くぐつなびき》は詞花集をゆり、江口の遊女妙《たへ》は新古今の作者也

と書く。

檜垣嫗の歌は、天暦年間（九四七〜九五七）に成立した村上天皇による勅撰集『後撰和歌集（後撰集）』（巻十七雑歌）に、

年ふれば　わが黒髪も　白川の　みづはくむまで　老いにけるかな

の一首が載り、遊女宮木の歌は、応徳三年（一〇八六）に成立した白河天皇による勅撰集『後拾遺和歌集（後拾遺集）』（巻二十釈教）に、

津の国の　難波のことか　法《のり》ならぬ　遊び戯《たは》ぶれ　までとこそきけ

が載る。傀儡名曳の歌は、仁平元年（一一五一）に成立した崇徳上皇の勅撰集『詞花和歌集（詞花集）』（巻六別《わかれ》）に、

はかなくも　今朝の別《わかれ》の　惜しき哉　いつかは人を　ながらへて見む

が載り、江口の遊女妙《たへ》の歌は、成立年代を一二〇〇年前後とみる御鳥羽院による勅撰集『新古今和歌集（新古今集）』（巻十羇旅歌）に、

世をいとふ　人とし聞かば　かりのやど　心とむなと　おもふばかりぞ

という一首が載る。

このように、遊女のなかには、勅撰和歌集に歌が載るような人がいた。『倭名抄』が、

一云白昼遊行謂之遊女　待夜而発其淫奔者謂之夜発

と書くのは、遊女は夜《や》発《はち》とちがって「白昼遊行」して歌を作るからである。筑紫に住む遊君檜垣は『大和物語』によれば、大宰大弐の館で紅葉を詠んだり、風流人に呼ばれ、歌の難題に見事に答えて詠歌したりしている。こうした「白昼遊行」のあとは、夜発と同じ行為があった。『大和物語』は、京に去った男を思いやって詠んだ、

人を待つ　宿は暗くぞ　なりにけり　契《ちぎ》りし月の　うちにみえねば　（百二十九）

という歌を載せている。

筑紫の大宰府の官人と接している遊君檜垣は、大宰府の遊行女婦児島の後継者といえる。

藤原定家の『明月記』の建仁三年（一二〇三）五月十三日条に、

雨降時々止。巳時参上。御㆓向殿㆒、小時還御。遊女着坐、神崎の妙《タヘ》すべりて顚仆、俄給㆓六首題㆒。即詠進。

とある。この遊女妙は神崎の遊女で、江口の遊女妙とは別人である。

神崎の遊女妙は、定家と共に後鳥羽上皇の御前に召されている。このとき、中納言公経、二位中将通

光、三位光通らの高官も歌を詠進しているが、土御門天皇の前ですべって顚倒した遊女妙は、「六首題」を俄《にわか》に給わっても、ただちに詠進している。

このように、奈良・平安・鎌倉時代に至るまで、「遊行女婦」「遊女」「遊君」と書かれた女たちは、作歌の才をもって遊行している。

巫女起源説の柳田国男やその同調者も、巫女起源を批判する瀧川政次郎・服藤早苗も、遊女は歌舞を主とし、売色も行なったとみているが、ほとんどの論者には作歌という点が欠落している。巫女と遊女のちがいは、遊女は歌を作るが、巫女にはその才がない点である。服藤早苗が指摘する遊行女婦の「準女官的性格」（二六七頁参照）も、歌舞より作歌の視点で考えるべきである。

遊女との間に皇子をもうけた後白河法皇

宇多法皇は元良親王のように、遊女と「住み給ふ」ことはなかったが、後白河法皇は、遊女を「妻妾と為して、身を没するまで寵《あい》」している。後白河は、天皇の在位は四年間（一一五五〜一一五八）だったが、第一皇子の二条天皇に譲位して上皇となり、仁安四年（一一六九）に出家して法皇になってから、亡くなるまで（一一九二年薨）の三十余年間、二条・六条・高倉・安徳・後鳥羽の五代の天皇（すべて後白河の子と孫）の上に君臨し、院政をしいていた。その間、江口の遊女を後宮に入れ、従二位の女房にし（「一臈丹波局」という）、皇子をもうけている。その皇子は、六十三代天台座主《ざす》の承仁法親王である（『玉葉』『山槐記』『天台座主記』）。承仁法親王が生まれた嘉応元年（一一六九）は、後白河院四十三歳であった。

『玉葉』安元二年（一一七六）十月二十九日条に、

法皇皇子 遊女腹。権右中弁親宗朝臣養之 参二内裏一、主上（高倉天皇）養以為レ子

とあり、『山槐記』には、

法皇若宮 建春門院御猶子。実遊女一臈腹、号丹波局、御年七歳。蔵人右小弁親宗奉養之。 為二天台座主権僧正明雲 故大納言顕通卿子 弟子一。

とある。『天台座主記』にも「江口遊女」とある。

「遊女腹」に生まれた皇子は、生まれると法皇の女御建春門院（平滋子）の猶子《ゆうし》となり、七歳のときには高倉天皇の養子となり、親宗朝臣が養育している。このように、「遊女腹」でも差別されていないことからも、当時の遊女観がうかがえる。

遊女を母とする公卿たち

遊女は「上は卿相より、下は黎庶に及るまで」、上下を問わず閨房を共にし、「慈愛を施す」と『遊女記』は書き、さらに、

長保年中（九九九〜一〇〇四）、東三条院（一条天皇の母、藤原詮子）は住吉の社・天王寺に参詣したまひき。この時、禅定大相国《ぜんぢやうだいしやうこく》（関白・藤原道長）は小観音（江口の遊女）を寵せり。長元年中（一〇二八〜一〇三五）、上東門院（一条天皇の中宮藤原彰子）また御行《みゆき》ましましき。この時、宇治大相国（関白・藤原頼通）は、中君（江口の遊女）を賞《もてあそ》ばれき。

と書いて、公卿（『遊女記』の「卿相」。大臣・大中納言・参議および三位以上の人をいう。上達部《かんだちめ》ともいう）が遊女を「寵《あい》」している例をあげている。

しかし、後白河法皇の場合は、これらの公卿が江口で行きずりの遊女小観音・中君に、「慈愛を施」

したような寵し方ではなく、元良親王が遊女己支と一緒に住んだように、「妻《め》・妾《をうなめ》と為りて、身を没するまで寵せらる」と『遊女記』が書くような寵し方を、遊女に対して行なった。その結果、江口の遊女の丹波局との間に皇子をもうけたのである。

瀧川政次郎は、『公卿補任《くぎようふにん》』に載る遊女・白拍子・舞女を母とする公卿を例示している。

徳大寺実基。母は白拍子五条夜叉（承久元年条）
藤原信能。母は江口の遊女慈氏（承久二年条）
藤原基氏。母は舞女（白拍子）阿古（寛喜三年条）
藤原兼高。母は江口の遊女木姫（嘉禎三年条）
藤原資能。母は舞女牛玉（建長三年条）
西園寺実材。母は舞女（建長六年条）
阿野公寛。母は舞女若（文永六年条）
洞院公尹。母は白拍子（正応元年条）
堀川顕世。母は白拍子（正応五年条）
葉室頼藤。母は遊君（永仁二年条）

これらの公卿について瀧川は、「以上はいずれも鎌倉時代の公卿補任であって、平安時代の公卿補任にはかかる記事は見られない。しかし、平安時代においても、遊女を妻妾とした者は少なくなかった」と書いてその例をあげ、「平安時代の公卿補任に『母は遊女某』の記事が見えないのは、この時代には遊女の生んだ子は、『江口腹』と称してこれを卑しめ、要路に立たしめることがなかったからであると思う。それが鎌倉時代になると、『腹は借り物』という思想が武士の間に起こり、それが公家階級の間にも伝染して、賤しい女の腹に生まれた子も、器量さえすぐれていれば挙用されることになったので、公卿補任に江口腹の者が多く名を列ねるに至ったものではないかと思う」と書いている。(1)

瀧川の見解も一理あるが、鎌倉時代になって、母をはっきり江口の遊女・舞女・白拍子・遊君と記すのは、「『腹は借り物』という思想」によるだけではないだろう。「腹は借り物」の思想は、鎌倉時代に入って武士の間に起こったものではなく、それ以前からあった。したがって、遊女との間に生まれたことを堂々と明記することを平安時代について『公卿補任』がはばかったのは、公式に書き継がれる記録であったため、一つの節度としての処置だったのであろう。ところが、法皇自身が遊女に皇子を生ませ、そのことを隠さず、堂々と天台座主にすえたことから、遊女から生まれた公卿も、はっきり母の出自を隠さずに明記するようになったと、私は考えたい。

瀧川は、遊女を「賤しい女」ときめつけているが、当時の遊女は、くりかえし述べてきたように、聖と賤の両義性をもった特別な女であって、単純に「賤しい女」ではない。したがって、天皇が撰者になった勅撰和歌集に、遊女の歌が載っているのである。

当時、小学校があったわけではないから、字が読めて書けることだけでも知識人であった。遊女たちにはそれができた。のみならず、天皇の前で顚倒しても、「六首題」に答えてただちに詠進して、歌人定家を感心させる才能も持っていたのだから、瀧川のような、売色をする賤しい女という視点だけでは、遊女の実像は見えてこない。

遊女のうたう今様と後白河法皇

「遊女と天皇」というテーマでもっとも注目すべきは、遊女を女房にして皇子を生ませた後白河法皇である。後白河と遊女の深い結びつきは、今様ぬきには語れない。

『新猿楽記』を書いた藤原明衡の『雲州消息』に、江口での遊びを誘う手紙が載っているが、その文章に、

　遊女一両船　於二蘆葦之間一　発二今様之歌曲一　可レ謂二象外之遊一

すなわち、遊女の乗る舟は蘆葦の間にあって、彼女らは今様の歌曲を発すとある。『長秋記』にも、

　一舟之中、指二二笠一発二今様曲一

とある（「二笠」は「二人の遊女」をいう）。源師時らの舟に乗った遊女らも、舟上で「今様曲」をうたっている。

今様歌の定義は、時代や場合によってかなりの異同があるが、後白河法皇は、遊女らに今様を習ったあと、今様歌を集大成した『梁塵秘抄』と共に、後世への伝承を意図した『梁塵秘抄口伝集』を遺した。この『口伝集』は今様歌について、広義・狭義の二つの使い分けをしている。

広義の今様歌は、宮廷歌謡である神楽歌・催馬楽《さいばら》・風俗歌などに対して、新しく流行した新様式の歌謡、はやり歌（『口伝集』は「雑芸《ぞうげい》」と記す）を総称していう。『梁塵秘抄』は、「遊女の好むもの」のトップに「雑芸」をあげているが、この雑芸をさらに分類して、「ただの今様」「常の今様」といわれる今様が、狭義の今様歌である。この狭義の今様歌を遊女や傀儡女《くぐつめ》がうたい、後白河法皇が執心したのだが、

狭義の今様歌は、仏教歌謡の和讃や声明《しょうみょう》、雅楽の影響を受けた七五調の四句からなる。

清少納言は、「いまやううたは、長うてくせづいたり」（『枕草子』）といっているが、謡曲の謡い本に「クセ」とあるのは、今様の「クセ」を採ったものといわれるから、謡曲に近いものであったろう。

演奏形式は、無伴奏の場合と、扇や鼓などで拍子をとる場合があり、琵琶や横笛などの楽器を伴うこともあったというが、『更級日記』が今様を、「扇さしかくして、うたうたひたる」と書いているように、扇で拍子をとっていたのである。

『口伝集』で後白河法皇は、

そのかみ十余歳の時より今に至るまで、今様を好みて怠る事なし。……四季につけて折を嫌はず、昼は終日《ひねもす》に謡ひ暮らし、夜は終夜《よもすがら》謡ひ明かさぬ夜はなかりき

と書いている。法皇は今様を、大勢で、または数人で、あるいはただ一人でうたったが、あまりうたいすぎて、「声を破《わ》る事三箇度」、「喉腫《のどは》れて」もうたいつづけたという。喉の腫れをなおすため、湯水を呑んでも効かない場合でさえ、「構《かま》へて謡ひ出だしにき」と述べている。

母の死のあと、兄の崇徳上皇と同居していた後白河は、今様をうたうのをひかえていたが、二ヵ月もたたないうちに再び毎晩うたうようになった心境を、

好み立ちたりしかば、その後も同じやうに夜毎に好み謡ひき

と述べている。

この記述について、加藤周一は、「実は『好みたち……』どころではなくて、彼自身が抵抗できないほどの力で、今様の謡いにひきこまれていった、ということだろう。酒飲みが酒に、麻薬常習者が麻薬

に、博奕打ちが博奕にひかれるように。しかしまた芸術家が芸術にひかれるように、でもある」と書き、(2)『口伝集』について、「何よりもおどろくべきことは、今様に対する異様な執着であり、その情熱の激しさであろう。『口伝集』の後白河は、ほとんど気ちがいじみて、他の一切を忘れ、――現に『口伝集』は今様以外の周囲の情勢に、ただの一行も言及していない――、あるときは麻薬患者のように、またあるときは狂信者のようにみえる」と書き、(3)さらに次のように述べている。(4)

後白河にとって、今様が絶対的なものに近かったとすれば、今様に関するかぎり、相手の身分が問題になるはずはなかった。

……斯くの如き上達部《かんだちめ》・殿上人《てんじやうびと》は言はず、京の男女・所々の端者《はしたもの》・雑仕・江口神崎の遊女《あそび》・国々の傀儡子、上手は言はず、今様を謡ふ者の聞き及び我が付けて謡はぬ者は少くやあらむ

これは、法皇として、途方もない言分、ほとんど過激な言説であろう。上手な者はいうまでもなく、今様を謡うと聞きさえすれば、身分の上下は一切問題にしなかった、というのである。

加藤周一はふれていないが、後白河が遊女を愛し、遊女に皇子を生ませ、その皇子を天台座主にしているのも、今様への執心から、今様の名手である遊女に対し、他の人ほどの差別意識で接しなかったからであろう。

遊女と法皇の関係は、すでに宇多の例があるが、後白河は宇多よりも徹底していた。

安徳天皇(後白河天皇の第四皇子高倉天皇の第一皇子)の死後、皇位継承をめぐって、高倉天皇の遺子(第三皇子・第四皇子)と木曽義仲の推す以仁王《もちひと》(後白河天皇の第三皇子、第二皇子という説もある)の三候補のうち、誰にするかで難行したとき、江口の遊女出身の丹波局は、夢想によって第四皇子尊成親王がふ

さわしいと法皇に進言し、尊成親王が即位して後鳥羽天皇になっている（『玉葉』『源平盛衰記』）。この「夢想」をしたのは丹波局でなく、丹後局だとする説もあるが、遊女には巫女と同じ託宣の能力があるから、丹波局と考えられる。『口伝集』も、丹波局が夢想を後白河院に伝えたことを述べている（二六六頁参照）。(5)

「比類少キ暗主」といわれた後白河法皇

後白河法皇の院政下、法皇に常に批判的であった摂政関白従一位太政大臣の九条（藤原）兼実（一一四九〜一二〇七）は、前後約四十年にわたる日記『玉葉』で、後白河院を「黒白を弁ぜず」と書いている。また『玉葉』は、少納言藤原通憲（出家して「信西」、一一〇六〜一一五九）が後白河院を「和漢ノ間比類少キ暗主ナリ」といい、信西の子の俊憲も「晋ノ恵帝ト同様ノ愚物ナリ」といったと書いている。

通憲は後白河院の乳母の紀伊局朝子（紀伊守藤原兼永の娘）を後妻にしたため、後白河院の乳母夫《めのと》になり、後白河院を皇位につけるのに功績があった。保元の乱では、後白河天皇側の主役として活躍した。しかし、天皇の寵を藤原信頼に奪われ、平治の乱で斬首された。兼実・信西は学者で、著書もあり、特に信西は儒家の家に生まれ、「当世無双の厚才・博覧なり」といわれた人物である。儒家の立場からみれば、今様狂いの後白河院は、「暗主」「愚物」であったろう。また、公卿の筆頭の摂政関白の兼実からみれば、遊女を女房にし、遊女の子を天台座主にするような帝皇は、まさに「黒白を弁ぜず」であったろう。兼実が、遊女の好む今様に熱中する法皇について、信西父子のいったという「暗主」「愚物」説を日記に書きとめたのも、彼がこの説に共鳴していたからであろう。したがって、今様を法皇と一緒にうたう取り巻きの公卿たちを、悪しざまに、にがにがしげに、『玉葉』に書いている。

こうした酷評をうける後白河院の行動は、天皇になる前からのものであった。安田元久は、後白河は天皇になれるような人物ではなかったが、たまたま当時の政治情勢によって即位できたとし、天皇に不適格な理由として、今様に熱中する「遊芸の皇子」だったことをあげている。[6]

安田は、後白河天皇の皇子のときからの「今様狂い」は、皇位につけないための「反抗的な遊興」「反骨精神」によるとみている[6]が、皇位につけない「反抗」から今様に熱中したのなら、はからずも皇位についたあとは、「反抗」のための今様はやめて帝皇にふさわしい文武両道に目を向けたであろう。しかし、そのような事実はまったくない。皇位につくと、さらに今様に熱中している。

久寿二年七月、近衛天皇が薨《こう》じるや、二十九歳で皇位につき、翌年に保元と改元した。この年の七月に鳥羽上皇が薨じ、保元の乱が起きたので、今様をひかえていたが、保元二年になると、今様の師の傀儡女の乙前を宮廷に呼び、そのまま宮廷内の局に住まわせ、師事している。

榎克朗は、「当代無双の学者信西入道に、『当今《たうぎん》(後白河帝)、和漢ノ間、比類少キ暗主ナリ』と酷評されたのは、この頃のことであろうか」と書いている[7]が、榎が引用した文章(『玉葉』寿永三年〔一一八四〕三月十六日条)は、次のようにつづく。

謀叛ノ臣傍ニ在レド、一切覚悟ノ御心無シ。人コレヲ悟ラセ奉ルト雖モ、猶以テ覚ラズ。此クノ如キ愚昧、古今未見未聞ナルモノナリ。但シ其ノ徳二ツ有リ。若シ叡心果シ遂ゲント欲スル事有ラバ、敢エテ人ノ制法ニ拘ラズ、必ズ之ヲ遂グ(此の条、賢主ニ於テハ大失タリ、今愚昧ノ余リ、之ヲ以テ徳ト為ス。)次ニ自ラ聞シメシ置ク所ノ事、殊ニ御忘却無シ。年月遷ルト雖モ心底ニ忘レ給ハズ。此ノ両事徳ト為ス。

後白河院が、遊女を後宮の局に入れて寵愛し、その遊女の生んだ子を天台座主にしたことや、今様に熱中したのは、「若シ叡心果シ遂ゲント欲スル事有ラバ、敢エテ人ノ制法ニ拘ラズ、必ズ之ヲ遂グ」と、九条兼実が書く性格によるのである。中国の帝王学の教本『貞観政要』には、「君主はその好むところを慎むべし」とあるから、その反君主的な性格が、「暗主」「愚物」「愚昧」「黒白を弁ぜず」と側近たちにいわしめたのである。しかし、一方では平清盛・源頼朝を手玉にとっているから、頼朝は法皇を「日本一の大天狗」と称したと、九条兼実は『玉葉』に書きとめている。

このような人物が、遊女を女房にしているのである。

なぜ後白河法皇は遊女を女房にしたか

加藤周一は、「『大天狗』という言葉のなかには、尊敬は含まれていなかったとしても、一種の畏敬の感情は含まれていたろう。頼朝からみて、平家にその追討を命じるかと思えば、平家征伐を彼に依託し、義経と頼朝との兄弟争いにさえも介入して、時と場合に応じ、そのどちらかを支持する人物が、後白河法皇であった。政治的な策略にすぐれ、弟たちをみな殺しにして権力を独占した無慈悲な政治家、頼朝にとってさえも、権謀術数と残酷無慈悲において後白河は上手《うわて》にみえたのであろう。たしかに頼朝にとっての『日本一』は、彼自身か、測り知るべからざる『大天狗』か、どちらかであって、他の誰でもあり得なかったにちがいない」と書くが(8)、頼朝は、自分と法皇の「どちらか」が「日本一」だといっているのではなく、自分より上手だと脱帽して「日本国第一の大天狗」といったのであろう。

亀井勝一郎は、頼朝のこの発言について、「頼朝だけがその辣腕を見ぬいてゐたのかもしれない。あくまで鎌倉にふみとどまり、院勢力や寺社勢力の錯綜した京都に幕府を置かなかったところに、政治家として頼朝の鋭い眼光があった」と書く。(9) 頼朝は、政治家として自分より一枚上手の「日本一の大天狗」のいる京都を、意図して避けたのであろう。

加藤周一は、後白河法皇が「権力のための権力、それ自身の他に目的をもたない無慈悲な陰謀に、没頭することができた」のは、「彼にもう一つの世界があり、その世界が政治的世界に拮抗するだけの重みをもっていたからであろう」とし、「もう一つの世界」とは、「第一に宗教、第二に恋愛、第三に芸術」であり、この世界にくらべて政治の世界は、後白河院にとって「たかだか娯楽・気やすめ・暇つぶし・または自己偽瞞の装置にすぎない」とみる。そして、後白河院の生き方は「政治的『ニヒリズム』」であったと書く。(10) だが、後白河院は、ある意味では「ニヒリズム」からもっとも遠いところにいた。

加藤のいう「もう一つの世界」の宗教・恋愛・芸術は、政治の世界では考慮し配慮しなければならない身分・地位・血縁を無視できる。無視できる世界が後白河院の生きる世界であったから、身分が政治的に皇子から天皇、さらに上皇・法皇になっても、変わることなくその世界に没頭した。そこから政治の世界を見、政治を行なったから、後白河院の政治は、身分・地位・血縁、さらには政治上の約束なども無視し、加藤には「ニヒリズム」と見えたのであろうが、この無視こそが、長期にわたる後白河院政を維持しえた要素の一つであった。

保元・平治の乱以後、平家は全盛期に入る。平家討滅の謀議の鹿ヶ谷《しし》事件で、大納言成親や俊寛らが斬られ流されたりするが、この事件の真の張本人は後白河法皇である。法皇は、保元・平治の乱以来忠誠を尽くしてきた清盛を、除こうとした。鹿ヶ谷事件のあと、一時、清盛によって法皇は幽閉され、院政は中断するが、木曽義仲が蜂起するや義仲と手を結び、平家を都から追い、代わって都に入った義仲の横暴がつのると、頼朝に命じて義仲を討たせている。義仲戦死後は義経と結び、頼朝と義経を対立させる。『平家物語』によると、文治元年（一一八五）十二月二日には、義経の申し入れを聞いて、頼朝にそむくよう「御下文《くだしぶみ》」を与えているが、それから六日後には、鎌倉の頼朝側に義経追討の院宣を出している。

こうした法皇の行動について、『平家物語』は、「朝にかはり夕に変ずる世間の不定こそ哀なれ」と書いているが、「世間が不定」でなくても、法皇は政治上では似た行動をとったであろう。法皇にとって、一日が朝・昼・夜と変わるのが当然であるように、政治上の朝令暮改も当然であった。朝・昼・夜と変わっても、一日そのものが変わらないように、朝令暮改をする後白河自身はまったく変わらなかった。後白河院ほど、天皇になる前と、天皇になり、上皇になり、出家して法皇になっても、まったく変わらなかった人間は珍しい。

地位・身分の上下関係、親子・兄弟の血縁関係など、当時もっとも重視した人倫の基になる人間関係を、特に重視しなければならない立場にありながら、それらをまったく無視した行動をとったから、「黒白を弁ぜ」ぬ「愚昧」な「暗主」といわれたのだが、後白河院自身は「黒白」を弁じていた。ただ、常識的な「黒白」と後白河院の「黒白」がちがっていただけである。

後白河院は、身分・地位・血縁など外的条件による、常識的人間関係の「黒白」は弁じなかったが、そうした外的条件を無視した人間の「黒白」を弁じたのである。だから、相手が遊女であることなどは問題外であった。身分など「黒白」の対象ではなかった。そうした後白河院のものの見方・考え方が、遊女を女房にして宮廷内に住まわせたのであり、遊女の子を法親王にし、堂々と天台座主に据えたのである。

『梁塵秘抄』の遊女と後白河法皇

今様を遊女がうたうのは「遊び」であった。しかし、「遊び」の歌が『梁塵秘抄』では、法文歌（仏教を述べた歌）・神歌のなかに入っているように、今でいう意味での「遊び」ではない。したがって、後白河院の今様の歌あそびは、「声を破ること三ヶ度なり。……あまり責めしかば、喉腫れて、湯水かよひしも術なかりしかど、構へてうたひ出だしき」であった（『口伝集』）。

それゆえに、『口伝集』で後白河院は、

わが身五十余年を過し、夢のごとし幻のごとし。既に半ばは過ぎにたり。今はよろづを抛《な》げ棄てて、往生極楽を望まむと思ふ。たとひまた、今様をうたふとも、などか蓮台の迎へに与《あづ》からざらむ。その故は、遊女の類、舟に乗りて波の上に浮び、流れに棹をさし、着物を飾り、色を好みて、人の愛念を好み、歌をうたひても、よく聞かれんと思ふにより、外《ほか》に他念なくて、罪に沈みて、菩提の岸にいたらむことを知らず。それだに、一念の心おこしつれば往生しにけり、まして我らは、とこそおぼゆれ。

と書いている。

「一念の心」があれば、遊女も往生できるのだから、まして私が往生できないはずはない、と知ったというのである。「一念の心」は今様に対する執心・精進であると、後白河院は考えていた。

そうした「一念の心」をもっていたことを証するため、法皇は、今様への一念によって体験した不思議な事実を、『口伝集』でいくつか書いている。

後白河院が熊野に行幸し、新宮にこもって深夜千手経をよんでいたとき、神殿を見ると、「わづかの火の光に、御正体の鏡、ところどころ輝きて見ゆ。あはれに心澄みて、涙も止《とど》まらず」、「泣く〳〵」千手経をよみ、

よろづのほとけに願よりも
千手の誓ひぞ頼もしき
枯れたる草木もたちまちに
花さき実なると説いたまふ

と、「押し返し押し返し」今様もうたったところ、社頭の松の木の下で通夜していた僧の覚讃が、松の木の上から、後白河院の今様に合わせて、「心とけたる只今《ただいま》かな」と、今様の一節が「夢現《うつつ》ともなく」聞こえてくるのを聞いたので、そのことを法皇に伝えたところ、「一心に心澄ましつるには、かかることもあるにや」と法皇は思い、さらに一心に「夜明くるまで」今様を「うたひ明かし」たという。

今様をうたうことは、法皇にとって単なる遊びではなく、神仏と一体になる神遊びであった。

この話以外に、石清水八幡宮、賀茂神社、厳島神社に参詣の折に今様をうたって霊験があったことを『口伝集』は記し、

神社に参りて、今様をうたひて示現《じげん》を被《かぶ》ることを、たびたびになる。一々《いちいち》この事を思ふに、声足らずして妙《たへ》なることなければ、神感あるべき由を存ぜず。ただ、年来《としごろ》たしなみ習ひたりし劫《こふ》の致すと

ころか。また殊に信を致してうたへる信力の故か。

と述べている。

今様に対する「劫」(年功・多年の修練)や「信」が、神の霊験をもたらしているのだから、遊女の好む今様をうたっていても往生できるし、後生は神仏になれると、法皇は自分にいいきかせているのである。いいきかせているだけでなく、『口伝集』では、遊女の「今様往生」について、

遊女とねくろが戦《いくさ》に遭《あ》ひて、臨終の刻《きざ》めに、「今は西方《さいはう》極楽の」とうたひて往生し……。

と述べている。

この遊女とねくろの話を、『十訓抄』は、

神崎君とねくろ、男に伴ひて筑紫へ行けるが、海賊にあひて、あまた所手おひてしなんとしける時、

われらは何して老いぬらん
思へばいとこそあはれなり
今は西方極楽の
弥陀の誓ひを念ずべし

と、たび〳〵うたひて引入にけり。其時西方に楽の声聞えて、あやしき雲たなびきけりとなん。心にしみけるわざなれば、今様をうたひて往生をとげてけり。

と書く。このように、神崎君とねくろ(「神崎君」とは「神崎の遊君」の意)は、今様をうたって往生している。

後白河院の孫の後鳥羽院に仕えた鴨長明(一一五五?~一二一六)の『発心集』には、和歌・菅絃など

「数奇《すき》」に徹することによって成仏・往生できるという「数奇往生」の思想が書かれている。和歌・管絃は、『源氏物語』の主役たちの芸・数奇である。しかし今様はちがう。遊女好みの芸である。この芸に執心していても往生できると主張しているのが、『口伝集』である。後白河院は『源氏物語』の主役たちと同じ立場で遊女や今様をみているが、一方、今様に熱中し、遊女を愛し女房にした人間の自覚に立って、「数奇往生」の希求のため、『梁塵秘抄』を編纂し『口伝集』を遺したのであろう。

遊女らの「罪」に、「色を好みて」を後白河院はあげるが、巫女もまた、第七章で述べたように遊女と同じである。遊女・巫女の「色を好みて」は、くりかえし述べてきたように、彼女らの原点が神妻・一夜妻であることによる。

若宮の
おはせん夜には
貴御前《あておまへ》
錦を延べて床と踏ません　(五〇〇)

という『梁塵秘抄』に載る今様は、石清水八幡宮の若宮の神妻としての巫女が、錦を延べた寝床で若宮を待っている歌である。『平家物語』で白拍子を「仏御前」と書くように、遊女・巫女が「貴御前」なのである。

よろづを有漏《うろ》と知りぬれば
阿鼻《あび》の炎も心から
極楽浄土の池水《いけみず》も

心澄みては隔《へだ》てなし　（二四一）

遊女・巫女は、聖と賤を一身に体しているから、「阿鼻の炎」に包まれている心境であっても、「阿鼻の炎」と「極楽浄土の池水」は、「心澄みては隔てなし」だというのである。

この今様（二四一）の前に『梁塵秘抄』は、

はかなきこの世を過ごすとて
海山《うみやま》かせぐと　せしほどに
万《よろづ》のほとけに疎《うと》まれて
後生《ごしやう》　わが身をいかにせん　（二四〇）

という今様を載せるが、

ほとけも昔は人なりき
われらも終《つひ》にはほとけなり
三身仏性《さんじんぶつしやう》　具せる身と
知らざりけるこそあはれなり　（二三二）

という今様もあり、「万のほとけに疎まれて」いても、「われらも終にはほとけなり」であった。賤の身の過悔と、聖なる身の往生を、合せもっていたのが遊女たちである。

海賊に襲われ傷を負った遊女とねくろは、臨終のとき、

われらは何して老いぬらん
思へばいとこそあはれなり

今は西方極楽の
弥陀の誓ひを念ずべし　（二三五）

という今様をうたって往生したというが、『梁塵秘抄』は、この歌のあとにつづけて、

われらが心に　ひまもなく
弥陀の浄土を願ふかな
輪廻《りんゑ》の罪こそ重くとも
最期《さいご》に必ず迎へたまへ　（二三六）

さらにつづけて、

弥陀の誓ひぞ頼もしき
十悪五逆の人なれど
一たび御名《みな》を称《とな》ふれば
来迎印接《らいかういんぜふ》　疑はず　（二三七）

という歌を載せている。

遊女とねくろが成仏・往生を願ってうたったという今様（二三五）につづいて、二三六・二三七番歌が載ることからみても、「輪廻の罪こそ重くとも」の「われら」「十悪五逆」の「人」が誰かは、明らかである。

今様をうたう遊女たちが「われら」であり、この人たちが、

遊びをせんとや生まれけむ

戯《たはぶ》れせんとや生まれけん
遊ぶ子どもの声きけば
わが身さへこそゆるがるれ　（三五九）

と、うたっているのである。

この「わが身」は、「輪廻の罪」「十悪五逆」の「わが身」であり、この「わが身」の「ゆるがる」心が、次の歌をうたっている。

暁　しづかに　寝覚めして
思へば　涙ぞ　おさへあへぬ
はかなく　この世を　過ぐしても
いつかは　浄土へ　参るべき　（二三八）

こうした遊女たちの願いをこめた今様を、遊女たちよりもっと真剣に「私（後白河）」はうたってきたのだから、遊女たちのうたう「今様をうたふとも、などか蓮台の迎へに与《あづ》からざらむ」と、法皇は『口伝集』でいうのである。

本書のタイトルでもある「遊女と天皇」と題としたこの章で、後白河法皇を主にとりあげたのは、この法皇が、遊女を女房にし、遊女の子を天台座主にしただけでなく、遊女がうたう今様を集大成した『梁塵秘抄』や、自分の今様へのかかわりを述べた『口伝集』を遺し、たえず自分の生き方を遊女と重ねて考えていた、稀有《けう》な帝皇だったからである。

第九章 『梁塵秘抄』の遊女・傀儡女《くぐつめ》

遊女の好むもの

遊女《あそび》の好むもの
雑芸《ざふげい》 鼓《つづみ》 小端舟《こはしぶね》
簦《おほがさかざ》翳し 艫取女《ともとりめ》
男の愛祈る百大夫《ひやくだいふ》 （三八〇）

と『梁塵秘抄』に載る「遊女の好むもの」の歌の「雑芸」は、『倭名抄』の書く、「投壺・打毬・蹴鞠・囲碁・双六・弄槍・相撲」などの雑伎をいう「雑芸」ではなく、『口伝集』に「我独り雑芸集をひろげて、四季の今様・法文・早歌に至るまで、書きたる次第を謡ひ尽くす折もありき」と記されている、さまざまな歌をいう。

鼓が今様に欠かせぬ楽器であることは、前述の『口伝集』の記述で明らかである。西郷信綱は、「今様が鼓という単純な楽器のみの伴奏であった点は、うっかり見のがすべきではない。ヒチリキ・笙・横笛・琵琶・箏曲の楽器を用いる催馬楽などに比べ、これは、今様では言葉が主で、音楽が従であったこと、またその旋律がよほど自由であった消息を示すものといえる」と書く。(1)

小端舟・簦翳し・艫取女については、「法然上人絵伝」（図6）に描かれている。法然上人の船に近づいている遊女の船が小端舟で、鼓をもつ遊女に笠をかざしている女が簦翳しであり、艫取女もその右に描かれている。

図6 「法然上人絵伝」

「男の愛祈る百大夫」については、『遊女記』が、南の住吉大社、西の広田神社に祀られている百大夫に、遊女たちは「微嬖《ちょうへい》を祈る」と書く。「微嬖」とは、遊女が客に呼ばれることをいう。

広田神社には、摂社西宮夷社（西宮神社）の本殿西方に、今も百大夫社がある。後白河院の院政期に書かれた『伊宮波字類抄』の広田神社の項にも、「夷毘沙門・百太夫文殊」とある。住吉大社にも中世まで夷神社があったが、中世以後廃絶し、明治以後、夷社は再興されたが、百大夫社は再興されず、今はない。

『遊女記』は、「百大夫は道祖神《さへのかみ》と一名《おなじな》なり」と書くが、道祖神について、『世紀』天暦元年（九四七）九月二日条は、次のように書いている。

近日、東西両京大小ノ路ノ衢《チマタ》（交差点）ニ、木ヲ刻《キザ》ミテ神ヲ作ル。（中略）起居（立像・座像）アリテ同ジカラズ。或ル所ニハ又女形ヲ作ル。丈夫（男形）ヲ対シテ之《コレ》ヲ立ツ。臍ノ下腰ノ底ニ陰陽ヲ刻ミ給フ。几案（机）ヲ其ノ前ニ構ヘ、坏器ヲ其ノ上ニ置ク。児童ハ猥雑ナレド、拝礼ハ慇懃《インギン》。或ハ幣帛ヲ捧ゲ、或ハ香花ヲ供ス。号《ナヅケ》テ岐神《フナドノカミ》ト曰フ。又御霊《ゴリヨウ》ト称ス。未《イマ》ダ祥《ツマビラカ》ニハ知ラズ。時ノ人之《コレ》ヲ奇《アヤシ》ム。（原文漢文）

岐神とは道祖神のことで、衢や境界で祀る。『遊女記』にも、百大夫は男女の別があって、「数は百千に及び、能《よ》く人の心を蕩《とろか》す」とあるから、百大夫の神像には「陰陽（女陰と男根）」が刻まれていたのであろう。

『遊女記』の百大夫について、『成田参詣記』は、

　百大夫云々ハ、男根ノ貌ヲ多ク拵ヘタルガアルコトナルベシ。但シ、百大夫ノミニテハ通ジカヌル故ニ、道祖神と註セシナラン

と書いている（男根の木像・石像が道祖神といわれて祀られている）。

百大夫は、たぶん、男根・女陰を刻んだ木像、または男根・女陰を露出した神像で、この神に遊女たちは「男の愛」を祈願したのであろう。

『遊女記』には、百大夫に「微嬖」を祈ったとあるから、『梁塵秘抄』の男の「愛」は性愛である。

『梁塵秘抄』に、

　京より下りし　とけのほる
　島江《しまえ》に屋《や》建てて住みしかど
　そも知らず　うち捨てて

いかに祀れば　百大夫
験《げん》なくて　花の都へ帰すらん　（三七五）

とある。

この歌にも「百大夫」がうたわれているが、「京より下りし　とけのほる」の「とけのほる」は、意味不明である。「とけのほる」を「木偶《でこ》の棒」「傀儡腹《くぐつばら》」などと解し、わざわざ京から下ってきた傀儡女《くぐつめ》が、男のいる島江に家を建てて住んだけれど、男はそれに気づかなかった。捨てられた女（傀儡女・遊女）は都へ帰って、霊験のない百大夫をどのように祀るのだろうか、と解すのが一般的である。

榎克明は、「とけのほる」を「解《と》け上《のぼ》る」と解し、京から下って島江の配所に住んでいた貴人が、罪を許されて京へ帰るとき、なじみの遊女を捨ててしまったので、捨てられた遊女が、霊験のない百大夫をうらんでうたったとみる。[2]

いずれの解釈であれ、百大夫は、遊女・傀儡女（傀儡女については第十章で詳述する）が「男の愛」を祈るための神である。

大江匡房の『傀儡子《くぐつ》記』に、

夜八百神ヲ祭リテ、鼓舞喧嘩シテ、モッテ福《サイハヒ》ノ助《タスケ》ヲ祈レリ

とあるが、「百神」は『遊女記』の「百大夫」のことである（「喧嘩」は「さわがしく大声をあげる」ことをいう）。

『遊女記』や『傀儡子記』の著者大江匡房（一〇四一〜一一一一）より数十年前の藤原明衡（九八九？〜一〇六六）が書いた『新猿楽記』は、猿楽の名人の筆頭に「百太」をあげ、

百太は高く神妙《しんぺう》の思を振ひ、古今の間に独歩《どくほ》せり。

と記しているが、「百太」には「百大夫」のイメージがある。百大夫も芸能の神である。『傀儡子記』が百神の祭りを「鼓舞喧嘩シ」と書くのも、鼓を打ち舞い唱うことが百大夫への祈願だったからである。

芸能の神としての百大夫は、性愛の神としての道祖神でもあるから、『新猿楽記』は、西の京の右衛門尉という猿楽徒の本妻の「持物は道祖」と書く。この「道祖」が遊女の百大夫(一名道祖神)、傀儡子の百神と同じ神であることは、年をとって右衛門尉の愛を失いそうになった本妻が、「持物の道祖」に祈り、五条の道祖神に粢餅《しとぎもち》を奉納して、男の愛を取り戻そうとしていることからもわかる。

「あこほと」といわれた遊女

男根・女陰をかたどった道祖神的性格の百大夫を祀っているのは、遊女たちだけではない。

伊勢の外宮禰宜《ねぎ》の渡会氏を「尾上長官」というのは、長禄元年(九七〇)から長元六年(一〇三三)まで尾上の地にいたからである。この地に氏寺の尾上寺(常明寺)があったが、『宇治山田市史』によれば、五月八日には、尾上寺境内の神社に外宮神官が参向し祭祀を行なったあと、寺の本堂で男女陰陽形の餅(男形を「しし餅」、女形を「貝餅」という)を撒き、子孫繁栄・招福を願ったとある。男女陰陽形は今は猥褻物陳列罪の対象になるが、かつては神事仏事の聖物であった。このような時代であったから『梁塵秘抄』の遊女をうたった歌でも、はっきり女陰を表現している。

男をしせぬ人

賀茂姫　伊予姫　上総《かづさ》姫

はしあかてるゆめなみのすしの人
室町わたりのあこほと　（三九八）

の「あこほと」が、それである。

「あこほと」については、『梁塵秘抄』の注釈書は、ほとんど「不明」としているが、瀧川政次郎は、『吾子《あこ》陰《ほと》』であって、遊女の異名であろう。新続古今集には『傀儡《くぐつ》あこ』の名が見え、千載集に『遊女戸戸《へへ》』の名が見えている。『戸戸』は陰《ほと》と同義である」と書き、[3]「戸戸《へへ》はべべと濁って発音されたに相違ない。ホトはホホトとなり、ホホトは約してホホ即ちボボとなる。ベベはボボと同じく、ホトから出た言葉であって、女陰を意味する。べべなる語は方言となって、今も秋田、山形の地方に残存している。『いなか守りべべを着せろにどぎまぎし』というのは、方言のべべ（女陰）と小児語のべべ（着物）との取り違えをおもしろくよんだ川柳である」と書いている。[3]

後白河法皇は、雅仁親王といわれた皇子のころ、近江の鏡宿の傀儡女「鏡の山あこ丸」と、美濃の青墓宿の傀儡女「さわのあこ丸」を呼んで、今様をならっている。この「あこ丸」の「丸」も問題である。

大江匡房の『遊女記』は、遊女が売色をして「得るところの物は、団手といふ」と書く。この「団手」について瀧川政次郎は、

団手なる語は、どの漢語辞典にも見えないから、これは日本語であろうが、これを何と訓むかはなかなかの問題である。当代の語に関手（関所通行税）、山手（山林益税）、川手（河川収益税）、酒手（チップ）等があるから、団手の「手」は料金の意であろう。しかし「団」の意はわからない。団は丸いものの形容であるから、伏字《ふせじ》の○ではないかと思う。明治時代には、『団々珍聞』という猥

褻新聞があったが、団々珍聞即ち○○珍聞である。団手すなわち○手《まるて》の○には、士君子の口にすべからざる語が伏せられていたとしなければならない。催馬楽には「陰名」なる曲があって、これをクボノナと訓んでいる。○手の○は「陰」の伏字であって、クボテと訓まれたのではないかと思う。故に団手は女陰使用料の意であって、江戸時代の「玉代《ぎょくだい》」なる語は、この団手なる語の変化したものであろう。団は丸いものであるが、丸いものは玉である。手は料金即ち代物《だいもつ》であるから、代と書きかえられた。枕金《まくらきん》というのも、これと同義である。

と書く。[4]

「団手」を「丸手《まるて》」「陰手《くぼて》」と解す瀧川説からすれば、「丸」＝「陰」であるから、「あこ丸」は「あこ陰《ほと》」である（『塵袋』は、「陰には三のよみあり。一にはほど、二にはほぞ、三にはくぼなり。女根の異名なり」と書いている）。

当時は、陰陽の形を「百大夫」として祀っていたのだから、「あこ陰」という意味で（「あこ」は「吾子」で可愛い子、特に寵愛する乙女のことをいう）「あこ丸」といったのであろう。「室町あたりのあこほと」も、「あこ丸」の名が傀儡女につけられているから、傀儡女系の遊女をいったのであろう。

『梁塵秘抄』の「すしの人」

「あこほと」をうたった今様の「男をしせぬ人」は、男怖じせぬ人、男を辞せぬ人の意で、遊女・傀儡女に類する人をいう言葉であり、「賀茂姫・伊予姫・上総《かづさ》姫」は、それぞれの地名出身の女をいうが、「かづさ姫」を「桂女《かつらひめ》」とよむ説もある。

「はししあかてるゆめなみのすしの人」については、高野辰之は、「はししあかてるゆ」を「橋に明せる女」あるいは「橋に赤照る女」の誤りとみる。[5] 小西基一は、「不明」としながらも、平安時代に行はれた特殊の俗語ではないか」とみる。[6] 志田延義は、「『橋に赤照る姿萎えの』か」と解す。[7] いずれにしてもはっきりしないが、「すしの人」については、小西は「指出者の小面悪きもの」、志田は「馴れ過ぎている人、馴れ馴れしく言ひ寄る人」とみ、日本古典文学全集・新潮日本古典集成の『梁塵秘抄』の校注者（新間進一・榎克明）は不明と書く。

図7　つし君（左）とたち君（右）（「七十一番職人歌合」）

後藤紀彦は、「すしの人」を「辻子《ずし》の人」とみる。室町時代の明応十年（一五〇一）頃に成立した「七十一番職人歌合」の三十番に、「たち君」「つし君」の図（図7）が載っているが、この図の「つし君」について、後藤は、

画面では、女は建物の内に居るにもかかわらず、江戸時代より最近に至るほとんどすべての論者が、この「つし君」に「辻君《つじきみ》」（江戸時代の街娼）の字をあてる誤りを冒《おか》してきたが、すでに江戸時代に京坂の学者や一部の江戸の考証家が指摘したように「辻子君」の字をあてるべきである。「辻子《ずし》」は都市の人口が稠密になるにつれて土地の不足を生じたため、従来の広い敷地に新しく開設された小路のこ

とで、様々の辻子の名は、すでに平安末期に現れ、近時まで京都では日常使用されてきた。「辻子君」とは、そうした小路に軒をつらねて客を引く遊女たちのことであり、路上で春をひさぐ「立君」とは対照的に使われた語で、それ故にこそ歌合の番《つがい》になったのである。

と書く。「辻子は古く『つし』よりも『すし』と仮名表記されることが多い」から、「すしの人」を「辻子の人」とみるのである。(8)

「男をしせぬ人　賀茂姫　伊予姫　上総姫」が、京の小路の家で客をとる「辻子の人」であることは、

仲介女《なかうど》の様がるは

　こちよふてらよまつさへ
ふたこのみや人　すしの人
光めでたき玉川は
夜々《よるよる》照らす月とかや　（四四五）

の「すしの人」からもいえる。

榎克明は、「こちよふてらよまつさへ　ふたこのみや人　すしの人」までを「未詳」としながら、「仲人女」は「密会や売春の仲立ちをする女をいったものか」、「玉川」は「ここでは密会宿などのある川辺をさし、『かにかくに祇園は恋し寝るときも枕の下を水のながるる』式の情景をいうか」と書き、「夜々照らす月」は「『月下氷人』（仲人）を暗示した洒落《しゃれ》か」と書く。(9)

「辻子《すし》の人」と解せば、「仲介女」は後世の「やりて婆」であり、川辺の宿は「密会宿」ではなく、辻子の人のいる家と考えられる。三九八・四四五の二つの歌の「すしの人」の前にある文が、いずれも意

味不明なのも、当時の娼婦にかかわる俗語であったためであろう。

「すしの人」つまり「つし君」の歌題「月」について、『七十一番職人歌合』に、

　　奥山も　想ひやるかな　つま恋《こふ》る　かせぎかつしの　窓の月見て

とある。この歌は、「すしの人……夜々照らす月とかや」の歌と似ているが、歌題「恋」には、

　　三津川《みつのかは》　姨《うば》とやつゐに　成《なり》なまし　地獄がつしに　残る古君《ふるきみ》

とある。この歌合（一五〇一年頃成立）より四十年ほど前に書かれた一休の『狂雲集』（応仁元年〔一四六七〕以前に成立）の「王城の婬坊《いんぼう》を嘆く」と題す頌詩の題辞に、「洛下に昔、紅欄古洞《こうらんこどう》の両処あり。地獄と曰《い》ひ、加世と曰ふ」とある。「紅欄古洞」は、遊里街をいう中国の元・明代の語だが、後藤紀彦は、「歌合」の「かせぎかつし」について、「加世辻子」と「稼《かせ》ぐ」と鹿の古名の「かせぐ」の三者を巧みに懸け、「地獄がつし」は、「地獄辻子」と地獄の三途川の奪衣婆《だつえば》とを懸けた歌とみる[8]。

蓮如《れんにょ》上人（一四一五〜一四九九）作の子守歌といわれる千秋万歳歌には、

　　地獄ガ辻子《ツシ》カラ、加世ガ辻子ヲ見渡シ、室町ヲ通レバ、売ラウ売ルマヒハ上臈様ノ御事《コト》カ。十七八カラ廿《ハタチ》ニ余《アマ》テ、廿四五ノ上臈。茫々眉《ボウ〳〵マヒ》ニ薄化粧、歯先除《ト》ッテ鉄漿黒《カネグロ》、立ニ立テ坐《マシ》マス。

とあるが（「上臈」も遊女のこと）、この歌は、「すしの人　室町わたりのあこほと」とある『梁塵秘抄』の歌と同じく、辻子と室町が結びついているから、辻子の名の「加世《かせ》」も「あこほと」と同様に女陰をいう。

後藤紀彦は、「加世辻子」について、「『加世』は古くは貽《け》貝《がい》（石陰子）や海胆《うた》（蕀甲蠃）などの女陰に似た貝の呼称で、貽貝が江戸時代に『ヨシハラガヒ』と呼ばれたように、それにちなんで名付けられた

ことは明瞭である」と書いている。(8)

このように、当時は遊女の呼称だけでなく、そうした女性たちのいる場所さえ、女陰を暗示する名で呼んでいたのだから、遊女や傀儡女が「男の愛を祈る」ため、男女の性器をかたどった「百大夫」を祀るのも当然である。

西の京にいた傀儡女たち

加世辻子・地獄辻子について、一休の『狂雲集』は、「安衆坊之口、西洞院に有り」と書くが、この場所は左京六条と七条の間で、南北に通る西洞院通りと交わる場所である。このあたりに、平安時代末から鎌倉時代初頭には「すしの人」がおり、近くの室町通りには「あこほと」がいたのだが(『梁塵秘抄』)、室町時代になると、西洞院通りも室町通りも、すべて「上臈」といわれる娼婦のたむろする場所になっていた(「蓮如上人子守唄」)。

京都には、この地以外に、嵐山の近くに、定着した傀儡女がいた。『梁塵秘抄』に、

いずれか法輪へ参る道
内野通りの西の京　それ過ぎて　や
常磐林《ときはばやし》のあなたなる
あいぎやう　流れ来る大堰《おほゐ》川　(三〇七)

とある。

「あいぎやう(愛敬・愛行)」は仏教用語であるが、『源氏物語』(葵の巻)は、光源氏が紫上とはじめて

契を結んだことを、

　げにあいぎやうのはじめ

と書く。「あいぎやう」は性交の意で、「あいぎやうのはじめ」は初夜をいう。

小西甚一は、「あいぎやう流れ来る大堰川」について、

　山田孝雄博士はこの歌について　拾芥抄（霊所部）に、

　大井河傀儡居ニ住一町許一、仁治三四以ニ在成説一注ニ付之一

とあり、嘉禄四年百首には「寄ニ傀儡一戀、大井河岸のとまやの竹柱うかりしふやかぎりなりけん、為家」と見える所からこの河の辺に居た傀儡子《くぐつ》のことを下に含んでゐるのであらうと断じられた。卓見である。（中略）傀儡子女《くぐつめ》は後世にいふ遊女にひとしいのであるから、「あい行流れくる」は媚趣がただよふとでも解する所であらう。即ち大堰河の上流からなまめかしい風が吹くといふやうな意味と考へられる。

と書く。(10) この小西説は、ほとんどの『梁塵秘抄』の注釈書が受け入れている。ただし榎克朗は、「愛々形」として、「『愛形（愛すべき形）』の誇張した言い方。ここは名物の紅葉をさす」と書くが、(11) 紅葉説は山田・小西説とくらべて説得力がない。

法輪寺（嵯峨虚空蔵寺）へ参る道の大堰（井）川（保津川の下流の嵐山々麓、渡月橋の付近をいう。現在はこのあたりも桂川というが、かつては桂のあたりを桂川といった）の岸にいた傀儡女たちが「あいぎやう」を行なうから、「あいぎやう　流れ来る大堰川」といったのであろう。

　西の京行けば

雀　燕《つばくろめ》　筒鳥《つつどり》や　さこそ聞け
色好みの多かる世なれば
人は響《とよ》むとも　麿《まろ》だに響まずな　（三八八）

という歌が、『梁塵秘抄』に載るが、「雀、燕、筒鳥」は傀儡女・遊女らをいう陰語で、西の京の大堰（井）川の川辺にいた彼女たちが、「あいぎやう」を行なったのである。

彼女たちが鳥に譬えられたのは、歌をうたうからだが、後白河院の召した傀儡女とちがって、芸の上手な女たちではないから、雀・燕・筒鳥（郭公《かつこう》に似た鳥）程度に譬えられたのであり、燕は、唱女の意味よりも、彼女らの漂泊性から、渡り鳥の燕に譬えられたのであろう。

瀧川政次郎は、「中世に御陣女郎といわれた御香宮の桂女《かつらめ》は、桂川の川岸に住んでいたクグツに相違ない」とみている。(12) 桂女＝クグツとはいえないが、『梁塵秘抄』の書く西の京の鳥にたとえられた傀儡女と、桂女は、無関係ではないだろう。

時代は下がるが、室町時代に書かれた『和歌藻塩草』（巻十五、人倫異名部）には、

傀儡　陸地のあそび物なり。
おほよそ鳥「あはれなきおほよそ鳥の心すら、月よとなればされ歩りくなり」　おほよそ鳥とは、てくぐつの異名なり。

とある。「てくぐつ」（「傀儡《くぐつ》（傀儡子）」のこと）の異名を「おほよそ鳥」というが、中山太郎は、「おほよそ鳥」を東国方言の鳥のこととし、『万葉集』の東歌（巻十四・三五二一）の「鳥とふおほをそ鳥」の「おほをそ鳥」が「おほよそ鳥」になったとみて、「土娼の異名に江戸の夜鷹、加賀の化鳥、安芸呉市の

鴨など鳥類に縁ある称の多いこと、殊に越後村松町で私娼を『からす』と云ふてゐる」ことをあげている。(13) 遊女・傀儡女らが鳥に譬えられたのは、歌をうたうことと漂泊性によるのであろう。

藤原茂明《もちあき》（平安時代末期の漢詩人・文章博士）が「傀儡《くぐつ》」を詠んだ詩に、

名称㆓傀儡㆒有㆓何方㆒　逆旅寄㆑身思未㆑遑
郊外移居無㆓定処㆒　羈中衒㆑色慕㆓専房㆒

とある。傀儡は「旅寄㆑身」だから「無㆓定処㆒」であったというのである。「衒㆑色」のため「慕㆓専房㆒」とあるが、しかし藤原定家の二男の藤原為家（一一九八〜一二七五）の歌（「傀儡に寄する恋」）に、

大井川　岸の苫屋《ともや》　竹柱《たけはしら》　うかりしふしや　限りなりけむ

とあり、彼女たちは、都の郊外の大井川（現在の桂川）の岸辺に、竹柱の掘立小屋（「苫屋」）を作って「専房」としたのである。この専房のある大井川から、「あいぎやう　流れ来る」のである。「うかりしふし」は、遊女や傀儡女の歌（今様）のことだから、「あいぎやう　流れ来る」は、「うかりしふし」の歌声をいうのかもしれない。

遊女の心境をうたった歌

『梁塵秘抄』は、遊女がみずからの心境をうたった今様を載せるが、遊女にとっては、馴染《なじみ》の男が自分からだんだん遠ざかっていくことが、いちばんつらかったから、そうした歌が多い。

我を頼みて来ぬ男
角《つの》三つ生ひたる鬼になれ

さて　人に疎《うと》まれよ
霜　雪　霰《あられ》　降る　水田の鳥となれ
さて　足冷たかれ
池の浮草となりねかし
と揺《ゆ》り　から揺り　揺られ歩け　（三三九）

西郷信綱は、この歌について、「ああもなれこうもなれと、さんざん男を呪いはしたものの、結局は我が身のあわれさに戻っているところがあるといわれるのは（参照、荒井源司『梁塵秘抄評釈』、志田延義『梁塵秘抄評解』）、もっともである」と書き、この歌を「昏にのせたのは遊女であると見て、ほぼ誤るまい」と書く。(14)

この歌のすぐ前に、次の歌が載る。

化粧狩場《けしやうかりば》の小屋並び
暫《しば》しは立てたる　閨《ねや》の外《と》に
懲《こ》らしめよ　宵《よひ》のほど
昨夜《よべ》も昨夜《ようべ》も　夜離《よが》れしき
悔過《けくわ》に来たりとも　悔過に来たりとも
目な見せそ　（三三八）

この歌について西郷信綱は、
　これは、あの男、今夜はやってきたらしいが、せめて宵のうちだけでも、閨の外にたたせておいて懲らしめてやれ、昨夜も夜離れして来なかった、たとえ悔いわびたとて思い知らせてやろうぞと、狩場近くに構えた遊女の歌ったものらしい。不実の男を懲らすという点、配列の順からも、「我を頼めて」の「我」は遊女に相違あるまい。

と書き、二つの歌は、「遊女たちの伝承してきた芸能であったはずだ。少くともこの歌にうかがえる悪態ぶりは、たんなる民謡とはいささか趣を異にするように思われる」と書いている。[14]

『体源抄』は、江口の遊女をうたった、

よしなの我らが独り寝や
かばかりさやけき冬の夜に
衣《ころも》は薄くて夜《よ》は寒し
頼めし人は待てど来ず

という今様を載せているが、『六百番歌合』の「寄㆓遊女㆒恋」の条にも、

波の上に　浮かれて過ぐる　たはれめも　頼む人には　頼まれぬかも

という歌が載る。多くの遊女にとって、「頼めし人」は「待てど来ず」、「頼む人」に「頼まれぬ」のである。

鏡曇りては
わが身こそやつれける
わが身やつれては
男退け引く　（四〇九）

という『梁塵秘抄』の歌も、一般の女性がうたった歌とみてもおかしくないが、遊女の歌とみたほうがもっと実感がある。たぶん、遊女が自分の老を鏡のなかに見て詠んだ今様であろう。

また、こういう歌もある。

君が愛せし綾藺《あやゐ》笠《がさ》
落ちにけり落ちにけり
賀茂川に　川中に
それを求むと尋ぬとせしほどに
明けにけり　明けにけり
さらさらさいけの秋の夜は　（三四三）

この歌を榎克明は、「『笠を落したので心ならずも来れなかったんだ』という男の下手な言い訳をからかった遊君の歌」と解しているが、[15] 私も賛成である。この歌からは、西郷があげる二つの遊女の歌とちがって、みずからの境遇を自覚して、さらりと受け流している心境がうかがえる。

遊女の恋の歌

わが恋は
一昨日《をとひ》見えず　昨日《きのふ》来ず
今日《けふ》おとづれなくは
明日《あす》のつれづれいかにせん　（四五九）

も、「我を頼みて」や「化粧狩場」の歌と同じ思いの遊女の歌とみられるが、この歌につづいて、

恋ひ恋ひて
たまさかに逢ひて寝たる夜の夢は
いかが見る
さしさし　きしと抱くとこそ見れ　（四六〇）

とある。

「我を頼みて」と「化粧狩場」の歌が並んでいるのと同じく、「わが恋は」と「恋ひ恋ひて」が併記されているのは、二つの歌が遊女の思いをうたった歌だからであろう。

百日《ももか》百夜《ももよ》は　ひとり寝
人の夜夫《よづま》は何《なじ》せうに　欲しからず
宵《よひ》より夜半《よなか》まではよけれども
暁《あかつき》　鶏《とり》鳴けば床寂《とこさび》し　（三三六）

この歌について加藤周一は、「床寂し」は「具体的であり、官能的である」から、「『よづま』を『夜妻』として、男の作とするよりも、『夜夫』と考えて、女の歌とする方が『床寂し』が鋭く利いてくるにちがいない」と書き、「女が遊女ならば、なおさらそうである」と書く(16)。

そして、『宵より夜半まで』と区別して特定された時間（『暁鶏鳴けば』）の具体性と『床寂し』という簡潔な一句の組み合せが、女主人公の心理よりも、むしろ身体的感情の現在を、際立たせる、――それが和歌の世界ではなくて、『秘抄』の今様の世界である」と書いている(16)。

そうした「身体的感情の現在を、際立たせる」歌は、「さしさし　きしと抱くとこそ見れ」にもうかがえる。加藤はあげていないが、

美女《びんぢやう》　うち見れば
一本葛《ひともとかづら》　なりなばやとぞ思ふ
本《もと》より松まで縒《よ》られればや
切るとも刻《きざ》むとも
離れがたきはわが宿世《しゆくせ》　（三四二）

という歌もある。この歌は、男の側からの歌だが、「一本葛　なりなばやとぞ思ふ」も、「身体的感情」の表現である。このような表現は、恋を性愛としてとらえていることによる。

いざ寝なむ
夜も明け方になりにけり　鐘も打つ
宵より寝たるだにも飽かぬ心を
や　いかにせむ　（四八一）

という歌について、加藤周一は、「夜晩く出会ったのか、時を忘れて語りあかしたのか、いずれにしても夜明けの前に寝ようというので、『宵より寝たるだにも飽かぬ』が強く肉感的である」と述べている。[17]

こうした恋情からみて、

恋しとよ
君恋しとよ　ゆかしとよ

逢はばや見ばや
見ばや見えばや　（四八五）

という歌も、「恋しとよ」「逢はばや見ばや」に、「いざ寝なむ」の思いがあることを無視したのでは、和歌の解釈ならいいが、遊女がうたう今様の解釈としては、浅い読みになってしまう。

盃と
鵜の食ふ魚《いを》と女子《をんなご》は
はうなきものぞ
いざ二人寝ん　（四八七）

の「鵜の食ふ魚」について、榎克明が、「佳肴《かこう》としての鮎を意味すると同時に、鵜が鮎を食うイメージは鮮烈なエロティシズムを発散する」と書くように、(18)今様の表現には「身体的感情」の表出が強い。

こうした歌に表現されている、「身体」と「感情」の動きが「あそび」だから、その代表者は「遊《あそ》女《び》」と呼ばれたのである。

「遊びをせんとや生まれけむ」

遊びをせんとや生《う》まれけむ
戯《たはぶ》れせんとや生《む》まれけん
遊ぶ子どもの声きけば
わが身さへこそゆるがるれ　（三五九）

『梁塵秘抄』に載るこの歌は、もっともよく知られている歌である。
西郷信綱は、この歌について、「平生罪業深い生活を送ってゐる遊女が、みづからの沈淪に対しての身をゆるがす悔恨をうたったものであらう」とする解釈（小西甚一『梁塵秘抄考』）。遊女とは縁のない、たとえば「老境に入ろうとして、過去をかえりみ、子供の童心に憧れる微妙な心理の動き」をうたったとみる見解（新間進一『梁塵秘抄』）。「子童らの楽しげなさざめきの内に、日ごと夜ごと欣求する浄土の姿を夢想した大人たちの心根が、くっきりと浮かんでいたのではなかったか」とする解釈（横井清『中世民衆の文化』）の三つをとりあげ、

罪業感云々の説も、童心への憧れ云々の説も、浄土欣求云々の説も、みなおかしいと私には思われる。ふとした瞬間、あるいはそうかも知れぬと思ったりするが、結局、腑におちて来ない。歌舞音楽を演ずるのがアソビであった。そして遊女がアソビメ・アソビと呼ばれたのは、歌舞を表芸にする妓女であったからである。「遊ぶ子供の声聞けば」とあるのを見のがすべきでない。遊女が歌をうたうことを業とするものであるからこそ、「声聞けば、我が身さへこそゆるがるれ」という具合に続くのだと思う。（中略）遊ぶ子供の声をきくと、我が身までが歌をうたうという行為、つまりアソビへとそそのかされるという意でなければなるまい。「遊ぶ子供の声」にしても、ただわァやっているのではなく、歌をうたいながら遊んでいるのだと思う。

この歌は、この句で以て終らない。終ったところからそれは初句「遊びをせんとや生れけむ」へふたたび回帰する。舌頭に転ばしてみれば分るが、そういう一種の無限旋律のごときものがこの歌には秘められている。日常の仕事をやめて何かをするのが、アソビの本義である。タハブレも、常

軌を外れるという意をふくむ。ところが遊女には、常人とは違ってなりわいそのものが運命としてアソビであった。遊女のそういうなりわいとしてのアソビと童子らの無心なアソビとの二相が、かくてここで奇しくも等価関係に置かれるのである。

と書いている。[19] そして、「生まれけむ」に「江戸期などとは違う、生まれながらの遊女の口吻が感じとれる」とみて、遊女を、あそびの芸の「血脈を承けた芸人」とみる。

西郷の説には、基本的に賛成だが、私は「生まれけむ」は、「血脈」というより、「あそび」（西郷は「あそび」を歌に限定するが、私は性も含める）に専念をせざるをえない「宿命」の表現ではないかと思う。

加藤周一は、『梁塵秘抄』の「女たちは、両親について語らない。『母恋し』はそこにあらわれないし、父親への言及も全くない。それは彼らが遊女だったからであろうか」と書いているが、[20] 両親のことを語らないのは、両親に捨てられた、両親のよくわからない子か、いずれにせよ両親と縁が薄かったことを示しており、「血脈」よりも「宿命」による「生まれけむ」が、『梁塵秘抄』に両親のことがでてこない理由と思われる。

ただし、親が子を語る歌はある。前述（一八三頁）した、

わが子は十余になりぬらん
巫女《かうなぎ》してこそ歩くなれ　（三六四）

がそれである。親はわが子を「いとほしや」と詠んでいるが、歩き巫女《みこ》にさせられた子は、遊女が「遊びをせんとや生まれけむ」といったように、「血脈」を切って自分の境遇を「宿命」とみていたであろう。父母を切ることによって、自分が遊女・歩き巫女であることを確認していたからこそ、彼女たちは

父母のことを今様でうたわなかったのであろう。

　遊びをせんとや生まれけむ

は、父母を切ったうえで、自分の生存観に立った「遊び」と、父母の慈愛のもとにある子供の「遊び」を重ねた歌だと、私は思う。

　わが身さへこそゆるがるれ

の「わが身」は、そうした屈折し重層した「遊び」「戯れ」心をもつ、今の「わが身」をいうのであり、その「わが身」が、「遊ぶ子供の声」で過去の「わが身」を呼びおこし、今と昔の二つの「遊び」「戯れ」心の間で、心が「ゆるがるれ」なのである。

　このように、今様に父母のことがうたわれていないことと、「遊びをせんとや生まれけむ」のと歌が深く結びついているのは、今様の歌い手、伝承者が、遊女・傀儡女・歩き巫女たちだったからであろう。

第十章　傀儡女と天皇

遊女と傀儡子《くぐつ》

今様をうたう唱女《うため》は、遊女以外に傀儡女《くぐつめ》がいるが、『梁塵秘抄口伝集』は、

　江口・神崎の遊女《あそび》、国々の傀儡子《くぐつ》

と書き、「遊女」と「傀儡子」を区別している。

建久五年（一一九四）成立の『六百番歌合』も、「寄二遊女一恋」六番と「寄二傀儡一恋」六番を載せている。遊女を詠んだ歌は、すべて水上のことを詠んでいるが、傀儡（傀儡子）の歌は陸路の宿のことを詠んでいる。

瀧川政次郎は、遊女と傀儡子の区別は、和歌・音楽上のことで、社会通念としては「遊女とクグツとは同じもの」とみる[1]。西郷信綱も、遊女と傀儡子の区別は、「和歌の題詠上の約束に従ったものであるらしく、実際はクグツ女と遊女は根は同じと見てよかろう」と書いている[2]。

滝川の「クグツ」は西郷の「クグツ女」の意味であろうが、傀儡子には、遊女とちがって男もいた。「クグツ女」と「遊女」は同じであっても、傀儡子と遊女は同じではないから、社会通念のうえからも別のものとして区別されていたのである。

大江匡房（一〇四一〜一一一一）の晩年の作が『遊女記』と『傀儡子記』だが、彼は和歌や音楽上の視点から遊女と傀儡子を別々に書いているのではない。当時の社会通念として遊女と傀儡子は別にみられていたから、別々に書いたのである。

傀儡子について『傀儡子記』は、次のように書く（原文漢文）。

傀儡子は、定まった所、定まった家もなく、氈帳《せんちょう》（毛氈）を穹廬《きゅうろ》（天幕）とし、水草を逐《お》って移り歩く。頗る北狄（北方の未開人）の風俗に類似する。

男はみな弓矢をつかい、猟銃をもって仕事とし、或は両刃の剣を七・九本同時に弄《もてあそ》ぶ。また、桃の木で作った人形を舞わせ、相撲をとらせるが、まるで生きた人を動かすようである。ほとんど魚が竜になったり、竜蛇や熊・虎になったりする変幻の戯術である、さらに、砂や石を金銭に変え、草や木を鳥獣に化し、よく人の目を誑《たぶらか》す幻術も行なう。

女は愁顔《うれい》で泣くまねをし、腰を振って歩き、虫歯が痛いような笑いを粧《よそお》い、歌をうたい、淫《みだら》な音楽をもって、妖媚《ようび》を求める。父母や夫や聟《むこ》は、彼女らがしばしば行きずりの旅人と、一夜の契《ちぎ》りを結んでも、それを嫌わない。身を売って富んでいるので、金繍《きんしゅう》の服・錦の衣・金の釵《かんざし》・鈿《らでん》の匣《はこ》をもっているから、これらのものを贈られても、異にせず収める。

一畝の田も耕さず、一枝の桑も採《つ》まないから、県官に属さない。皆、土着の民にならず、自ら放浪の人となる。上に王公がいても無視し、そばに役人・村長《むらおさ》がいても怕《おそ》れない。課役がないから、一生を楽しむ。夜は百神を祭り、鼓舞喧騒して、福助《ふくじゅ》を祈る。

このように、「傀儡子」には男も含まれており、家族で構成されているが、遊女は女の長者のもとにある女性集団で、男は含まれていない。このように、構成メンバーが、傀儡女と遊女とでは、はっきりちがう。

傀儡女には、『傀儡子記』が書くように、夫・聟がいるが、彼らは妻が旅人と一夜の契りを結ぶのをとめはしない。遊女も旅人と一夜の契りを結ぶが、彼女らは、夫や聟はいない。稀には、夫をもつ遊女もいたが、大江以言の『詩序』に、「其夫壻ある者は責むるに淫奔の行少なきことを以てす」とあり、傀儡の女の夫が妻の「淫奔の行」をきらわないとある『傀儡子記』とはちがう。原則的には、遊女は独身者が色を売り、傀儡女は夫がいても売色をしたといっていい。この点でも、傀儡女と遊女は異なっている。

『体源抄』が、平安時代末の今様の名手の「前草《さきくさ》」について、

始ハクグツニテ、後ニハ遊女ニナリテ、両方ノ事シリテメデタカリケリ。

と書くのも、別々な存在であったからであろう。

傀儡女の条件は唄がうまいこと

『遊女記』は、有名な遊女の名をあげ、

皆これ倶尸羅《くしら》の再誕にして、衣通姫《そとほりひめ》の後身なり。

と書く。「倶尸羅」は「好声鳥」ともいい、インドの美声の黒ほととぎすをいうが（『玄応音義』巻十）、『栄華物語』（玉のうてな）は、遊女の美声を「声如天鼓倶尸羅」と書く。「衣通姫」について『日本書紀』は、允恭天皇七年十二月一日条に、

容姿《かほ》絶妙《すぐ》れて比無《ならびな》し。其の艶《うるは》しき色、衣《そ》より徹《とほ》りて晃《て》れり。是《ここ》を以《も》て、時の人、号《なづ》けて、衣通郎姫《そとほしのいらつめ》と曰《まう》す。

と書く。絶世の美女である。

このように、遊女は美声で美女であることが条件なのに対し、『傀儡子記』は、傀儡女の著名な人物をあげて、

韓蛾《かんが》の塵を動かして、余音は梁《うつはり》を繞《めぐ》る。聞く者は纓《えんび》を霑《うるほ》して、自ら休むこと能《あた》はず。

と書く。『梁塵秘抄』巻一の末尾には、

梁塵秘抄と名づくる事。

虞公《ぐこう》・韓蛾といひけり。声よく妙にもて、他人の声及ばざりけり。聞く者愛《め》で感じて、涙おさへぬばかりなり。歌ひける声の響きに、梁《うつはり》の塵たちて、三日居《ゐ》ざりければ、梁の塵の秘抄とはいふなるべしと、云々。

とあるが、どちらも大意は同じである。

「虞公・韓蛾」は共に古代中国の人名で、美声の歌手。『杜氏通典』楽五に、

韓蛾有り、東シ斉《セイ》ニユク。雍門ニ至リ、糧ニ匱《モト》シ。乃《スナハ》チ歌ヲ鬻《ヒサ》ギ食ヲ仮ル。既ニ去リ、余響梁ヲ繞《メグ》リ、三日絶エズ。……漢ニ虞公有リ。善ク歌ヒ、能ク梁上ノ塵ヲシテ起ラシム。

とある記述によっているが（原典は『列子』湯問篇、『劉向別録』に載る）、梁は柱の上に渡して屋根を支える材木である。『傀儡子記』の「纓を霑し」の「纓」は、冠を縛った残りの紐《ひも》をいうが、その紐がぬれるというのは、『梁塵秘抄』の「涙おさへぬばかりなり」と同義である。

このように、傀儡女については、歌が上手で美声であることのみが強調されており、遊女の条件の美女であることがぬけている。

後白河院の院政期の応保二年（一一六二）から長寛元年（一一六四）の間に成立した『本朝無題詩』の「傀儡子」と題する藤原敦光（一〇六三～一一四四、漢詩人・歌人で鳥羽天皇のときの文章博士）の詩には、

　捿類胡中無二定地一　歌傳梁上有二遺塵一
　旅亭月冷夕尋レ客　古社嵐寒朝賽レ神

とあり、同じ『本朝無題詩』に載る大江匡房の「傀儡子孫君」と題する詩にも、

　翠蛾眉細羅衣外　紅玉膚肥錦袖中
　雲遇響通晴漢月　塵飛韵引畫梁風

とあり、傀儡子が化粧し、豪華な衣裳をつけていることは詠んでいても、容貌の美しさにはふれていない。『本朝無題詩』の他の「傀儡子」を詠んだ歌も同様である。それどころか、藤原敦光と同時代の漢詩人中原広俊は、傀儡女について次のような詩を詠んでいる。

　千年芳契誰夫婦　一夜宿縁忽別離
　賣レ色丹州容忘レ醜　得レ名赤坂口多レ髭

この詩の「賣レ色丹州」については、原注に「丹波国傀儡女。容貌皆醜。故云」とあり、「得レ名赤坂」には、「参河国赤坂傀儡女。有下多二口髭一之者上。號二口髭君一。故云」とある。容貌が醜くても、口髭があっても、芸さえあれば傀儡女はつとまるのである。その芸とは、主に唱歌であった。

『更級日記』は、足柄山中から足柄宿にあらわれた傀儡女について、

月もなく暗き夜の、闇にまどふやうになるに、遊女《あそび》三人《みたり》、いづくよりともなく出で来たり。五十ばかりなる一人、二十ばかりなる、十四五なるとあり。庵《いほ》の前にからかさをささせてすゑたり。をのこども、火をともして見れば、昔、こはたといひけむが孫といふ。髪いと長く、額《ひたひ》いとよくかかりて、色白く、きたなげなくて、さてもありぬべき下仕《しもづか》へなどにてもありぬべしなど、人々あはれがるに、声すべて似るものなく、空に澄みのぼりて、めでたく歌をうたふ。

と書いて（「遊女」とあるが「傀儡女」のこと）、

声さへ似るものなく歌ひて、さばかりおそろしげなる山中に立ちてゆくを、人々あかず思ひて皆泣くを、幼きここちには、まして此のやどりを立たむ事さへ飽かずおぼゆ。

と結んでいる。傀儡女は本来歌女であったことを、この『更級日記』の記述は明示している。

漂泊から定住する傀儡子

傀儡子の漂泊性については、『本朝無題詩』に載る藤原道長（九六六～一〇二七、摂政・関白・太政大臣。『遊女記』は江口の遊女小観音を「寵せり」と記している）の「傀儡子」と題する詩に、

傀儡子素往来頻　萬里之間居尚新
卜レ宿獨歌山月夜　尋レ蹤不レ定野煙春

とあり、藤原敦光の同じ「傀儡子」と題する詩にも、

穹廬蓄レ妓各容レ身　山作二屛風一苔作レ茵
棲類胡中無二定地一　歌傳梁上有二遺塵一

とある。

「穹盧」は、『傀儡子記』にも記されているように、字義どおりでは天幕をいうが、『傀儡子記』の「氈帳を穹盧とし」は、「傀儡」という漢字表記の北狄遊牧民に対する中国の文献の記述を、そのまま引用した文章であり、わが国の傀儡子が、モンゴルの包《パオ》のような天幕で雨露をしのいでいたわけではない。

また中原広俊は、『本朝無題詩』に載る「傀儡子」を詠んだ詩で、

傀儡子徒無二禮儀一　其中多レ女被二人知一
茅簷是近二山林一構　竹戸屢追二水草一移

と詠む。傀儡子が、竹と茅で小屋を山林の近くにつくって住んでいたからである。

この詩を詠んだ中原広俊の娘は、後白河院の文章博士で漢詩人の藤原茂明の妻になっているが、茂明は『本朝無題詩』の「傀儡子」の詩で、

名稱二傀儡一有二何方一　逆旅寄レ身思未レ遑
郊外移居無二定處一　覊中衒レ色慕二専房一

と詠んでいる。

前述した『更級日記』は、足柄山の麓の宿に、「いづくよりともなく出で来たり」、歌をうたい、夜の闇のなかを、「さばかりおそろしげなる山中に立ちて」行ったと記している。

『更級日記』の作者の「幼き」頃の体験であるから、十一世紀初頭のころの話だが、彼女たちは、夜の闇のなかを山中に戻っている。

『本朝無題詞』でも、藤原実光は「傀儡子」について、「棲ト河幽僻地」と詠んでいる。

このように「無二定処一」の傀儡子も、やがて街道の宿に定住するようになる。その一つに、東山道の鏡宿がある（鏡宿は、滋賀県蒲生郡竜王町と野洲郡野洲町の境界の鏡山の麓にあった）。

前述の『六百番歌合』の「寄二傀儡一恋」には、

鏡山　君に心や　見つるらむ　いそぎ立たれぬ　旅ごろもかな

さまざまに　移る此処も　鏡山　影みぬ人を　恋ふるものかは

とあり（後の歌は『藤原隆信家集』にも載る）、建暦元年（一二一一）から建保四年（一二一六）の間に書かれた鴨長明の『無名抄』には、

ふけの入道（関白忠実）に、俊頼朝臣候ける日、かがみのくゞつども参りて、歌つかふまいりけるに……

とあり、鏡山々麓の鏡宿の傀儡子が参上して歌をうたっている。

ところが、『とはずがたり』の作者は、正応二年（一二八九）二月、東国の旅に京都を出発し、鏡宿に泊まっているが、そのときのことを、

鏡の宿といふ所にも着きぬ。暮るゝ程なれば、遊女ども、契《ちぎ》り求めて歩く様、憂《う》かりける世の習ひかなと覚えていと悲し。明け行く鐘の音に勧められて出で立つも、あはれに悲しきに、

立ち寄りて　見るとも知らず　鏡山　心のうちに　残る面影

と書く。「遊女」とあるが、この混同は、『更級日記』（康平三年（一〇六〇）成立）の作者もしている。

平安時代から鎌倉時代にかけては、遊女と傀儡子は区別されていたが、傀儡女と遊女は混同されていたから、室町時代の国語辞典の『下学集』（下巻・術芸）には、

傀儡　日本俗呼㆓遊女㆒曰㆓傀儡㆒

とあり、「傀儡」と「遊女」が同義になっている。第八章に書いた「白女」も、『大和物語』『古今集』『大鏡』は「あそび」とし、『十訓抄』は「くぐつ」と書き、「遊女」と「傀儡」が同じにみられている。

時代が下がるにつれて、遊女と傀儡子が混同されているのは、山河を漂泊していた傀儡子が、江口や神崎の遊女たちと同じく、国々の街道の宿に定着するようになったからである。

『更級日記』の作者の幼い頃に見た傀儡女たちは、街道の宿に「いづくともなく出で来て」、歌をうたい、夜の闇のなかを「おそろしげなる山中に立ちてゆく」のであったが、それから二百数十年後に、『とはずがたり』の作者が見た傀儡女は、宿《しゅく》にいて、「契りを求めて歩く」ようになっている。それを『本朝無題詩』では、「傀儡群至妨㆓行々㆒」（藤原基俊）と詠んでいる。

『とはずがたり』の話は、近江の鏡宿のことだが、『とはずがたり』の作者が見たときより百三十年ほど前の後白河院の院政期にも、すでに鏡宿の傀儡子の女たちは同じことをしていた。

近衛天皇・後白河天皇のときの文章博士の藤原茂明は、前掲（二五三頁）の「傀儡子」の詩につづけて、

縁野草深成㆓邑里㆒　鏡山月冷ト㆓家郷㆒
倡歌數曲取㆓生計㆒　徴嬖一宵蕩㆓客腸㆒

と詠む。鏡山の麓の鏡宿の傀儡子の女は、生計のため数曲の倡歌のあと、一夜《ひとよ》客と契りをかわすというのだが、「傀儡群至妨㆓行々㆒」と詠んだ藤原基俊（一〇五六？〜一一四二、歌人・歌学者で、右大臣藤原俊家の三男）は、

秋月出レ關赴二遠城一　傀儡群至妨二行々一
契結旅店霜低夕　歌居驛亭月落程
翠黛紅粧爲二已任一　郢歌楚舞惑二人情一
曲終憫然謝二遊子一　□□向斯契二一生一

と詠んでいる。

欠字のところは、たぶん「閨房向」の意で、「閨房」を意味する字が記されていたのであろう。宿では、傀儡子の女が群らがって旅人の行く道を妨げ、「契結」のために「旅店」に誘い、「旅店」では化粧してあらわれ、「郢歌（雑芸・今様のこと）」をうたい、舞い、そのあと閨房で契りを結ぶというのである。このような傀儡子の女の生態は、遊女と変わるところがない。平安時代の末には遊女と傀儡女が同義にみられたのは、こうした傀儡子の漂泊性が薄れてしまったためであろう（ただし、遊女化した傀儡女は定着したが、人形あやつりなどの芸能の徒の傀儡子は、江戸時代まで漂泊していた）。

近江の鏡宿と共に傀儡女がいた宿に、美濃の青墓宿がある。

『新続古今和歌集』の巻十「羇旅」に、青墓宿の傀儡子を詠んだ歌が載っている。

あづまのかたよりのぼりけるに、あをはかとふ所にとまりて侍けるに、あるじの心あるさまにみえければ、あかつきにたつとて　　堪覚法師

しるらめや　都を旅に　なしはてて　猶あづまぢに　とまる心を

返し　　傀儡　侍従

東路《あづまぢ》に　君が心は　とまれども　我も都の　かたをながめん

『十訓抄』は、「青墓の傀儡名曳《なひき》」の歌が『詞花和歌集』に載ると書いているが、この歌集は、後白河法皇の兄の崇徳上皇が、仁平元年（一一五一）に勅撰した歌集である。その歌集の巻六「別《わかれ》」に、

あづまへまかりける人の宿りて侍りけるが、あかつきに立ちにけるによめる　傀儡　靡《なびき》

はかなくも　今朝の別の　惜しき哉　いつかは人を　ながらへて見む

とある。「靡」は「名曳」のことである。

前述の『本朝無題詩』の藤原敦光の「傀儡子」を詠んだ詩（二五一頁）には、前掲の個所につづけて、

秋籬花悴螢知レ夜　青冢草踈馬待春　濃州傀儡子所レ居謂二之青冢一

とあり、美濃の傀儡子のいる所を青冢（墓）という、と注している。

滋円（一一五五〜一二二五、兄は『玉葉』を書いた関白九条兼実で、元暦元年（一一八四）には後白河法皇の護持僧になっている）の歌集『拾玉集』（巻四）には、

一夜見し　人のなさけは　立ちかへり　心に宿る　青墓の里

とあり、藤原雅経（一一七〇〜一二二一）の歌集『明日香井和歌集』の「内裡御会」にも、

吾妻へ下るとて、あをはかの宿にて、あそびて侍りける傀儡、のぼるとてたづねければ、みまかりけるよし申すをききて

尋ねばや　いずれの草の　下ならむ　名はおほかた　青墓の里

とある。

この歌の作者の藤原雅経は、鎌倉に下って源頼朝に厚遇され、都に戻って従三位参議にまで昇進しているが、鎌倉へ下るとき青墓宿で親しくなった傀儡子を、京へ帰る途中、青墓宿に泊まったときに呼ん

だところ、亡くなったと聞いて詠んだ歌が、右の歌である。

『平治物語』巻二の「義朝青墓に落着く事」には、

> 義朝は兎角《とかく》して美濃ノ国青墓の宿に着き給ふ。彼の長者大炊が娘、延寿と申すは、頭殿(義朝)御志浅からずして、女子一人おはしましけり。夜叉御前《やしゃごぜん》とて十歳に成り給ふ。年来の御宿なれば、其に入り給へば、斜ならずもてなし奉る。

とある。この記述は、義朝が平治の乱に破れて逃げたときの話である。義朝の父の為義も青墓宿の傀儡子の長者の娘との間に、乙若・瓶若・鶴若・天王丸の四子をもうけている。義朝の子の朝長は青墓で自害しているが、朝長と兄弟の頼朝は、建久元年(一一九〇)に上洛する途中、青墓宿に寄り、傀儡子の長者大炊やその娘たちに纏頭《てんとう》(歌舞・演芸をした者に与える衣類・金銭)を与えている(『吾妻鏡』建久元年十月二十九日条)。

室町時代に成立した『説教集』の「おぐり」には、人買いの手を経て青墓宿の「よろづ屋の君の長」(「君の長」は「遊君の長」の意で「長者」のこと)に売られてきた照手姫の話が載るが、この頃の青墓は、遊女の宿場になっている。

平安時代の傀儡女・遊女

後白河天皇は即位前に雅仁親王といわれていたとき、『口伝集』によれば、今様の上手な「鏡の山のあこ丸」を召している。「鏡の山」は鏡宿のある山だから、この「あこ丸」は鏡宿の傀儡女である。彼女は、「主殿司《とのもつかさ》にてありしかば、常に呼びて聞き」と『口伝集』は書く。主殿司は、宮中の清掃・

燈火・薪炭などを司った役所である。

網野善彦は、「『今昔物語集』巻第二十八には、伊豆守の目代となった『才かしこくわきまへありて、手などよく書く』男が傀儡の出身だったという話をのせている。政庁で文書を作成し、印を捺《お》していたこの男の前にやってきた傀儡たちの『おもしろく遊ぶ』『三度拍子』のリズムとともに、目代の男の印を捺す拍子も『三度拍子』になり、ついに踊り歌い出してしまったため、その出身がばれてしまったというのである。これは傀儡のリズムが、おそらく農耕民のそれと異なる『三度拍子』だったことを物語っている点でも興味深い話である。ところがこうして出身が判明してからも、守はこの目代を『傀儡子目代』とからかいながら、そのまま可愛がり召仕《めしつか》っている。傀儡が賤視されていたとすれば、このようなことがおこりうるはずはなかろう」と書いている(3)。

網野が記す話(『今昔物語集』巻二十八・二十七話)の「目代」は、国司(伊豆守は伊豆の国司)を補佐し、不在のときは政務を代行する地方事務官だが、「鏡の山のあこ丸」は、『今昔物語集』の傀儡子のような要職についていたわけではないが、地方の役所でなく、中央官庁に出仕している。『今昔物語集』には、国司は傀儡子だと知らずに使っていて、身分がわかったあとも「傀儡子目代」といって用いたとあるが、『口伝集』の記述では、近江鏡宿出身のあこ丸は、最初から傀儡子の「鏡の山のあこ丸」として主殿司に出仕していたようである。

このような例からも、一般に傀儡子という身分は、網野がいうように、「賤視されていた」わけではない。それは遊女も同様であった。

雅仁親王だったころの後白河院は、主殿司の「鏡の山のあこ丸」と、もうひとり「女院(母の待賢門院）に侍《さぶら》ひし」「神崎のかね」を呼んでいる。「神崎」は江口と同じ遊女のいた場所である。「鏡の山」「神崎」と、傀儡子・遊女のいる地名を名につけて、主殿司や女院で彼女らを使っていることからも、現代人の意識での「差別」「蔑視」が、彼女らに対してあったとはいえない。

傀儡女の「鏡山のあこ丸」は主殿局に出仕しており、遊女の「神崎のかね」は、待賢門院が今様を聞くために邸内に住まわせていたのであって、平安時代の人々は、現代の常識で考えるほど傀儡女・遊女に対して身分的差別・蔑視観をもっていなかったのである。

傀儡女乙前・目井と後白河法皇

後白河法皇が即位以前に今様を習った「鏡山のあこ丸」や「神崎のかね」は、宮廷に出仕していた傀儡女・遊女であった。それ以外にも後白河は、即位前に、「さはのあこ丸」という「青墓の者」が京に「上りたる」を聞いて呼びよせている。彼女は青墓宿の傀儡女である。

即位すると、親王のときから近侍していた乳母夫《めのと》の藤原通憲（信西）に、今様の名手で京に住んでいる傀儡女の乙前を探し出し、召すように命じている。彼女も青墓宿の傀儡女であった。すでに年老いていた乙前は、始めは辞退するが、天皇の強い要望で応じる。

彼女の師は青墓宿の傀儡女の「目井《めゐ》」だが、乙前が語るところによれば、西行（佐藤義清）の祖父（母方）の源清経が、目井と「目井の子」（目井の生んだ子の意でなく、のちの花魁《おいらん》につく禿《かぶろ》の意）の乙前を、美濃から京へ連れてきて、

清経、目井と語らひて（目井を愛人にして）、相具して住みはべりけり。（中略）青墓へ行く時は、や

がて具して（すぐさまつれて）行き、また迎へに出て（故郷の青墓から京に帰るときには迎えに出向いて）、具して帰りなどして（後略）

と『口伝集』は書いている。この記述からも、目井・乙前が青墓の傀儡子であったことがわかる。

西行の祖父の源清経は、目井は歌がうまかったので、「志無くなりけれど（女として愛する魅力はなくなったけれど）」愛人にしていたと『口伝集』は書き、乙前は目井と清経の交情を後白河院に、次のように語っている。

寝た子が（清経は目井と共寝したが）、あまりむつかしくて（清経はあまりする気がおきず）、空寝をして、後ろ向きて寝たり。背中に目をたたきし睫毛《まつげ》の当たりしも恐ろしきまでなりしかど、それを念じて（こらえて）、青墓へ行く時は、やがて具して行き、また迎へに出で、具して帰りなどして、のちに年老いては、食物あてて（食いぶちを出して）、尼にてこそ（尼になって）死ぬまで、扱ひてありしか（世話をした）。

共寝しても「志無くなり」たる清経は、目井を抱かず「後ろ向き」に寝て、眠たふりをしている。目井は、清経がほんとうに眠ったとは思っていない。しかし「空寝」している原因が自分の肉体の老化にあること、それでも一緒に寝てくれる清経の心がわかるから、口には出さず、だまって「後ろ向き」の清経に、すがりついている。たぶん、二人は裸で寝ていたから、清経の背中に当たる目井の睫毛で、彼女が「空寝」の清経をおこすまいとして、声を出さず、しのび泣きして、目をしばたたいているのが、闇の中でも清経にはわかったのである。「空寝をして、後ろ向きに寝たり。背中に目をたたきし睫毛の当りしも、恐ろしきまでなりしかど……」という描写は、そうした情景と心境を描いている。

空寝して背を向けて寝ている男の背中でしのび泣きしている女、その女の睫毛のまたたきを男の裸の背が感じている様を語る乙前、その語りを聞いて『口伝集』に書きとめておいた後白河法皇。それぞれの繊細で微妙な心が、この記述にはっきり表現されている。

乙前は、目井と清経の関係を語ったあと、

「このごろの人、志なからむに、京なりとも行かじかし」とこそ言いけれ

と言ったという。

「志」とは、傀儡女を抱く志をいっているが、「このごろの人」は「志」がなければ京などへ傀儡女を連れてはこないが、清経は「志無くなりけれど」、故郷へ帰った目井が京へ来たいといえば、青墓宿まで「迎へに出で、具して帰りなどして」いることを、今の人とはちがうといっているのであり、後白河は、この乙前の言葉に同感して書き留めたのである。

目井に対して清経が「志無く」なったのは、目井が女として魅力がなくなったからだが、現在の尺度で目井が老女になったためと判断してはならない。『梁塵秘抄』に、

女の盛りなるは
　十四五六歳　二十三四とか
三十四五にし　なりぬれば
紅葉の下葉に異ならず

とあり、『平家物語』巻一・二代后には、

御年廿二三にもやならせ給ひけむ、御さかりもすこし過ぎさせおはしますほどなり。

とあるから、「空寝《そらね》」している清経の背中に「目をたたきし睫毛の当りし」ときの彼女の年齢も、たぶん三十前後であったろう。

この目井と乙前は、青墓宿の傀儡女であり、後白河法皇は、この乙前を今様の師として、御所の局に住まわせていた。こうした行為や、遊女丹波局に皇子をうませていることこそ、関白九条兼実が『玉葉』で、後白河が「黒白を弁ぜ」ぬ帝皇であったと書く理由の一つであった。

しかし、目井と清経の関係について乙前が語った、「背中に目をたたきし睫毛の当たりし」という男女の微妙な交情の描写を、乙前の語りのままに『口伝集』に記している後白河法皇は、兼実がいうような「黒白を弁ぜ」ぬ人ではない。ただ、九条兼実と御白河法皇では、「黒白」の視点がまったくちがっていた。兼実からみれば「弁ぜず」であり、兼実と同じ目の信西からも「暗君」「暗愚」といわれたが、こうした政治的人間の視点では、人間にとってもっとも大事なものが、まったく見えてこないのである。

傀儡女と天皇

乙前は、天皇に召されたとき、光栄と思ってよろこんで来るどころか、逆にことわったという。天皇が信西を通じて強く懇請したので、ようやく出仕はしたが、それも「術《ずち》なく（仕方なく）」であったという。

『口伝集』は、過ぎし日のことを回想して後白河自身が口述したものを、書きとめた本である。その『口伝集』に、こうした経過を語る後白河法皇は、法皇の権威など微塵《みじん》も感じていない。他人の身分・地位を無視した法皇は、自分の身分・地位も無視している。無視しなかったのは、人間そのものの心境である。
青墓の傀儡女乙前とはじめて会ったときのことを、法皇は次のように語る。

遣戸《やりど》のうちに居て、さし出づることなし。人を退《の》けて、高松殿の東向きの常にある所にて、歌の談義ありて、我もうたひて聞かせ、あれがをも聞きて、暁あくるまでありて、その夜契りて、そののち呼び寄せて、局《つぼね》して置き……

と書く。「契りて」は「師弟の契約を結び」の意で、「局して置き」は、「部屋を与え、住まわせ」の意である。それから「未だ知らぬをば習ひ、もと謡ひたる歌節違《たが》ふを一筋に改め習ひ……」、十余年間、乙前に師事した。
乙前は八十四歳で亡くなっているが、そのときのことを、法皇は次のように語っている。

乙前八十四といひし春、病をありしかど、いまだつよつよしかりしに併《あは》せて、別の事もなかりしかば、さりともと思ひしほどに、ほどなく大事になりにたる由告げたりしに、近く家を造り置きたりしかば、近々に忍びて行きてみれば、女《むすめ》にかき起されて対《むか》ひて居たり。弱げに見えしかば、結縁《けちえん》のため法華経一巻よみて聞かせてのち、「歌や聞かむと思ふ」と言ひしかば、喜びて急ぎうなづく。

像法《ざうほふ》転じては
薬師の誓ひぞ頼もしき
ひとたび御名《みな》を聞く人は
よろづの病ひ無しとぞいふ

二三辺《べん》ばかりうたひて聞かせしを、経よりも賞《め》で入りて、「これを承《たまは》るぞ、命も生き候ひぬらん」

と、手を擦《す》りて、泣く泣く喜びしありさま、あはれにおぼえて帰りにき。

乙前のような女性の病気見舞は「忍びて」だが、法皇と遊女という身分関係を無視して「忍びて」も行くのだから、公卿たちからみれば「黒白を弁ぜず」であり、「比類少キ暗主」「愚物」になるが、この「暗主」の「口伝」には、人間としてのほんとうのやさしさが、はっきり読みとれる。

そののち、仁和寺理趣三昧《りしゆざんまい》に参りて候ひしほどに、二月十九日に早く亡《かく》れにし由を聞きしかば、惜しむべき齢《よはひ》にはなけれど、年来見馴《としごろ》れしに、あはれさ限りなく、世のはかなさ、後《おく》れ先立つこの世のありさま、今にはじめぬことなけれど、思ひつづけられて、多く歌習ひたる師なりしかば、やがて聞きしよりはじめて、朝《あした》には懺法《せんぼふ》をよみて六根を懺悔《ざんげ》し、夕《ゆふべ》には阿弥陀経をよみて西方の九品《くほん》往生を祈ること、五十日勤めの祈りき。

一年が間、千部の法華経をよみ了《をは》りて、次の年二月十九日、やがて申しあげてのちに、法華経一部をよみてのち、歌をこそ経よりも賞《め》でしかと思ひて、あれに習ひたりし今様、主《むね》とあるうたひてのうち、暁方《あかつきがた》に足柄十首・黒鳥子・伊地古・旧川などうたひて、果てに長歌をうたひて、後世《ごせ》のため弔《とぶら》ひき。

と法皇は語る。

加藤周一は、この口伝について、「今様の師に対するその態度は、母待賢門院の死の後の態度とは、くらべものにならぬほど、丁重であり、親身であり、献身的であった」と書いている(4)。後白河法皇の人間関係には、身分や地位は問題外であったが、肉親の血のきずなも、心のきずなにくらべれば弱かったのである。

このように乙前の供養を、一周忌の二月十九日の夜から暁方までしていたとき、里帰りしていた丹波局は夢を見た。

その夢では、法住寺の広間で法皇が今様をうたっているのを、「乙前が白い薄衣に足をつつみて参りて」、ふすまの内側に、法皇と差し対《むか》いにすわり、聞いていたという。そして乙前も声を添えてうたい、「足柄などはいつもとは段違いにお上手です。結構なことよ」とほめ、さらに法皇の長歌を聞いて、「これはどうかと気がかりだったが、よくうたえました。これで、この世に思い残すことなく往生できると思えば、ほんとうにうれしい」といったというのである。

この夢を、里帰りから戻った「女房（丹波局）参りて申す」のを法皇は聞き、「我と女房」は乙前を「あはれがり合ひ」、「そののち、その日（乙前の命日）には、必ず（今様を）うたひて後世を弔《とぶら》ふなり」と、『口伝集』は書いている。

乙前の夢を、後白河法皇の数ある女房のなかで、特に江口の遊女であった丹波局が見ていることに、私は注目したい。

後白河法皇にとって、遊女丹波局、傀儡女乙前が人間としていちばん心の許し合える人であったからこそ、乙前の命日には必ず遊女出身の女房と二人で今様をうたい、傀儡女の「後世を弔った」のである。

第十一章　白拍子と天皇

後鳥羽上皇の女房になった白拍子

後鳥羽上皇は、後白河法皇が今様に熱中したように、和歌に執心した。四歳で即位（寿永二年・一一八三）し、十九歳で退位したが、上皇になってからが特に熱心であった。

建仁元年（一二〇一）和歌所を開設し、開設と同時に『新古今和歌集』の撰進を命じた。上皇は撰者たちの撰歌にことごとく目を通し、さらに自分で精撰したから、『新古今和歌集』は、実質的には上皇の親撰といっていい。建仁二年には、「千五百番歌合」を主催している。

元久二年（一二〇五）、同集の成立以後も切り継ぎを繰り返し、倦《う》むところを知らなかった。承久三年（一二二一）の承久の乱で上皇は隠岐に流されるが、隠岐でも、同集千九百八十首からさらに千六百首余りを抄出した、いわゆる隠岐本『新古今和歌集』を編み、「遠島御歌合」を主催し、もっぱら和歌に没頭した。

代表著書に、家集『御鳥羽院御集』『遠島御百首』『詠三十首和歌』、歌論書『後鳥羽院御口伝』、日記『御鳥羽院宸記』などがあるが、後白河法皇とちがって武芸にもすぐれており、交野八郎という強盗の首領を捕まえた話が『古今著聞集』に載る。

蹴鞠《けまり》ではその道の長者とされ、琵琶は奥義を伝授され、競馬・相撲・闘鶏・囲碁・双六などにも長じていた。四十二歳のとき隠岐へ流されるまでに、造営した御所や離宮は十八に及ぶが、鳥羽・水無瀬・宇治はもっぱら遊興用で、そこへは遊女や白拍子を召していた。

藤原定家（後鳥羽院は定家の和歌を認めていなかった）の『明月記』には、「毎日〱遊蕩三昧」とか、「遊女列座し、乱舞は例のごとし」と、後鳥羽院の遊興を述べている。また『承久記《じょうきゅうき》』（「承久兵乱記」「承久軍物語」ともいい、承久の乱の直後に書かれた乱の記録）は、上皇となってからは、后妃や女御といった身分の高い女性をさておいて、もっぱら賤しい身分の女たちに近づいたと書く。

「いやしきけしよをちかつけさせ給ふ」の「けしよ」は、「化生《けしょう》の者」の「化生」で、「鬼は化生のものなれば」（『今鏡』）といわれたように、妖怪の意味もあるが、美しく飾り、媚《こび》て男を迷わす「化粧」の女、遊女・白拍子をいう。ここでは、遊女・白拍子の「化粧」の女を指している。

白拍子は舞女ともいうが、『本朝皇胤紹運録』『明月記』『一代要記』『大日本史』（皇妃伝）などによれば、後鳥羽は舞女の滝・石（丹波局）・姫法師などに皇子・皇女を生ませている。滝は熊野三山検校《けんぎょう》の覚仁法親王の母だが、丹波局の石については、『明月記』の元久二年（一二〇五）二月十一日条に、丹波局は後鳥羽院の女房と書き

白拍子、石、御簾編男娘、今備綺羅、寵愛抜群。

という注を入れている。石という名の白拍子で、御簾編みの男の娘であったが、綺羅《きら》の備わった美人で、後鳥羽院の寵愛は抜群だったというのである。この丹波局については『明月記』に、「不遂産夭亡」とあり、難産のために若くして亡くなっている。

彼女は、祖父後白河法皇が寵愛した遊女あがりの女房と同じく丹波局という。たぶん、遊女出身の祖父の女房丹波局にあやかって、後鳥羽上皇は、白拍子出身の女房に同じ局の名をつけたのであろう。この丹波局は、懇子・粛子内親王の母である。

『諸門跡譜』は、

後鳥羽院愛女、舞女姫法師。

と書く。白拍子出身の丹波局の石についても「舞女」と書く文献があるから、この「舞女」も白拍子である。中山太郎は、この記述について、「明白に白拍子とは記してないが、当代の舞姫または舞女とは白拍子を意味してゐたことは、他の類例からも知ることが出来る」と書いている[1]。

彼女が「姫法師」といわれたのは、白拍子の「磯禅師」と同じで、「仏神の本縁を歌ふ」からだが、彼女を「後鳥羽院愛女」と書くのは、石（丹波局）と同様に寵愛されたからである。彼女の生んだ三人の息子は、いずれも僧籍（僧覚誉・道伊・道縁）に入っている。僧になったのは後白河法皇の愛女丹波局の皇子と同じだが、天台座主《ざす》のような最高位にはついていない。

皇子・皇女は生まなかったが、後鳥羽上皇にもっとも寵愛された白拍子に、亀菊（伊賀局）がいる。彼女が上皇から賜わった摂津の倉橋・長江両荘の地頭職停廃をめぐる幕府との争いが、承久の乱の直接の原因である。

『承久記』は、幕府の執権北条義時が、亀菊らが上皇を「そそのかし申ける」地頭改易の要求には応じられぬといったので、上皇は「いよ〱御はらたてさせ給ひて」と書く。

後藤紀彦は、「倉橋・長江両荘は神崎の地に近く、意にそわぬ地頭を退け、一円荘とすることによって、同地の遊女を支配しようとする動きが、亀菊の側にあったのではなかろうか」と書くが、(2) 承久の乱に破れた後鳥羽上皇は、隠岐に流される。

『承久記』は、隠岐に同行した女房を「かめきく殿」と書き、隠岐へ行く途中の明石で後鳥羽院の詠んだ、

みやこをば　やみ〳〵にこそ　いてしかと　けふはあかしの　うらにまにけり

という歌と、かめきく殿の詠んだ、

月かげは　さこそあかしの　うらなれど　くもゐのあきぞ　なをぞこひしき

という歌を載せている。

『広隆寺文書』には、隠岐に配流されて十九年後に薨《こう》じた後鳥羽上皇に、最後まで仕えて臨終をみとったのも亀菊であったと記されている。

白拍子は「舞女」としての遊女

白拍子については、『徒然草』(一三〇〇年代の前半成立) に (第二百二十五段)、

多久資《おほのひさすけ》が申けるは、通憲入道、舞の手の中に、興ある手どもを選びて、磯の禅師といひける女に教へて、舞はせけり。白き水干《すいかん》に、鞘巻《さやまき》を差させ、烏帽子《えぼうし》を引き入れたりければ、男舞とぞいひける。禅師がむすめ、静と云ひける、この芸をつげり。これ白拍子の根元なり。仏神の本縁を歌ふ。その後、源光行、多く本を作れり。後鳥羽院の御作もあり、亀菊に教へさせ給ひけるとぞ。

とある。

多久資は雅楽寮の楽人であり、通憲入道は信西のことで、後白河院に近侍し、平治の乱で殺されている。信西は博学多芸の人で『信西古楽図』の著作もあり、音楽にも造詣が深かったから（『口伝集』によれば、後白河院の今様の師の傀儡女の乙前を紹介したのも信西である）、彼が磯禅師に舞の手を伝授したのはうなづける。

磯の禅師は、『平家物語』（巻第十二・土佐房被斬）に、「判官（源義経――引用者注）は、磯禅師といふ白拍子の娘静といふ女を最愛せられけり」と書かれている白拍子だから（磯禅師が静御前の母であることは、『吾妻鏡』の文治二年三月一日条、『義経記』巻四・義経都落の事の条にも記されている）、「禅師がむすめ、静と云ひける、この芸をつげり」は当然である。

『源平盛衰記』（成立については『徒然草』より前とする説と直後とする説がある）の巻十七「祇王祇女仏前事」には、

世に白拍子と云者あり。漢家にて虞氏、楊貴妃、王昭君など云しは、是皆白拍子也。吾朝は鳥羽院御宇に、島の千歳、若の前とて、二人の遊女舞始けり。始には直垂《ひたたれ》に立烏帽子、腰の刀を指《さし》て舞ければ、男舞と申けり。後には事がら荒しとて、烏帽子腰刀を止《やめ》て、水干に袴ばかりを着て舞ふ。

とある。

鳥羽院は後白河法皇の父である。『徒然草』は通憲入道（信西）が白拍子（男舞）をはじめたと書くが、彼は後白河法皇の乳母の夫であるから、鳥羽院の頃からはじまったという『源平盛衰記』の記事と合う。通憲入道が教えた島の千歳・若の前という二人の遊女は、腰に刀（『徒然草』は「鞘巻」と書く）をさし、直垂（『徒然草』は「水干」と書く）に立烏帽子という男装であったから、「男舞」と称したというが、この「男舞」を遊女が最初に行なっていることからも、白拍子もまた広義の「あそび女」である。

白拍子はあそび女であっても、平安末期の文献が「舞女」と書くように、舞が主であり、その点が、同じあそび女であっても、江口・神崎の遊女や、東海道・東山道の宿の傀儡女とはちがう。瀧川政次郎も、「江口・神崎の遊女は、中右記、元永二年七月八日条に、『歌謡女』と著されているように、ただ謡うだけであった」と述べている。(3) それに対して白拍子は舞女といわれ、舞を主としたのは、白拍子の源流が延年《えんねん》舞だったためである。

白拍子は、本来は僧家の声明《しょうみょう》の語で、大寺の延年舞のときなどに、寺童らが普通の語音に近い「素声《しらごえ》」で謡うことから、「白拍子」といわれた。「素声」は、雅楽でいう「只《ただ》拍子」で、アクセントのない平板な拍子をいい、洋楽の二分の三拍子にほぼ当たる。

この白拍子を、女でなく男が舞ったことは、文治二年（一一八五）の『神宮大般若転読記』にも、如意という小童が白拍子を舞ったとある。前述の守覚法親王の『右記』にも、公達《きんだち》以下の俗姓の童は白拍子を舞ってもよいが、貴種の童はやらないほうがよいとあり、『明月記』にも、建仁二年（一二〇二）三月、天台座主の報恩講に童が舞台で白拍子を舞ったとある。男といっても童男である。

『明月記』には、正治二年（一二〇〇）二月五日、後鳥羽院の御読経の日、僧たちおよび上北面の輩が白拍子を舞い、また白拍子女および舞僧を召して舞わせたとあり、建仁二年（一二〇二）十月、後鳥羽院の熊野参詣のときには、籾井の王子で、扈従《こじゅう》の人々が白拍子の二人舞を舞ったとある。この扈従は、正治二年の上北面の輩と同じ人々であろうが、それ以外に、僧・舞僧・白拍子女らも舞っている。白拍子女は男装をして舞ったのだが、この舞女（白拍子女）の舞が白拍子舞の代表になって、この舞をまう舞女も白拍子というようになったのである。

白拍子は本来、延年会のとき小僧・舞僧によって舞われたから、『花園天皇宸記』の元亨三年（一三二三）五月十二日の条には、法師二人が院参して白拍子を謡ったとあり、法師が登場している。白拍子に「磯禅師」「姫法師」という名があるのも、本来は小僧（童）・舞僧による歌舞だったからである。『徒然草』が「仏神の本縁を歌ふ」と書き、「男舞」と書くのも、白拍子の性格を示している。

白拍子と天皇

『明月記』建仁二年（一二〇二）六月二日条に、

今日人々預二白拍子一。悉着二新装束一参集云々。遊女今度不レ賜二衣裳一。各須二人々忽遣レ召。各参集。十九人。云々。出御。遊女如レ例参上。郢曲了退。次白拍子於二女房御簾前一舞。御所甚近。

とある。この記事は、後鳥羽院の水無瀬離宮に、白拍子と遊女が召されたことを記している。ここに書かれている遊女が江口・神崎の遊女であることは、『明月記』の同年六月六日の水無瀬宮洪水の記事に、「雨殊甚、江口遊女等愁歎」とあることからもいえるが、この「江口遊女」は六月二日に召された遊女たちである。

ところが、鎌倉中期になると、江口・神崎の遊女は上皇の離宮に召されていない。『増鏡』（巻十・老のなみ）の弘安二年（一二八〇）九月の条に、

両院（後深草・亀山上皇）、ひとつ御車にて伏見殿へ御幸なる。（中略）又の日は、ふしみ津にいでさせ給て、鵜舟御覧《ごろう》じ、白拍子御舟にめし入て、歌うたはせなどせさせ給。

とある。瀧川政次郎は『増鏡』の記事について、「召されているのは白拍子のみである。船中では歌をうたうだけで、舞はまい得ないのであるから、遊女をこそ召さるべきに、白拍子のみが召されているのは、この頃既に江口・神崎には貴顕の御前に侍し得るような、気のきいた遊女は、いなくなっていたことを推測せしめる。江口・神崎の遊女が鎌倉時代に至って白拍子に取って代わられたのは、江口・神崎の遊女が売色を主として芸能の修練をおろそかにした結果であると思う」と書いている。(4)

『増鏡』の弘安二年（一二七八）より二年早い建治三年（一二七七）の八月に、後深草上皇は、伏見殿に白拍子を呼んでいる。そのとき同行した『とはずがたり』の作者は、次のように書いている。

姉二十《はたち》あまり、蘇芳の単 襲《ひとへがさね》に袴《はかま》。妹は女郎花《おみなへし》、素地の水干に、萩を袖に縫ひたる大口（大口袴）を着たり。姉は春菊、妹若菊といひき。白拍子少々申して（すこし歌って）、立姿、御覧ぜられんという御気色あり（舞姿を見たいという後深草院の御意向があったが）、「鼓打ちを用意せず」と申す。そのわたりにて鼓を尋ねて、善勝寺（大納言四条隆顕）これを打つ。まず若菊舞ふ。その後、姉を、と御気色あり。捨てて久しくなりぬる由（舞をやめて長年になると）、度々辞退申ししを、ねんごろに仰せありて（院が言葉を尽しておっしゃって）、袴の上に妹が水干を着て舞ひたりし。異様《ことやう》に面白く侍《はべ》りき。いたく短からずとて、祝言の白拍子をぞ舞ひ侍りし。

彼女らは、舞のための鼓《つづみ》を用意しておらず、姉は後深草上皇から懇請されて舞っており、舞女としての白拍子でなく、歌女としての白拍子である。歌女としての江口・神崎の遊女が召されていないのは、瀧川のいうように、遊女が芸より売色を主とするようになったためであろう（芸者が単なる娼婦になってしまったのと似ている）。

後深草上皇と白拍子

『とはずがたり』は、春菊・若菊について、はじめは「白拍子」と書いているのに、翌日からの彼女らを「傾城《けいせい》」と書く。「白拍子」には歌舞をする舞女・歌女のイメージがあるが、「傾城」には色を売る女のイメージが強い。

『とはずがたり』は十三世紀後半の成立だが、十二世紀後半から十三世紀初頭に成立した『宇治拾遺物語』の巻第十一の二十四（一条桟敷屋鬼の事）に、

今は昔、一条桟敷屋に、或る男泊りて、傾城と臥《ふ》したりけるに……

とある。この「傾城」は色を売る女の意味だから、十三世紀後半の建治三年（一二七七）の伏見殿での事を書く『とはずがたり』の「傾城」は、『宇治拾遺物語』の場合と同じ意味である。

『とはずがたり』の作者二条は、彼女の愛人でのちに太政大臣になる西園寺実兼について、公人としての場合は実名で記し、愛人としては登場させる場合は「雪の曙」と書き、同一人物でも表現を使い分けている。福田秀一も、「作品の中では、公人としての実兼と作者の愛人としての『曙』とを書き分けようとする努力が払われている」と述べているが、(5)「白拍子」から「傾城」に表現が変わったのは、歌舞の以外のときの姉妹が、後深草上皇と「臥したりける」の関係になったからであろう。

後深草上皇の伏見離宮での夜を、『とはずがたり』は詳細に記している。いつも上皇は二条のそばで寝ていたから、白拍子は抱いていないという見解も出てくるだろうが、そうとはいえない。いえない理由は二つある。

一つは、上皇は二条のそばで寝ていたとしても、『とはずがたり』が書いているように、それは二条と関白兼平の同衾を見るためであり、前述（二〇七頁〜二一〇頁）した添臥の乳母や娘の母親のようなものであったからである。

『とはずがたり』によれば、作者の二条には、太政大臣の鷹司兼平が執心し、十八歳の二条に恋心を伝える歌をおくっている（このとき兼平は四十八歳）、二十歳になった年（建治三年）の八月、上皇の御所で上皇は、兼平（『近衛大殿と『とはずがたり』は書くが、このとき摂政、翌年関白になっている）と酒宴をし、その席に二条を呼んでいる。兼平は、二条が美人であること、和歌・琵琶に才芸があることをほめ、彼女の久我《こが》大臣家をほめ、上皇に、子息の中納言中将兼忠に今様の素質があるから、上皇の今様の秘事を伝授してほしいと頼む。上皇は承諾して「京の御所では面倒だから、伏見の御所で」といって、二日後に兼平親子と伏見御所へ行った。そのときの上皇のお伴のなかに、二条も入っていた。

夜の宴会ののち、上皇は早々に寝てしまう。彼女は強引に兼平の部屋へ引きずりこまれ、「年月思ひそめし（長い年月、あなたに思いこがれていた）」と口説かれるが、適当に答えて上皇の寝所へ逃げてくる。すると、寝ていたはずの上皇が起きていて、また酒を呑むというので、上皇と付き合ってまんじりともせず一夜をおくる。

翌日の夜も宴会があり、そのあと上皇が寝るというので腰をもんでいると、兼平が入って来て、二条に「ちと物仰《ものおほ》せられん（ちょっと用を頼みたい）」という。立ち上がるわけにもいかず、じっとしていると、兼平は「御寝にてある折だに（お寝《やす》みになっている間だけでも）」という。それを聞いて上皇は「はや立て、苦しかるまじ」とせきたてる。この描写からみても、兼平の息子への今様伝授など、カモフラージュであることがはっきりしている。

彼女は、「はや立て」という上皇の言葉に、「死ぬばかり悲しき」と書いている。上皇は自分の足もとにいた二条の「手をさへ取りて引き立てさせ給へば、心のほかに（心ならずも）立たれぬる」と書いている。手をとったのは上皇とする説と、兼平とする説があるが、文の流れからして上皇と思われる。

上皇の寝所で障子をへだてて、朝まで兼平に抱かれたが、そのことを『とはずがたり』は、

障子のあなたにて仰せられゐたる事どもを（兼平が私に障子の向うで言ったことなどを）、寝入り給ひたるやうにて聞き給ひけるこそ（上皇が寝たふりをして聞いていることが）、あさましけれ（情けない）。とかく泣きさまたれゐたれども（私は泣きくずれていたけれども）、酔心地やただならざりけん（兼平の酔いも普通でなかったのだろう）、終《つひ》に明け行く程に帰し給ひぬ（ついに明け方になってやっと私も帰してくださった）。われ過ごさずとは言ひながら（私から進んでした過ちではないけれども）、悲しき事を尽して、御前に臥したるに、ことにうらうらとおはしますぞ（上皇が、とりわけのどやかに、そしらぬ顔でおられたのは）、いと堪へがたき。

と書いている。

翌日、京へ帰ることになっていたのに、兼平がもう一日滞在をのばしてほしいというと、上皇は応じ、兼平は酒宴の手配をする。富倉徳次郎は、「兼平の手で宴の支度がされるのは、昨夜のことに対する御礼で、逗留の延期も兼平の請願によるのであろう」とみている。(6) この記述からも、兼平の子息への上皇の今様伝授というのは名目で、伏見殿行幸は、兼平の二条への執心を上皇が聞き入れた結果である。帰京がのびたことについて、「又逗留《とうりう》あるも、又如何《いか》なる事かと悲しくて」と二条は書いている。

上皇は兼平の進言で滞在を延ばしたあと、「ことにうら〳〵とあたり給ひ（特に朗かそうに私に対されし）」という態度をとっている。また、滞在を延ばした夜、上皇と作者（二条）がいる所へ兼平が二条を誘いにきたときにも、「どうして行かぬのだ」と上皇はいい、「例のうららと『こなたも独り寝はすさまじく。遠からぬ程にこそ』など申させ給へば（例によって朗かに「こちらも独り寝はつまらないから、遠くないところに居てくれ」とおっしゃるので）」という態度をとっている（作者二条は再び兼平に抱かれている）。

自分の愛人が他人に抱かれているのに、「うらうら」とした態度をとっているのはなぜか。予定を兼平の進言によって一日延ばしているが、延ばせばさらに「一人寝」の不自由をもう一夜しなくてはならないのに、兼平の進言に応じ、「うらうら」としていたのは、白拍子が二条の代りに上皇と同衾したことを裏づけている。

以上が第一の理由だが、もう一つの理由は、当時の同衾は昼も行なわれていたことにある。『枕草子』には、一条天皇の中宮になった摂政道隆の娘定子（二十歳）のいる登華殿へ、午後二時ごろ天皇（十六歳）が会いに来て、夕方まで二人は寝て天皇は帰った。夜、天皇の御殿へ上るよう迎えが来ると、中宮は「『今夜はえなん』など渋らせ給」うている。昼間したから今夜はだめだと、行くのを渋ったのである。そこで父の道隆が、「『いと悪しき事、はや登らせ給え』と申させ給ふ」（「行かないのは大変悪い。早く行きなさい」といった）という。このように、昼と夜の二度の性生活を天皇は行なっている。白拍子を午後の就寝で抱いたから、夜は二条と兼平の同衾ののぞき見もできたのであろう。

歌だけうたった夜の春菊・若菊を「白拍子」と書き、翌日から「傾城」と書いたのは、二条からすれば、春菊・若菊が白拍子から傾城に変わったからであろう。

ところで、「傾城」の姉妹二人を上皇は相手にしたのだろうか。『とはずがたり』の書き方からみると、上皇の関心は妹の若菊にあったようである。最初の姉妹の登場のときには、「傾城」でなく「白拍子」と書き、「姉は春菊、妹若菊といひき」と書き、姉と妹の服装を書いているが、姉妹を帰したあと、帰したことを悔いて上皇がもう一度召すことにしたときには、「若菊をとく帰されたるが」と、妹の名しか二条はあげていない。それまでの書き方からすれば、「春菊らをとく……」または「春菊・若菊をとく……」と書くべきなのに、姉を無視して妹の「若菊」のみを書いていることからも、若菊を帰したことを上皇が残念がっていたことがわかる。残念がった理由は、若菊の歌舞でなく容色にあったにちがいない。

白拍子と傾城《けいせい》

鎌倉時代の「鶴岡放生会職人歌合」には、遊女と白拍子が番《つがい》で書かれているが（図8）、室町時代の「七十一番職人歌合」には、白拍子、曲舞《くせ》々とあり、遊女が落ちている。

遊女と白拍子は、鎌倉時代の初期には、「職人」として、後鳥羽上皇の離宮に呼ばれている。そのときは、遊女は「郢曲（今様）」をうたい、白拍子は舞をまっている。平安時代末から鎌倉時代前半は、遊女の「職人」としての芸は歌であり、白拍子の芸は舞であったのが、鎌倉時代の中葉から後半になると、白拍子も歌が主になり、室町時代の職人歌合には、舞の職人としての白拍子に代わって曲舞々が登場し、白拍子はかつての遊女と同じにみられるようになったのである。

室町時代の辞書『下学集』は、

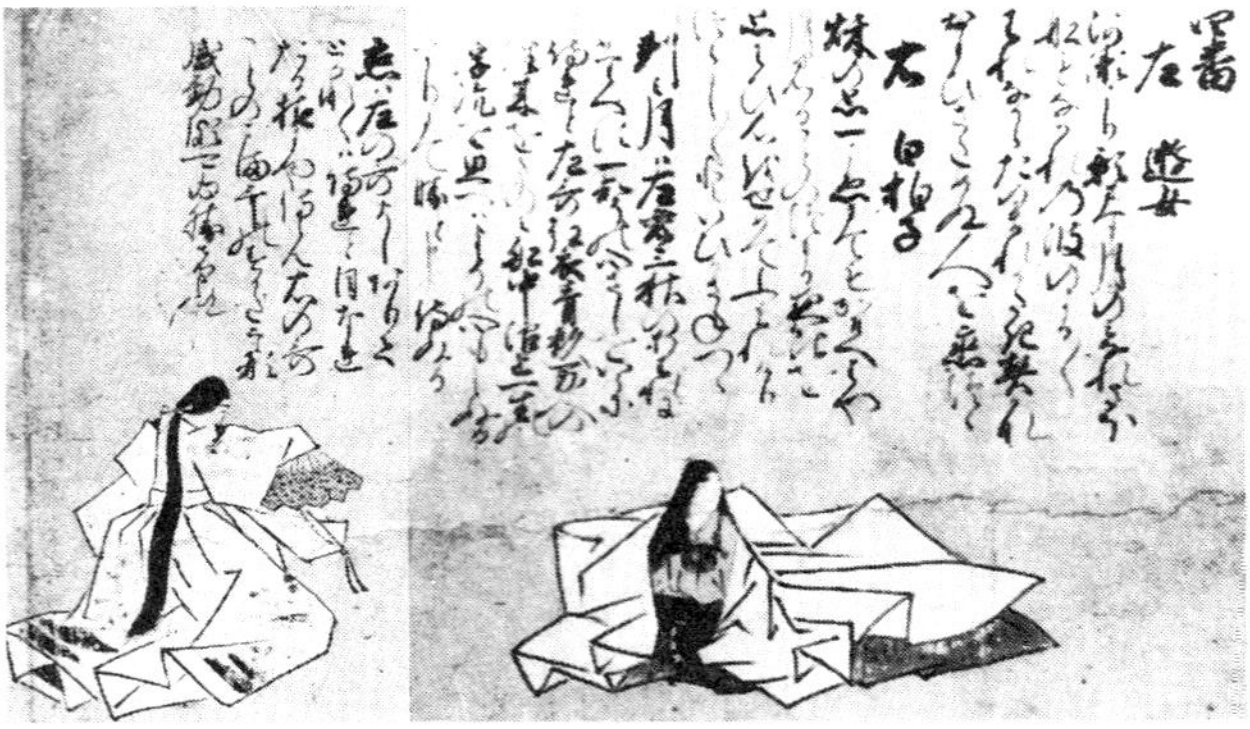

図８　白拍子と遊女（「鶴岡放生会職人歌合」）

唱門師《シヤウモンジ》［金鼓《キンコ》打《ウチ》者也］　傾城《ケイセイ》　白拍子《シラビヤウシ》［歌舞而衒《ウタイマフテテライウル》二売女《ヲ》一色之者也］

と列挙している。「傾城」は「傾国」と同義で、国を傾けるほどの美女、絶世の美人をいうが、『下学集』の傾城は遊女のことである。白拍子は、この遊女（傾城）と似たものとして扱われているが、傾城＝白拍子ではないから、別々に書かれている。しかし、『とはずがたり』が白拍子＝傾城として、傾城に力点を置いているのは、上皇と売色を目的で寝たからである。

延慶本『平家物語』の祇王説話の一節には、清盛が、

　いつしかつい立ちて、未だ舞も果てぬ前《さき》に、仏が腰に抱き付きて、帳台へ入れ給ひけるこそけしからね。

とあり（「帳台」は寝床）、白拍子は『下学集』が注したようなイメージで描かれている。

『古今著聞集』にも、

　強盗入たりけるに、貞綱は酒に酔て白拍子玉寿と合宿したりけり（巻九、武勇の条）

　白拍子ふとだまわう（太玉王）が家に、ある女にある僧かよひけり（巻第二十、魚虫禽獣の条）

とあり、白拍子も遊女と同じである。

白拍子と平清盛

『平家物語』（巻第一祇王）には、

都に聞えたる白拍子の上手、祇王・祇女とておととい（姉妹）あり。刀自《とぢ》といふ白拍子が娘なり。姉の祇王を、入道相国（平清盛）最愛せられければ、是によって、妹の祇女をも、世の人もてなす事なのめならず、母刀自にもよき屋つくってとらせ、毎月百石百貫をおくられければ、家内富貴して、たのしい事なのめならず。

抑《そもそも》我朝に、白拍子のはじまりける事は、むかし鳥羽院の御宇に、島の千載、和歌の前とて、これら二人が舞ひいだしたりけるなり。はじめは水干に、立烏帽子、白鞘巻をさいて舞ひければ、男舞とぞ申しける。しかるを中比《なかごろ》より、烏帽子、刀をのけられて、水干ばかりを用いたり。さてこそ白拍子とは名付けけれ。

京中の白拍子ども、祇王が幸《さいはひ》のめでたいやうを聞いて、うらやむ者もあり、そねむ者もありけり。うらやむ者共は、「あなめでたの祇王御前の幸や。同じあそび女《め》とならば、誰もみな、あのやうでこそありたけれ。いかさま是は、祇といふ文字を名について、かくはめでたきやらむ。いざ我等もついて見む」とて、或は祇一とつき、祇二とつき、或は祇福、祇徳なゝといふ者もありけり。そねむ者どもは、「なんでう名により、文字にはよるべき。幸はただ前世の生れつきでこそあんなれ」とて、つかぬ者もおほかりけり。

と書かれている。

白拍子の祇王を、他の白拍子たちが「同じあそび女とならば」といっており、白拍子は遊女とみられている。

祇王が清盛の寵妾になって三年後、加賀国の出身の白拍子仏が清盛の前にあらわれ、清盛は仏を寵妾にして祇王を追い出してしまうが、白拍子の仏御前は「あそび者」と書かれている。

このように白拍子・あそび女・あそび者は、『平家物語』の成立期（清盛が活躍した時代より百年ほどのちの一二〇〇年代の中頃）には、同義にみられていたのである。

仏御前は、清盛に見参したとき、清盛にまず、「見参するほどにては、いかでか声をも聞かであるべき。今様一つ歌へかし」といわれ、まず今様をうたっているから、江口・神崎や青墓宿・鏡宿の傀儡女と同じである。

白拍子・遊女の推参

仏御前が清盛の所にあらわれた場面を、『平家物語』（巻第一祇王）は次のように書く。

都に聞えたる白拍子の上手、一人出で来たり。加賀国の者なり。名をは仏とぞ申しける。年十六とそ聞えし。「昔よりおほくの白拍子ありしが、かかる舞はいまだ見ず」とて、京中の上下、もてなす事なのめならず。仏御前申しけるは、「我天下に聞えたれども、当時さしもめでたう栄えさせ給ふ、平家太政の入道殿へ、召されぬ事こそ本意なけれ。あそび者のならひ、なにか苦しかるべき、推参して見む」とて、ある時西八条へぞ参りたる。

清盛のいた別邸の西八条へ「推参」した「仏御前」に対し、清盛は、「あそび者は、人の召にしたが

うてこそ参れ」といって追いかえそうとすると、愛人の白拍子の祇王が、

あそび者の推参は常のならひでこそさぶらへ

といい、とりなしたので、清盛は入邸させ、今様をうたわせたという。

彼女の美貌と美声と歌舞のうまさによって、皮肉にも、祇王のかわりに仏が清盛の寵愛を受けることになるが、このような「推参」を、『平家物語』は「徳大寺厳島詣」（巻第二）でも書いている。

大納言徳大寺実定が、厳島詣から京に戻るとき、ついてきた厳島神社の「内侍十余人」は（「内侍」は遊女的巫女・舞女）、徳大寺の邸に寄ったあと、

「我等が主の太政入道殿へいかで参らであるべき」とて、西八条へ参じたる。

とある。この「推参」に、清盛は「いそぎ出であひ給ひて」いる。

当時の清盛は「平家にあらずば人にあらず」といわれたときの最高権力者であった。この清盛の所へも押しかけているのは、「推参」が「あそび者の常のならひ」であったからである。

平家全盛期より百数十年前、藤原氏の全盛期の関白太政大臣藤原道長の所へも、江口の遊女が推参している。

『古事談』巻二の六の「道長ト馴染ノ遊女ノ事」に、

御堂、召二遊女小観音一観音。弟也。御出家之後、被レ参二七大寺一之時、帰洛経二河尻一。其間、小観音参入。入道殿聞レ之傾赭面。給二其衣一、被レ返遣之

とある。「小観音」を「小観童」とする写本もあるが、『遊女記』の遊女観音の弟（妹のこと）が「小観音」である。

『口伝集』の一節、

五月、花のころ、江口・神崎の君、美濃の傀儡子集りて、花参らせしことありき。

について、阿部泰郎は、「院に花参りすると称して殿上に推参することを記し」たものとみる。(7)この記述の前に、「九月に法住寺にして花を参らせし時、今様の談義あり」とある。この「花」は、後白河院の法住寺殿での供花会（平安中期にはじまった仏前に花を供える法会）のことをいっている。このとき遊女と傀儡子も参加して、今様の談義をしているから、九月でなく五月の花のころ、彼女たちが推参して供花会をしたのかもしれない。

中山太郎・瀧川政次郎は、仏御前や小観音の例や、高野詣・住吉詣のとき、江口・神崎を船で通ったときの遊女推参の文献例をあげて、中山は、「この無遠慮な然も無作法な仕打は、随分、顧客の反感も買ひ併せて迷惑も懸けたやうであるが、社会もこれを別段に怪みもせず、また彼らもこれを礼儀と心得てゐた。遊女が乞盗の類と同視されたのは、勿論、その醜行に由ることではあるか、かくの如き無作法も与ってゐたことは疑ひない」と書き、(8)瀧川は、中山の視点に立って、推参を「一種の暴力行為」とし、源頼朝が「遊女の推参・芸能の押し売り」を禁じた事例として、『吾妻鏡』建久四年五月十五日条をあげ、「遊女推参の陋習を絶滅せしめたことは、鎌倉幕府の功績として記憶されねばならない」と書いている。(9)

「推参」を「醜行」「陋習」とする、中山・瀧川の視点だけで片づけてしまってよいのだろうか。阿部泰郎は「女人禁制と推参」で、藤原定家の「『明月記』における『推参』の用例の大半は、公私ともに王の関わる遊宴に際して登場する」こと。『今昔物語集』巻二十八の五節舞の推参の例、この五節舞の遊宴に遊女が「参入」すること（『平戸記』仁治元年十一月十七日条）から、「遊女《あそびめ》の〝推参〟」は、彼女らが「格別な存在であるという意識の連鎖《リンゲージ》を喚び起こすために説かれ続けた、その象徴的な言葉ではなかったか」と書いている[10]。

猪股ときわは、「遊行女婦論」で、遊行女婦は、「暴力的な遊行のエネルギーでもって招かれもしないのにこの場に参入してきたはずだ」とみて、遊行女婦の芸に見える「遊行する行為の暴力的パワー」は、「中世の『推参』という芸能のありかたにまで、通じていくものだろう」と書き、阿部の「推参」についての見解に注目している[11]。

前にも述べたが、『今昔物語集』巻第二十八の第二十七に、伊豆守小野五友が、能吏と評判の目代《もくだい》と事務をしていると、

傀儡子《クグツ》ノ者共多ク館ニ来テ守《カミ》ノ前ニ並ビ居テ、歌ヲ詠《ウタ》ヒ笛ヲ吹キ、オモシロク遊ブ。

とあり、呼びもしないのに国庁に参入している。これも「推参」である。

「傀儡子共ノ吹キ詠《ウタ》フ拍子ニ随《シタガイ》テ」、目代が、「三度拍子ニ印ヲ指ス」のを見て、守（小野五友）は「怪シ」と思った。理由は「三度拍子」が傀儡子の拍子であったからだが、この「三度拍子」で目代が印を押すのをみて、傀儡子たちがさらに「詠《ウタ》ヒ早《ハヤ》ス」と、目代は「太《フト》ク辛《カラ》ビタル音《コエ》」で、傀儡子の歌に加わってうたった。おどろいて守が目代に聞くと、「昔ノ事ノ忘レガタク」といい、元は傀儡子であることがばれてしまった。

このような、傀儡子の国庁への推参でもわかるように、中山や瀧川の書くような遊客を求めての「押し売り」だけが「推参」ではない。地方権力の中枢にまで押しかけ、地方官吏の過去の身分を暴露する

ためにも「推参」しているのである。しかし、「推参」は「歌ヲ詠ヒ笛ヲ吹キオモシロク遊ブ」であり、『明月記』の「推参」も含めてすべて遊びにかかわっていることからみても、「神あそび」としての芸能をする者、つまり「あそび者」は神人であったから、どこへでも「推参」し、それをどんな権力者も阻止できなかったのである。

瀧川は、『吾妻鏡』建久四年五月十五日条の記述をあげて、「遊女推参の陋習を絶滅せしめた」と書くから[9]、全国の遊女の「推参」を禁じたように受け取られるが、この記事は、「御狩」の宴に「手越・黄瀬川巳下近辺遊女」が勝手に「群参」するが、「群集頗《すこぶる》物窓《ぶっそう》」につき、里見義高を「遊君別当」として、狩場の宴には芸能ある者のみを選ぶ、という記事である。その後「遊君別当」は、遊女の訴訟にも関与しているが、瀧川の書くような「遊女推参の陋習を絶滅せしめ」るためではなく、鎌倉幕府の狩場の宴に遊女が群集して推参する「群参」を禁じただけで、「遊女推参」を「絶滅せしめた」のではない。

鎌倉幕府でも、この程度の禁令しか出していないのは、「推参」を「常の習ひ」とする「あそび者」は、阿部泰郎が書くように「特別な存在」であったからであり[10]、その点では天皇と同じである。したがって、当時の最高権力者の平清盛のところへも、彼女たちは勝手に「推参」しているのである。

第十二章　なぜ遊女は「衣通《そとほし》姫の後身」か

新嘗《にいなめ》の夜の一夜妻としての衣通姫

『遊女記』は、江口・神崎・蟹島の遊女は「衣通姫の後身なり」と書く。衣通姫は、『日本書紀』によれば、允恭《いんぎよう》天皇の皇后忍坂大中姫《おしさかおほなかつひめ》の妹であり（姉妹は応神天皇の孫）、『古事記』では、允恭天皇の皇女になっている。このように、記・紀の伝承にちがいはあるが、いずれにしても衣通姫は皇族である。遊女の祖を皇族とする伝承に私は注目したい（沖縄の遊女ズリも祖を王族とする）。

『日本書紀』の允恭天皇七年十二月一日条に、

> 新室《にひむろ》にうたげす。天皇、親《みづか》ら琴ひきたまふ。皇后、起《た》ちて儛《ま》ひたまふ。儛ひたまふこと既に終りて、礼事《ねやのこと》申したまはず。当時《とき》の風俗《ひと》、宴会《うたげ》たまふに、儛ふ者、儛ひ終りて、即ち自《みづか》ら座長《くらかみ》に対《むか》ひて曰《まう》さく。「娘子奉《をみなたてまつ》る」とまうす。
> 時に天皇、皇后に謂《かた》りて曰《のたま》はく、「何ぞ常の礼を失へる」とのたまふ。皇后、惶《かしこま》りたまひて、復《また》起ちて儛したまふ。儛したまふこと意《をは》りて言《まう》したまはく、「娘子奉る」とまうしたまふ。

とある。

当時の風俗では、「礼事」として舞人は、「座長」に「乙女を奉る」と言うのが「常の礼」であった。

それを言わないので、再び舞わせ、「娘子奉る」と言わせたというのである。この「娘子」が皇后の妹の衣通姫である。

「娘子奉る」のが、なぜ当時の風俗では「礼事」だったのか。そのことについては、「新室」を単純に「新築の家」と解していたのでは、明確な答えは出てこない。

「新室」については、清寧《せいねい》天皇二年十一月条に、播磨国の縮見屯倉首《しじみのみやけのをびと》の忍海部造《おしぬみべのみやつこ》細見《ほそみ》が「新室」の宴を、「大嘗供奉《たてまつ》る科《しろ》に依《よ》りて、播磨国に遣《つかは》せる司《みこともち》、山部連《やまべのむらじ》の先祖《とほつおや》伊予《いよ》来目《くめ》部《べの》小楯《をだて》」と共に行なったとある。同じ記事は、顕宗《けんそう》天皇即位前紀に、清寧天皇二年十一月のこととして載るが、顕宗紀では「大嘗」を「新嘗」と書く。

宮中で行なわれる新嘗（大嘗）の供物を集め、播磨で「新室の宴」を行なったのであって、新築祝の宴ではない。各地の屯倉《みやけ》から新嘗に「供奉の科」を集めて十二月一日に行なうのが、「新室の宴」である。新嘗の夜の「あそび」に、舞人が神妻としての「乙女を奉る」のが、当時の風俗として「礼事」であり、その神妻の「こもる」所が「新室」なのである。

『万葉集』巻十一の施頭歌に、

新室の　壁草刈りに　いましたまはね　草のごと　寄りあふ娘子《をとめ》　君がまにまに　（二三五一）

新室を　踏み鎮む娘《こ》が　手玉鳴らすも　玉のごと　照りたる君を　内にと申せ　（二三五二）

とある。二三五一の歌は、新室の壁草刈りにお越しください。草のように寄り添う乙女は、あなたの言いなりです、という意。二三五二の歌は、新室を足踏みして魂鎮めする娘が、手玉を鳴らしている。娘よ、玉のように照り輝いているお方に、内へどうぞと申し上げよ、という意である。

日本古典文学全集『万葉集（三）』の頭注は、歌の解釈は私と同じだが、「新室」を単なる新築の家とみるから、「娘婿になってもらいたい頼もしい若者に対して、口実として労働の協力を依頼する意をもつ、新室祝の歌であろう」と書く。こうした解釈では、「新室を踏み鎮む娘」の真意など、理解できないだろう。

このように、『万葉集』の歌からみても、允恭記の新室の宴の「娘子奉る」は、服属儀礼でなく、宗教儀礼であることは明らかである。

折口信夫は、二三五二の歌を、新嘗の夜の「室《むろ》ほぎ」の宴（新嘗の宴）の客人《まれびと》に身をまかせた舞姫（踏み鎮む娘）の歌とみて、二三五一の歌は、その旧習が崩れて、新嘗の夜には舞姫だけでなく、女は誰もが身をまかせた歌とみる。(1)

衣通姫も舞姫で「新室を踏み鎮む娘」であるが、『遊女記』で江口・神崎などの遊女たちを「衣通姫の後身」とすることと、允恭記の衣通姫伝承の「娘子奉る」には、通じ合うものがある。

この「娘子《をみな》」は一夜妻だが、奉られた衣通姫に、天皇は左の歌を詠んでいる。

細紋形《ささらがた》　錦の紐を　解《と》き放《さ》けて　数多《あまた》は寝ずに　ただ一夜《ひとよ》のみ

「数多も寝ずに　ただ一夜のみ」については、

一、幾夜も寝たのではなく、ただ一夜寝ただけであった、という過去の出来事についての詠歎（相磯貞三『記紀歌謡新釈』、武田祐吉『記紀歌謡集全講』、土橋寛『古代歌謡全注釈・日本書紀編』）。

二、「さあ、幾夜もとは言わず、ただ一夜だけ共寝しよう」と誘った歌（日本古典文学大系『日本書紀』）。

三、幾夜ともいわず一夜だけ、人はばからず、ゆっくりおまえと寝てみたい、という心情表出の歌

（山路平四郎『記紀歌謡評釈』、日本古典文学全集『古事記・上代歌謡』）。

という三通りの解釈がある。

このような多様な解釈が生まれたのは、一夜妻を詠んだ歌とみず、皇后の嫉妬によって「ただ一夜のみ」しか会えなかった、または会えない、しのぶ恋の歌とする前提に立って、この歌を解釈しているからだが、新嘗の新室の夜に献じられた乙女である衣通姫と、「一夜のみ」寝ると天皇がうたっているのだから、しのぶ恋の歌などではない。現人神《あらひとがみ》に奉られた乙女は神妻としての一夜妻であり、したがって「数多も寝ずに、ただ一夜のみ」なのである。こうした一夜妻の衣通姫だから、遊女の祖とされたのである。

真間の手児奈と衣通姫

『万葉集』の巻十四に載る東歌のうち、下総国の歌四首と注記されているうち三首は、真間の手児奈をうたっているが、残りの一首、

にほ鳥の　葛飾早稲《わせ》を　贄《にへ》すとも　その愛《かな》しきを　外《と》に立てめかも　（三三八六）

も、手児奈の歌の間に配列されているから、真間の手児奈と無縁ではない。

この歌について、折口信夫が「女の家」という論文で紹介していることは、第二章で述べた。折口は、「新嘗の夜は、神と巫女と相共に、米の贄を食ふ晩で、神事に与《あづか》らぬ男や家族は、脇に出払うたのである。早稲を煮たお上り物を奉る夜だと言っても、あの人の来て居るのを知って、表に立たして置かれようか、と言ふ処女なる神人の心持ちを出した民謡である」と書いているが、(2) この歌が手児奈を詠んだ歌

三首の間に連作として入っているのは、手児奈を巫女・神人とみていたことを示している。

折口は「神と巫女を相共に、米の贄を食ふ晩」と書いているが、私は第二章の折口の文章を引用したところで、共食だけでなく共寝したと書いた（五六頁）。第三章で述べたように、大津市の樹下神社の祭礼の「御膳持ち」は、神と共食するだけでなく、神の一夜妻になっている。

折口は、三三八六番歌の女性は、「一時上臈」といわれる「女の神人」とみるが、(2)「一時上臈」「一時女郎」「一夜官女」といわれる女性は、贄の米を神に供えるだけでなく、みずからが贄となって共食・共寝する（第三章参照）。遊行女婦の真間の手児奈も、神事のときの一夜妻になったので、手児奈を詠んだ連作のなかに入っているのであろう。

折口は、こうした「一時上臈」は、「神来って、家々を訪問する夜には」、女だけの家にいて神を待ったと書くが、神の訪れる夜を「新嘗の夜」とする。(2)新嘗の夜に、客人《まれびと》神に身をまかせた一夜妻を「一時上臈」とみているが、新嘗の新室の宴に奉られた「娘子」の衣通姫も、新嘗の一夜妻であり、遊行女婦の手児奈も、「一時上臈」である。

一夜妻伝承をもつ女性の出自氏族

『日本書紀』は、衣通姫（弟姫）は「母に随《したが》ひて、近江の坂田に在り」と書く。「近江の坂田」は『倭名抄』の近江国坂田郡で、そこには坂田酒人氏・坂田氏がいた。坂田郡には息《おき》長《なが》郷があり、『新撰姓氏録』では、坂田酒人真人と息長真人は共に「稚渟《わかぬ》毛二俣《けのふたまた》親王の後なり」とある。

衣通姫は、『日本書紀』では、次のような系譜に位置している。

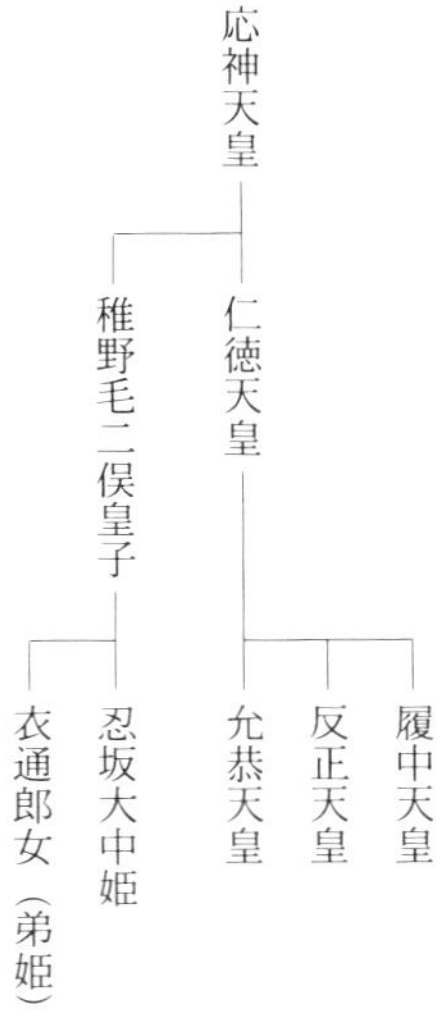

衣通姫の父の「稚野毛二俣皇子」は、「稚渟毛二俣親王」のことだから、「近江の坂田」に母（稚野毛二俣皇子の妃）と共にいた衣通姫は、坂田・息長氏系である。

一夜妻伝承は、允恭紀の衣通姫以外に、雄略紀の童女君《をぐなのきみ》（袁杼比売《おどひめ》）にもある（第三章参照）。彼女はワニ氏出身だが、ワニ氏系氏族と稚野（渟）毛二俣皇子系氏族（坂田・息長氏）の結びつきの強さは、多くの論者が認めている。

黒沢幸三も、「息長氏の系譜と伝承」で、ワニ氏と息長氏の系譜上のつながりを論証し、衣通姫の「近江の坂田」を衣通姫に結びつけているが、(3) 最近の研究では、坂田郡では息長氏より坂田氏のほうが古いとみられているから、坂田氏と考えたほうがよいだろう。

五世紀から七世紀にかけての皇統譜で、もっとも皇妃を多く出しているのは、ワニ氏系（ワニ氏は春日・小野・柿本氏などに分かれている）と坂田・息長氏系だが、一夜妻伝承の女性が同じ氏族にかかわることは、偶然の一致ではない。皇妃は神妻（一夜妻）であったから、一夜妻伝承と皇妃出自氏族が一致しているのである。

遊部と遊女

五来重は、「遊部の女性が遊行したとき、これが二つに分化して『遊行女婦』と『遊行女巫』になったと推定する」と書き、遊部—遊行女婦—遊女という系譜を考えているから、巫女の遊女化もその線でみている(4)。私は、遊女の源流がすべて遊部にあるとは思わないが、遊女について考えるとき、五来の指摘する遊部は無視できないと思っている。

貞観（八五九〜八七六）の頃、惟宗《これむね》直本が書いた『令集解《りょうのしゅうげ》』の喪葬令に、「遊部」のことが載る。「遊部」は殯所《もがりどころ》に奉仕するが、その祖というべき禰義《ねぎ》と余此《よし》は女であること、呪的舞踊を行なっていることから、五来は、天岩屋の前で神遊びした天鈿女《あめのうずめ》命と、遊部の女を重ね、「遊部は、鎮魂咒術者であるとともに、巫女であったと推定」している。そして、刀や戈を使って凶癘魂を鎮める遊部の女の所作は、男装した白拍子が太刀をもって行なう男舞につながっているとし、「白拍子の根元に遊行女婦があり、遊行女婦の根元に遊部がある」から、「当然何らかの形で服装か持物を継承」したとみる(4)。

遊部がワニ氏、特に柿本氏にかかわることは、拙著『人麻呂伝説』『人麻呂の実像』で、谷川健一・上野理・八百板正の論考を引用して述べたので、詳細は両著に譲るが、このように、一夜妻伝承と遊部には、同じ氏族がかかわっており、衣通姫とも回路がある。

遊部の原型とされる天鈿女命を、猿女君の祖と記・紀は書くが、『類聚三代格』に載る弘仁四年（八一四）十月二十八日付の「太政官符」には、猿女の養田が山城国小野郷と近江国和邇《わに》村にあったので、小野臣と和邇部臣が猿女を貢進して養田の利を得ていたが、これはよくないから改めて、猿女君から猿女を貢進すべきだと、小野野主から申し出があったとある。この小野野主の提案を受けて、その後は猿女君から貢進しているが、『西宮記』（延喜二十年〔九二〇〕十一月十日条）によれば、猿女君の猿女は「稗《ひえ》田《だ》」という姓である。

猿女君の稗田氏とワニ氏系氏族（小野氏・柿本氏）との深い関係は、岸俊男が「ワニ氏に関する基礎的研究」で述べており、(5) 和田萃も、大和のワニ氏と稗田氏は密接な関係にあったことを述べている。(6)

柳田国男も、「稗田阿礼」で、『猿女小野氏』とも名づくべき一部曲」が、「漂泊の婦女」として、各地に小野猿丸大夫・小野小町・小野於通《おつう》の伝承を伝えたと書く。(7)

このように遊部が、神あそびの祖ともいうべき天鈿女命の後裔の猿女君（稗田氏）や、ワニ氏系氏族と結びつくことからみても、遊部と遊女の関係は無視できない。

そのことは、衣通姫の系譜にかかわるワニ氏（小野氏）の小野小町が、「色好みの遊女」といわれていることと関連している。

「色好みの遊女」小野小町

室町時代に書かれた『御伽草子集』の「小町草紙」の冒頭に、

そもそも、清和の頃、内裏に、小町といふ、色好みの遊女あり。

とある。

小野小町は遊女ではないのに、ここでは「色好みの遊女」とされている。「色好み」の理由について、「小町草紙」は、

小町は、男に逢ふこと、まず千人をあげる。千人の男に逢っているから、「色好み」と書かれているが、その千人について、

千人と記したれども、逢ふて逢はぬと見えたり

と書き、言い寄って来た男、つまり「逢ふて」は千人だが、千人と性交渉はない（「逢はぬ」）と「見えたり」というのである。こうした伝承が、近世の「穴なし小町」の伝承になっていく。

江戸時代の川柳『柳多留』に、小野小町に百夜通うように言われた深草少将が九十九日目に凍死した話（「通小町」）と「穴なし小町」をかけた川柳、

百夜目は　何をかくそう　穴がなし

が載る。

性交渉のない「色好み」の遊女とは、いかなる遊女か。人間とは「逢ふて逢はぬ」が、神とは「逢ふて逢ふ」遊女のことである。

若宮の
おはせん夜には　貴御前《あておまへ》
錦を延《は》へて床を踏ません　（五〇〇）

と『梁塵秘抄』にあるが、この歌は石清水八幡宮の若宮を詠んでいる。榎克明は、「床を踏ません」を、「寝床として、相手（若宮）をその上に迎え入れることだろう」と解す(8)が、こうした神との共寝を行なうのであるから、千人の「男に逢ふ」とも「逢ふて逢はぬ」のである。

小野小町の「色好み」が受身の「色好み」なのは、神の一夜妻だからである。したがって、「小野草

紙」の結びには、

小町は、如意輪観音の化身なり

とある。

「小町草紙」が、冒頭に小町を「色好みの遊女」と書き、結びに「観音の化身」と書くのは、遊女に一夜妻のイメージを重ねたからであるが、神妻としての一夜妻が、当時の神仏習合思想によって観音とされたのである。

夢幻能の「江口」では、普賢菩薩の姿となって虚空に消えてゆく遊女が登場し、大江匡房の『遊女記』には、

江口は、観音が祖《はじめ》と為せり

とある。江口の遊女の祖を「観音」とするのも、「色好みの遊女」を「観音の化身」とする「小町草紙」の記述と、無縁ではない。

神仏習合思想の結果、「色好みの遊女」の小野小町は観音の化身になっているが、小野小町の原像は「あそび女」で、猿女君の祖の天鈿女命である。天岩屋の前で神遊びする遊女を出す氏族（ワニ氏〔小野氏〕・猿女氏）の流れに、柳田のいう小野猿女系の漂泊の婦女たちがおり、彼女たちが小町遊女説を伝えたのであろう。

衣通姫と小野小町

小野小町は衣通姫の流れをくむと、「小町草紙」は書き、理由の一つとして、「かたちよきこと」「衣

通姫に異ならず」と記している。

『日本書紀』は、衣通姫について、

容姿《かほ》絶妙《すぐ》れて比無《ならびな》し。其《そ》の艶《うるは》しき色、衣《そ》より徹《とほ》りて晃《て》れり。是《ここ》を以《も》て、時の人、号《なづ》けて、衣通郎姫《そとほしいらつめ》と曰《まう》す。

と書き、『古事記』は、

御名を衣通王《そとほしのみこ》と負《おほ》せるゆゑは、その身の光、衣《そ》より通《とほ》り出《い》づればぞ。

と書く。このように、衣通姫の「かたちのよきこと」は、記・紀にはっきり書かれている。こうした「かたちよき」衣通姫と異ならない小野小町が遊女伝承をもつのは、遊女の条件が美貌だったからである。

遊女には、さらに別の条件がある。『遊女記』は、江口・蟹島・神崎の代表的遊女の名をあげて、

皆これ倶尸羅《くしら》の再誕にして、衣通姫の後身なり。

と書く。

「倶尸羅」はインドの黒ほととぎすをいうが、この鳥は美声である。『栄華物語』に、倶尸羅の声は天鼓の如し（声如天鼓倶尸羅）とあるから、遊女は美声で「倶尸羅の再誕」、美貌で「衣通姫の後身」だというのである。

衣通姫—遊女—小野小町は美貌で結びつくが、「小野草紙」は三者の結びつきについて、美声の代わりに、「歌を詠むことすぐれたり」をあげる。

「色好みの遊女あり」につづけて「小野草紙」は、「あまたある歌の徳」を述べ、

この小町は、歌を詠むことすぐれたり。古《いにしへ》の衣通姫《そとほりひめ》の流れとも申し、観音の化身とも申し、かりに
　この世に生《む》まれ給ひ。

と書く。理由は、
　衆生《しゆじやう》の迷ひ深き、女人《によにん》あまりに心もなきものの、あはれをも知らず、仏をも礼《らい》せず、神を拝まずし
て、いたづらに月日を送り給ふことを悲しび、色好みの遊女と生れ、

とあり、「歌の徳」により、「衆生」のうち特に「仏とも礼せず、神を拝まず」の「迷ひ深き女人」を救わんとして、観音が「色好みの遊女」に化身して現われたというのである。

記・紀の衣通姫伝承は歌物語であり、衣通姫も歌を詠んでいる。

　我が夫子《せこ》が　来《く》べき宵《よひ》なり　ささがねの　蜘蛛《くも》の行ひ　今宵著《こよひしる》しも

この衣通姫の歌は『日本書紀』に載る歌謡だが、この歌を『古今集』の仮名序は載せて、「小野小町は、古《いにしへ》の衣通姫の流なり」（「流なり」は歌の流れをくむの意）と書く。

皇后を除き、女性の三十一文字の歌では、『日本書紀』に最初に登場するもっとも古い歌がこの衣通姫の歌だから、平安時代になって女性歌人の祖に衣通姫があげられ、衣通姫→小野小町という歌の流れが生まれたのである。

『遊女記』を書いた大江匡房と同時代の歌人、津守《つもり》国基（住吉神社三十九代神主、一〇二三〜一一〇二）の歌集『国基集』は、次のような歌を載せている。

　年ふれど　老もせずして　和歌浦に　幾夜に成ぬ　玉つ島姫

この歌の題詞には、和歌浦の玉津島神社の祭神は衣通姫だとあり、『遊女記』が書かれた頃には、遊

女の祖の衣通姫は玉津島の神になっている（玉津島の神は和歌の明神で、それにちなんで「和歌浦」という）。したがって、『遊女記』と『国基集』の衣通姫の伝承が合体して、謡曲『和歌吹上』では、和歌の明神玉津島へ参詣した旅の僧が遊女に会い、深夜再び現われたとき、彼女が、

愧《はづか》しや　神とはいかが岩根の松の　ことの葉かはす遊女の姿　今はた顕《あらは》れ来《きた》りたり　……月も折からすめる夜の　く　影は衣《ころも》をさえとをる　姿顕《あらは》す此神の　衣通姫は我ぞかし

といったと書く。

「小町草紙」には、小町は「観音の化身」で「古の衣通姫の流れ」を引くとあるが、衣通姫を祭神とする和歌浦の玉津島神社の女神は、遊女となって示現しており、観音の化身の遊女小町と、和歌の神の化身の遊女衣通姫は、ダブルイメージである。

このように、衣通姫は、美貌だけでなく、歌人としても遊女の祖であった。

遊女的行為は、巫女・白拍子・傀儡女も行なうが、巫女と白拍子の芸能は主に舞であり、傀儡女は第十章で述べたように歌である。遊女は歌舞を行なうが、巫女・白拍子・傀儡女とちがうのは、和歌を作ることである（傀儡女にも歌を作る人はいるが少数である）。歌を作ることが、遊女を「上臈」と呼ぶ理由の一つになったのであり、その点が「遊行女婦」につながる重要な要素となっている。

今までの遊女論は、ほとんど遊女の芸能として歌舞の面のみを重視し、その歌人的性格を無視している。遊女を衣通姫の後身とするのは、衣通姫の美貌が遊女の条件であっただけでなく、歌を詠むことも条件だったからである。『古今集』は代表的女流歌人として小野小町をあげ、小町は衣通姫の流れとするが、その小町を「小町草紙」は、歌を詠むことすぐれた内裏の色好みの遊女とする。こうした記述か

らも、美貌の歌人＝遊女というイメージが、衣通姫・小野小町の遊女伝承を生んだ原因とみられる。

「やさしき遊女」和泉式部と衣通姫

「小町草紙」が載る『御伽草子集』には、「和泉式部」も載るが、

　一条の院の御時、和泉式部と申して、やさしき遊女あり。

とある。『和泉式部集』は和泉式部の歌集だが、彼女も高名な女流歌人である。和歌の神の衣通姫、女流歌人の小野小町・和泉式部が、いずれも「遊女」にされているのも、遊女と和歌は切り離せなかったからである。

『御伽草子集』の「和泉式部」では、十三歳で橘保昌（夫であった橘道貞と藤原保昌を合わせた名）と契り、十四歳の春の頃に男の子をもうけたが、五条の橋に捨てた。その子はある町人に拾い育てられ、のちに比叡山に入り道命阿《あ》闍梨《じゃり》と呼ばれ、有名になった。道命は十八歳のとき、内裏の法華八講に出て、

　年のほど三十ばかりなる女房の、眉はこぼれて、よしありて、論議聴聞して、思ひ入りたる風情にておはしけるを、道命、ただ一目見しよりも、浅からぬ身にあこがれ、

柑子《かんし》売りになって和泉式部の局《つぼね》に赴き、恋のかぞえ歌をうたいながら、柑子を売った。この恋情を知った式部は、

　小野小町は、若盛りの姿よきによりて、人に恋ひられて、その怨念とけざれば、無量の咎《とが》によりて、その因果のがれず（小野小町は、若い盛りに姿が美しいために人から恋い慕われたが、つれなくしてその恨みの気持がとけないので、はかりしれない罪を負って、その行ないの報いからのがれられず）

であったとして、
　つねに人にわりなき情をこめたきことにと案じ（いつも人にひととおりでない情けをこめたいと考え）、道命と一夜の契りを結んだ。そのとき、道命の持っていた守刀と産着を見て、道命が若いとき捨てたわが子だと知って、式部は播磨国の書写山に上り、性空上人の弟子になったと書かれている。

　このように、『御伽草子集』の和泉式部は、「つねに人にわりなき情けをこめたきことにと案じ」たため、母子相姦を犯してしまった。このような和泉式部だから、彼女は「やさしき遊女」なのである。「やさしき遊女」は「色好みの遊女」小野小町との対比で語られているが、式部は、「つねに人にわりなき情をこめた」ので、多くの男に身をまかせたというのであり、多くの男と交わるのが「色好み」なのではない。

　赤木文庫蔵の『浄瑠璃物語（十二段草紙）』は、和泉式部は父母の孝養のために千人の男と契りを結んだと語っているが、多くの男と契りを結ばせたのは「やさしさ」「慈愛」であったから、「父母の孝養」になるのである。

『遊女記』が、上・下の身分を問わず、閨房に「接《みち》き慈愛を施さずといふことなし」と記す行為も、「好色」とはいえない。こうした遊女の「慈愛」「やさしさ」に対して、男と交わらない小野小町は「色好みの遊女」であった。

「色好み」とは、この場合、神・仏との関係をいうのであって、人との関係ではない。したがって、「観音の化身」である小野小町は、神仏を拝まず「いたずらに月日を送り給ふ」女人たちのことを「悲しび」、「色好みの遊女と生れ」たというのである。こうした発想にも、神妻としての一夜妻のイメージによる遊女像がうかがえる。

なお、『御伽草子集』の「和泉式部」は母子相姦譚になっているが、『古事記』の衣通姫物語は実の兄弟の相姦譚である。こうした異常な性交譚は、蛇や動物などとの異類婚譚と同じジャンルの話で、神婚譚の流れに入る。

『梁塵秘抄』にも、

和歌にすぐれてめでたきは
人丸《ひとまる》　赤人《あかひと》　小野小町《おののこまち》
躬恒《みつね》　貫之《つらゆき》　壬生忠峯《みぶのただみね》
遍昭《へんせう》　道命《どうみやう》　和泉式部《いづみしきぶ》

とあり、女流歌人では、小野小町と和泉式部が、和歌にすぐれた人としてあげられている。この二人が和歌の神衣通姫の後身の遊女とされていることからも、遊女と歌の関係を、いままでの遊女論のように無視してすますことはできない。

遊女小野於通《おつう》と小野氏

和泉式部が父母の孝養のために千人の男と契りを結んだと記す『浄瑠璃十二段』は、小野於通が作者といわれているが、柳田国男は「小野於通」で、

八十翁疇昔物語には、浄瑠璃の初めを説いて、小野おつうといふ遊女云々と記して居る。遊女はひどいと今の人は考へるであらうが、是はたゞ単に遊行する女婦といふまでゞ、此言葉の古い用法

に近いやうである。現に御伽草子の中には「和泉式部といふ遊女」とも見えて居る。

と書く(9)。

柳田は、「人柱と松浦佐用媛」で、遊女について、

> （前略）つまりは遊行の女婦に相違はなかったが、彼等の主なる任務は宗教であって、今日の物知りが喋々として居るが如く、媚を鬻《ひさ》ぎ人に弄ばるゝを以て活計のたよりとはして居なかった。殊に常民の妻娘と明瞭に差別せられたのは、その装束であり化粧であった。仮面や烏帽子舞衣が俗界を遮断したのは固よりだが、更に扇とか笠とかの、神に接し得る者のみが許されたる特権は多かった。さうして又其為に、言説する所は信じられたのであるから、其勢力の最初から小さいもので無かったことは想像し得られるのである。二三の貴族たちが既に信仰を失ひつゝも、その歌舞のあでやかさを賞して軽薄に相挑んだといふことが、たまたま後代の弊風を誘致したことはあっても、それは寧ろ解体であり堕落であった。売春を以て数千年来の由緒ある職業なりと解するが如きは、名称に囚はれて内容の変遷を顧みない誤謬である。従って仮に祖先は遊女であったといふことが明白になっても、其為に旧家の名誉を累はすことは些しも無い。少なくとも彼等は神の奉侍者として、来って土地の信仰を統一した功労を独占して居るのである。

と書いて、結びとしている(10)。

遊女は「神の奉侍者」であって、「売春」とはまったく関係がないとするのは、中山太郎などが柳田の遊女巫女説を発展させて、「巫娼」という言葉を乱用していることに対する批判である。私も「巫娼」という中山の造語は採らない。しかし、巫女としての遊女の「歌舞のあでやかさを賞して」「二三

の貴族たちが」「軽薄に相挑んだといふことが」遊女を娼婦とみなす「後代の弊風を誘致した」という柳田の見解には、賛成できない。

柳田は、「性」を「カミゴト」から排除しており、民俗事例にあらわれる一見猥雑な性風俗を、すべて本来の姿の「解体」「堕落」とみなしている。その発想は右の文章にもうかがえるが、遊女の「色好み」は、「内裏の色好みの遊女」の小野小町の例で述べたように、神の「色好み」である。彼女が千人の男に言い寄られても「性」を許さないのは、「色好みの遊女」としての「性」が「カミゴト」だったからである。

たしかに、後代になるにしたがって本来の遊女が「解体」し、「堕落」したことは認める。しかし、折口信夫が江戸時代の遊廓について述べているように、客を大神《だいじん》、客の連れを末社《まっしゃ》といい、迎える大夫《たいふ》との間に行なわれる儀礼は、祭りの神事とそっくり同じであった（四八頁参照）。つまり、本来の「カミゴト」は継承されているのであり、大神と大夫の性行為は一夜の神婚儀礼である。したがって、柳田のいうような、遊行女婦は「性」に関与しなかったなどということはない。そのことは、第六章の「『万葉集』の遊行女婦」で詳述したが、化粧坂という地名や、遊女が人柱・入水伝承とかかわり、神として祀られているのは、柳田のいうように遊女が「性」と無関係であったことを示すのではなく、遊女は神の一夜妻として「性」にかかわっていたから、神として祀られたのである。

柳田は、遊女の人柱入水伝承は、小野氏系の「遊行する女婦」にかかわるとし、小野於通を遊女とする伝承も「小野一党」が伝えたとし、彼らが小野小町や和泉式部伝説を普及させたとみる。[7][9][10] 私は柳田の性を賤視する説には同調しないが、小野小町・和泉式部・小野於通などを遊女とする伝承は、小野氏系の漂泊者によるものと考えている。

小野氏は元はワニ氏であり、ワニ氏・息長氏の結びつきを古代にさかのぼらせれば衣通姫に至る。このように、遊女伝承の衣通姫・小野小町・和泉式部・小野於通は、一線上にある。

ワニ氏・息長氏が古代の皇妃出自氏族であることからみても、遊女伝承と皇妃出自伝承は重なり、遊女＝皇妃といっても過言ではない。したがって、「遊女と天皇」は、けっして異質な者の組合せではなく、突飛なタイトルでもない。

第十三章　なぜ小松天皇の皇女を遊女の祖としたか

遊女の祖を小松天皇の皇女とする伝承と「小松」

遊女の祖は、平安時代の『遊女記』では、皇妃・皇女であった衣通姫とされているが、鎌倉時代になると、小松(光孝)天皇の皇女を遊女の祖とするようになる。

鎌倉時代の『伝法絵流通』の室泊《むろとまり》の場面に、

むかし小松天皇、八人の姫君を七道につかはして、君《きみ》の名をとどめ給《たまふ》

という詞書《ことばがき》が載る。「君」とは「町君《まちのきみ》」「遊君《あそびのきみ》」の「君」で、遊女のことである。「七道」は、東海・東山・北陸・山陰・山陽・南海・西海の七道をいう。

室町時代の『正源明義集』にも、

先祖、小松の天皇娘宮、玉別《たまわけ》・加陵《かすみ》・風芳《かさはえ》と有けり。江口・神崎・室・兵庫の傾城はこのすえなり。

とある。「傾城」はもちろん遊女のことである。

遊女の祖とされた皇女の父小松天皇は、光孝天皇（八三〇〜八八七）のことである。『扶桑略記』『愚管抄』『神皇正統記』は小松天皇と書くが、なぜ遊女伝承も、正式の「光孝」でなく「小松」のほうを採ったのだろうか。

『万葉集』は、「松」や「小松」を「遊行女婦」に重ねている。瀧川政次郎は、

霰打《あられう》つ　安良礼《あられ》松原　住吉《すみのえ》の　弟日《をとひ》娘子《をとめ》と　見れど飽かぬかも　（六五）

について、「霰松原の美しい松も、弟日娘の美しい姿も、いくら見ていても飽きないというのである。この歌で松が乙女にたとえられていることは、大いに注意しなければならない」と書くが、(1)松に重ねられた「弟日娘子」は「遊行女婦」である（一五六頁～一五七頁参照）。

標結《しめゆ》ひて　我《わ》が定めてし　住吉の　浜の小松は　後《のち》も我が松　（三九四）

の「小松」について、西宮一民は『万葉集全注・巻第三』で、「『小松』の『小』は愛称、女性を譬えているわけであるが、『住吉の浜の小松』ということになると、遊行女婦を頭に浮かべるのが普通」と書く。(2)

瀧川政次郎も、この歌の松・小松について、「これを物言う松と解さねば意味がとれない。（中略）住吉にすむ年若き遊行女婦と馴染んで、これを占有しようとしたのであろう。松《まつ》は待つに通ずるから、我れを待つ女、すなわち今いうところの『彼女』の意に用いられたものと考えられる。中山太郎氏は、小野小町の『町《まち》』もこのマチであるといっておられる。故にこの『小松』は、遊行女婦の雛妓であろう」と書く。(3)

大伴の　高師《たかし》の浜の　松が根を　枕き寝《ね》れど　家し偲《しの》はゆ　（六六）

についても瀧川は、「この『松が根』もこれを女の頸の根ッこと解して始めて意味が通ずる」と書き、「松は当代における遊女の隠語」とみて、(3)

いざ子ども　早くやまとへ　大伴の　御津《みつ》の浜松　待ち恋ひぬらん　（六三）

の「御津の浜松」も、「御津に生《お》える浜松の数ほどいた遊行女婦と解さねばならない」と書く。[4]「御津の浜松」を御津の浜の遊行女婦とする瀧川説には問題があるが、「高師の浜の待つ」が松原の弟日娘子のあとにつづいて載ることからも、「枕き寝」の「松」は遊行女婦のことである。

しかし、枕にした「松が根」は、瀧川のいうような遊行女婦の「頸の根ッこ」ではない。「頸の根ッこ」では枕にならない。遊行女婦を松に譬えているのなら、松の根の枕は膝枕と解すべきだろう。伊藤博も、『万葉集全注・巻第一』で、「松が根を枕き寝れど」は「美女と共寝する意」をこめていると解している。[5]

「小松」の「小」を、瀧川は「松（遊行女婦）」の「小（雛妓）」と解すが、「松」は瀧川もいうように「町」の意だから、「小松」は「小町」と同義で、「阿小町」の略である。したがって、西宮がいうように、「こ」は愛称で、「あこ丸」「あこほと」の「あこ（吾子）」の「こ」である。

このように、『万葉集』の「松」「小松」の例からみても、遊女伝承の天皇を「光孝」でなく「小松」としてそれに固執するのは、「小松」が遊行女婦・遊女にかかわるからであろう。

松に化した神男・神女と神木の松

遊行女婦に神妻・神女的要素があることは、第六章「『万葉集』の遊行女婦」で述べた。

『常陸国風土記』香島郡の「童子女《うなゐ》の松原」の条に、神男《かみのをとこ》の寒田《さむた》郎子《をとこ》と神女《かみのをとめ》の安是《あぜ》嬢女《をとめ》が、年に一回、歌垣のときだけに会えるので、松原での歌垣の出会いに夢中になっていた。気がついたら、朝になっていたので、僮子《うなゐ》等、為《せ》むすべを知らず、遂に人の見むことは愧《は》ぢて、松の樹と化成《な》れり。

とある。神や鬼、ものの怪《け》などは、夜の世界の存在で、昼は人の世界である。夜の世界の神女・神男が夜明けを知らずにいたので松に化したという伝承からみても、松は神とかかわる。遊女（遊行女婦）は、くりかえし述べてきたように、神女の要素をもつ。だから松に譬えられたのである。

寒田郎子が神女の安是嬢女を詠んだ歌として、『風土記』は、

いやぜるの　安是の小松に　木綿《ゆふ》垂《し》でて　吾を振り見ゆも　安是小島はも

という歌を載せている。「安是の小松に木綿をかけ垂らし、私に向かって振っているのが見える。安是小島は」という意だが、安是小島は安是嬢女のことで、木綿をかけた小松は神女が木綿を振っているように見えるという意であり、小松＝神女である。

人を松に見立てる例は、『万葉集』『風土記』だけでなく、『古事記』や『日本書紀』のヤマトタケルの歌にもある。

尾張に　直《ただ》に向かへる　尾崎の埼《さき》なる　一つの松　あせを

一つの松　人にありせば　大刀《たち》佩《は》けましを　衣着せましを　一つ松　あせを

この歌は、「尾張の国にまっすぐに向いている尾津の埼の一本松よ。おまえがもし人であったなら、大刀を佩かせよう、着物を着せよう。一本松よ」という意である。この歌の松も「人にありせば」と人に見立てられているが、松に見立てられたヤマトタケルは、寒田郎子と同じ「神男」のイメージをもつ。

『常陸国風土記』久慈郡の「賀毘礼《かびれ》の高峯」の条に、天つ神の立速男命は、

天上り降りて、即ち松沢の松の樹の八俣《やつまた》の上に坐《ま》しき。

とある。

鈴木棠三は『日本俗信辞典』の「松」の項で、松を「よりましの木」として、次の例をあげる。

笠マツ（傘マツ）は伐ってはならぬ、といっている地域は広い（群馬・和歌山・高知・大分等）、それは天狗の宿る木だから（山口）、神の降る木だから（山口）、天狗の休み場だから（和歌山）、ウネの笠松は山の神の止まり木だから伐らない（高知）。二股マツは伐らない。マナバシ（マツの木が上方で二股になり、二本マツのようになっているもの）は伐ってはならない（徳島県三好郡）。マツの木の二股になったところを、朝日と夕日が同じようにさす木（日ざしのマツ）は神が宿るので伐らない（愛知県東加茂郡）。

この例は一部で、鈴木はなお数倍の例を紹介して、松が神木であることを示している。(6)

衣掛松、羽衣松、袈裟掛松など、御衣木《みそぎ》松の伝説は、神や天女が衣を掛けた木と信じられていたが、神や天狗の依る松の伝承と根は同じである。ヤマトタケルの一本松が御衣木松なのは、ヤマトタケルが神男であり、いわば常人以上の能力をもつ天狗だったからであろう。

天女の天羽衣は、松の木に掛けられるが、前述（一九五頁）したように、天女は遊女に見立てられている。謡曲「和歌吹上」には、

神とはいかが岩根の松の　ことの葉かはす遊女の姿　今また顕《あらは》れ来《きた》りたり

とあり、和歌の神衣通姫は「岩根の松」に「遊女の姿」として示現している。

『万葉集』の「松」「小松」を遊行女婦と重ねる発想は、中世になっても松と遊女を重ねているが、この松・遊女は神となった衣通姫であり、「小松」は女神と遊女のイメージをもっている。遊女の祖とさ

れる皇女の父が、正式名の「光孝」でなく「小松天皇」でなければならなかったのも、「小松」のもつこうしたイメージによるのであろう。

『平家物語』の小松維盛入水伝承と「小松」

柳田国男は、小松について、「国々の平家谷が、大抵は世の同情を集めた小松氏の系統を引き、殊に東国では重盛の女維盛の妹、何とか比丘尼の子だ孫だといふ例がある」のは、「やはり小野氏の小町と根源を同じくするものと考へられる」とし、「少なくとも地理から見た記録から推して、平家の到底入り得なかった方面に、小松氏の世を避け且つ栄えて居るものは、其生活の根拠が神に在り、彼等の祖先は即ち之に随従し奉仕した神人に過ぎなかった為といふことは出来る」と書く(7)。「まつり」の「まつ」は「まち」と同じだから、小松は「小町と根源を同じく」し、「神人」であることを示すと柳田はいっているのだが、小松氏が平家の落人と称するのは、『平家物語』が平重盛を「小松殿《どの》」「小松の大臣《をとど》」と書き、重盛の嫡子維盛を「小松三位中将維盛卿」と書くからである。この「小松」に結びつけて、各地の小松氏は平家落人伝説を作ったのである。

『平家物語』の「小松」伝承は、小松殿の子の「小松三位中将」の維盛の話が中心である。

まず巻第七の「維盛都落」からはじまり、巻第十の「首渡」「横笛」「高野巻」「維盛出家」「熊野参詣」「維盛入水」は、維盛を中心に語られている。維盛が熊野の那智の沖で入水して亡くなったあと、残された妻については巻第十の「三日平氏」、子の六代については巻第十二の「六代」「泊瀬六代」「六代被斬」で語られており、維盛は『平家物語』の主役の一人である。

維盛は都落ちして屋島に至ったが、屋島の陣中から抜けて高野山へ入山、出家して熊野三山を参詣したあと、那智の沖へ舟を出して入水した。

『平家物語』は、熊野三山の参詣を終えた維盛について、

浜の宮と申す王子の御まへより、一葉の船に棹さして、万里の蒼海にうかび給ふ。はるかの奥に山なりの島といふ所あり。それに舟をこぎ寄せさせ、岸にあがり、大きなる松の木をけづりて、中将銘跡を書きつけらる。

「……三位中将維盛、法名浄円、生年廿七歳、寿永三年三月廿八日、那智の奥《おき》にて入水す」と書きつけて、又奥へぞこぎ出て給ふ（「維盛入水」）。

とあり、松が重要な意味をもっている。

小松中将維盛は松に墓碑銘を記しているが、刑死した有馬皇子（孝徳天皇の皇子）も、『万葉集』に、

磐代の　浜松が枝を　引き結び　ま幸くあらば　またかへりみむ　（一四一）

と詠んでいる。題詞に、「有馬皇子、自《みづか》ら傷《いた》みて松が枝を結ぶ歌」とあるように、処刑を覚悟して、もし処刑がなければまた見ることができるだろうと、松の枝を結んだというのである。有馬皇子は入水死ではないが、「浜松」とあるように、この異常死も海と結びついている。

浦島子の歌が『万葉集』に載るが（一七四〇・一七四一）、海に入水した浦島子を、

老ひもせず　死にもせずして　永き世に　ありけるものを……

と、不死のイメージで詠んでいる。有馬皇子は松と松を結び、小松維盛は松に墓碑銘を書く。そのことで再生を願ったのである。

『万葉集』によれば、河辺宮人は、入水自殺した娘子《をとめ》の屍を、姫島の松原に見て、

妹が名は　千代に流さむ　姫島の　小松が末《うれ》に　苔生《む》すまでに　（二二八）

と詠む。「千代に流さむ」「小松が末に苔生すまでに」と、入水死した松原娘子を不死のイメージで詠んでいるのである。

『万葉集』は、柿本人麻呂が有馬皇子の結び松を見て、

後《のち》見むと　君が結べる　磐代の　小松が末を　また見けむかも　（一四六）

と詠んだ歌を載せている。この歌は、有馬皇子は小松の梢《こずえ》をまた見たであろうか、と解されているが、皇子は刑死しているのだから、また見ることは無理である。「また」は、私（人麻呂）が代わりに見た「また」だから、有馬皇子の結び松を私が見ることで、皇子はいまも生きているという意味である。したがって、「小松が末をまた見けむかも」と「小松が末に苔生すまでも」は同じ意である。

『古今集』も、この歌に死と再生（不死）のイメージをみて、

梓弓　いそべの小松　誰か世にか　万世《よろづよ》かねて　種をまきけむ　（九〇七）

この歌は、ある人の曰く、柿本人麻呂が歌なり

という歌を載せている。「万世かねて種をまきけむ」は、死と再生による不死を詠みこんでいる。そして、この歌の前に『古今集』は、

我見ても　久しくなりぬ　住の江の　岸の姫松　いく世へぬらん　（九〇五）

住吉の　岸の姫松　人ならば　幾世かへしと　問はましものを　（九〇六）

の二首を載せる。

いく世経た岸の姫松に対し、「人ならば」いくども死に、生まれかえったであろうと（「幾世かへしと」）問いたいものだという意であるから、そのあとにつづく、ある人が柿本人麻呂の歌という「梓弓いそべの小松」の歌も、当然、死と再生の不死を詠んだ歌である。

この歌は、有馬皇子の結び松の歌に関連して人麻呂が詠んだ小松の歌をヒントに詠まれているから、有馬皇子の歌も死に臨んで再生を願った歌といえる。

小松維盛が「一葉の船」に乗って出発した「浜の宮」には補陀落《ふだらく》寺があり、沖の「山成島」で松の木に墓碑銘を書いたと『平家物語』は語っているか、山成島は同じ那智浦沖の帆立島や綱切島と共に、補陀落渡海の聖地である。この聖地は、同行の曳船と入水者の乗る船との間の曳綱を切って、船を沈める場所であった。入水した人は、観世音菩薩の世界の補陀落浄土（観音浄土）で再生し、永遠の生命を得るという。この補陀落渡海の思想によって維盛伝承は語られているが、この思想は、『万葉集』の浦島子の歌にみられる常世思想が仏教化したものである。

維盛入水説話の源流は有馬皇子の結び松に至るのであり、したがって、補陀落渡海の話になっていても彼は小松維盛であり、松の木に墓碑銘を刻したのである。

松と若子と入水死

有馬皇子の結び松も、小松維盛の松の木も、なぜか紀州の海岸にあり、和歌の神で遊女の祖、衣通姫の松も紀州である。

「小松」に重ねられた「松原娘子」の歌を載せる『万葉集』の巻三挽歌は、入水自殺した松原娘子を

「久米若子」として詠み（四三五）、久米若子のいた紀州の海岸の三穂の岩屋をたずねた博通法師は、

石屋戸《いわやと》に　立てる松の木　汝《なれ》を見れば　昔の人を　相見るごとし　（三〇九）

と詠んでいる。久米若子は松原娘子と重ねられているが、若子は「松の木」に見立てられており、松原娘子が「小松」とみられているのと同じである。たぶん久米若子の死も入水死とみられるが、紀州の海での入水死である。

このような紀州の海への入水死と松の歌以外に、川への入水死にかかわる松の歌を、柿本人麻呂は詠んでいる。入水自殺した宇治若郎子《いらつこ》（若子）について、

妹らがり　今木の嶺に　茂り立つ　嬬松《つままつ》の木は　古人《ふるひと》見けむ　（一七九五）

と人麻呂は詠む。「古人」は「昔の人」と重なる。博通法師は、昔の人（久米若子）を松の木に見立てているが、人麻呂は、古人（宇治若子）を嬬松に見立てたのである。

このように、異常死（主に入水死）した人に松や小松が登場するのは、拙著『人麻呂の実像』で書いたように、入水の死者に人々が神人のイメージを抱いたからである。

人麻呂の死を詠んだ丹比真人の歌に、

荒波に　寄り来る玉を　枕に起き　われここにありと　誰か告げむ　（二二六）

とあることから、人麻呂は入水刑死したとする梅原猛の説がある。私は梅原説は採らないが、人麻呂の死を入水死とみる歌があり、宝亀三年（七七二）成立の『歌経標式』が柿本人麻呂を「柿本若子」と書いていることから、拙著『人麻呂の実像』で、こうした歌や人麻呂を「若子」とする発想は、人麻呂を歌の聖《ひじり》とみたためであるとした（人麻呂は神として祀られている）。「若子」は神男の寒田郎子のイメージ

である。

説教節の「愛護若《あいごのわか》」は、若子の放浪と入水自殺の話であり、若子入水死と共通している。行き倒れた愛護若を介護した田畑之介は、愛護若との別れに、

岩ほの小松をとり持ちて、志賀の峠に植え給ひ

といい、次のような呪言をこの小松にかけよと、愛護若にいっている。

愛護、世に出てめだたくば、枝に枝さき、唐松の千本松と呼ばれよや。

愛護、むなしくなるならば、松も一本葉も一つ、志賀唐崎の一つ松と呼ばれよ。

愛護若は、日吉山王権現の「霧降が滝」に身を投げて死ぬから、「千本松」でなく「一つ松」になり、「唐崎の松は若者の形見」と語られている。

ヤマトタケルの「尾崎の埼なる一つの松」の歌も、タケルが伊吹山の神の呪力によって死病にとり憑かれ、置き忘れた剣のある尾津の埼（現在の桑名郡多度町戸津・北小山あたり）の一つ松まで来て詠んだ歌である。この歌を詠んでまもなくタケルは亡くなっているが、記・紀の「一つの松」の歌は、タケルの悲劇的な死を予知する歌であり、説教節の「愛護若」の「一つ松」の歌と同じである。記紀歌謡と説教節の「一つ松」は、数百年の歳月を経ているが、見方は変わらない。

『万葉集』に載る有馬皇子の悲劇的な死（異常死）の「結び松」も、入水死の松原娘子の「小松」、久米若子の「松」も「一つ松」である。この幾世も経た「一つ松」の「姫松」を、「人ならば幾世かへしと問はましものを」とうたうのは、悲劇的な死を遂げた人は「一つ松」になって幾世も生きつづけている、という意味を込めてのことである。

霧降が滝に身を投げた愛護若についても、

　きりうが滝へ身を投げる。語り伝えよ。松のむら立ち。

とあり、松が語り伝えることによって愛護若が永世を獲得したのは、小松維盛が松に墓碑銘を書いて入水し、補陀落浄土で永世したのと同じである。

愛護若の「若」は、入水死した久米若子や、その久米若子と重ねられた松原娘子、宇治若郎子、入水死の歌を詠まれた柿本若子（人麻呂）と、同じ意味の「若」であるから、『万葉集』の若子たちと同じく、小松や松が登場し、入水死しているのである。

このように、「松」や「小松」は遊行女婦・娘子・神女と共に、神男・若子の化身とみられていた。

松王・松浦佐用媛伝承と小松女院

『平家物語』（維盛入水）は、小松維盛と共に入水死した従者の与《よ》三兵衛《さうびやうえ》重景《しげかげ》の幼名を「松王」と書くが、柳田国男は、松王を「人柱に立つ童児の名」とみて、松王という名の者が人柱となって入水し、神に祀られた例をあげている(8)。

松王は、松に若《わか》（童《わらわ》）がついて松若（童）ともいわているが、柳田が、松王の「王は神子を意味し、若宮や王子の社と根源を同じくす」と書くように、王も若と同義である(8)。入水死した久米若子・柿本若子（人麻呂）は、松王（若・童）であり、入水死して山王明神に再生した愛護若も松王である。このような松王伝承が、小松維盛と共に入水死した与三兵衛の幼名を「松王」にしたのである。

柳田国男は、人柱となって神に祀られた「松王」について書いた「松王健児の物語」と関連するとして、同じ「松」のつく「松浦佐用媛」について、「人柱と松浦佐用媛」という一文を書いている。

岩手県の胆沢郡や水沢市には、大蛇が人身御供を求めたので、生贄の娘の身替りに都から備前松浦出身の「小夜《さよ》」という遊女を連れてきたという伝説があり、『御伽草子集』や説教節に、肥前の松浦長者の娘小夜が家の没落で奥州に売られて来たのを、大蛇の人身御供にしたという物語があることから、柳田は、こうした伝説や物語は漂泊の遊女たちが伝えたと書く[7]。

『万葉集』(巻五)に、朝鮮に船出した大伴佐提比古《さでひこ》を送る、佐提比古の「妾《をみなめ》」の松浦佐用媛を詠んだ歌が載るが、この領巾《ひれ》振りの歌は、遊行女婦児島が、都へ帰る大伴旅人を送ったときの領巾(袖)振りの歌と似ている。中山太郎は、松浦の港にいた遊行女婦が松浦佐用媛だとみている[9]。

『肥前国風土記』(松浦郡)は、松浦佐用媛を「弟日《をとひ》姫子《をとめ》」と書く。遊行女婦の住吉の「弟日娘子」と同じ名である。折口信夫は、「弟日姫子」という名は、「遊女の総称であったらしい事から」みて、「松浦佐用媛」は「恐らく遊女の類であったらうと思はれる」と書く[10]。

謡曲『愛寿』に、

凡《およそ》色好みの　家に生れ来る身は　埋木の人知れぬ　事のみしげき閨《ねや》のうち　真木の戸ぼその明暮に　頼めぬ人を松浦姫　さよの　寝覚《ねざめ》のとことはに　そひもそはれぬ一夜妻の　あひ別るゝや　何もうかれ女《め》なるらん

とあり、松浦佐用姫は、「うかれ女」の「一夜妻」とみなされている。

『風土記』では、『万葉集』でうたわれている佐提比古を狭手彦と書くが、狭手彦を褶振峯《ひれふりみね》まで送った五日後から、狭手彦に似た人が彼女の所へ夜ごと通ってきた。その人が暁になって帰るのをつけていく

と、褶振峯の頂上の沼の蛇で、蛇は人に化して、

篠原の　弟姫の子ぞ
さ一夜も　率寝《ゐね》てむ時《しだ》や
家にくださむ

とうたい、姫と共に沼に消えた。その後、親族の者が沼を見ると、底に弟姫（弟日姫子）の屍があったので、褶振峯の南に墓を築いたが、その墓は今も在る、と『風土記』は書いている。

この墓についての伝承は、海や沼に入水した真間の手児奈や芦屋の莵原処女の墓を見て、山部赤人・高橋虫麻呂が詠んだ歌と重なる。松浦佐用媛伝承は、「一夜も率寝《ゐね》て」と神婚譚になっているから、遊行女婦の手児名の場合も神に召された神婚譚・人柱伝説である、『筑前国風土記』逸文は、狭手彦と妾の那古若《なごわか》が乗った舟が海神によって進まなくなったとき、那古若を薦《こも》に乗せて「波に放ち浮べ」たと書く。彼女は海神の一夜妻になるため入水したのであり、人柱・人身御供譚である。遊女の祖の衣通姫（彼女を『日本書紀』は「弟姫」と書く）が、「娘子奉《をとめたてまつ》る」の「娘子」として一夜妻になったように、海神に奉献された一夜妻であり、同じ『風土記』の水神（蛇）の一夜妻になった佐用媛（弟姫）と重なる。

水（海）神の一夜妻となった遊行女婦の佐用媛は、九州の伝承の人物だが、中世になると、遊女佐用（小夜）姫として東北にまで足跡を残したのである。

『神道集』（南北朝時代の社寺縁起集）の「赤城大明神事」で、十六歳の淵名姫が簀巻《すまき》にされて川に沈められ、赤城大明神として示現した話、「伊香保大明神事」で、沼に身を投げた伊香保姫が伊香保大明神になった話、「橋姫明神事」で、人柱にされた夫の後を追って入水した妻が橋姫として祀られた話など

も、根は佐用媛伝説にある。

佐用媛が那古若という名で入水死する『筑前国風土記』の話は、『古事記』や『日本書紀』が記す弟橘媛の入水伝承を連想させる。ただし、弟橘媛は日本武尊の代わりにみずから入水する「献身」なのに対し、狭手彦と那古若の場合は、「あひなげく」とあるように、那古若は「犠牲」であり、中世の人柱・人身御供伝説と共通している。献身から犠牲という変化はあるが、守屋俊彦は、いずれも海神との聖婚譚とみている。(11)『古事記』は、弟橘媛は八重の畳を波の上に敷いたとあるが、畳は聖婚のためであり、それが那古若の薦《こも》になり、さらに『神道集』では、淵名姫が簀巻にされて川へ沈められたという犠牲譚になっている。そしてこのような変化は、人柱が神として祀られるという話を架上させている。

そうした話の一つに、「小松女院」の入水譚がある。柳田は、「豊後玖珠郡滝神社の粧の井、小松女院といふ貴女、十二人の侍婢をつれて、笛の名手小納言正高のあとを慕って都より下り、身を投げた後、神に祀られたといふ縁起がある」と書く。(7)入水したのが「小松」という「女院」(「女院」は皇妃をいう)になっているのは、遊女を小松天皇の皇女とする伝承や、遊行女婦または遊女の佐用媛入水譚と重なる。

入水譚の若子や女性(娘子・弟姫)に松がかかわることは前述したが、説経集の「まつら長者」では、大和の松谷(この地名は架空)の松浦長者の娘さよ姫の入水人柱伝承になっており、やはり松にこだわっている。

このように、松王や松浦佐用媛の入水伝承の「松」は、『万葉集』『風土記』の入水伝承の若子や娘子の「松」「小松」や、『平家物語』の入水譚の小松維盛や従者松王の「松」「小松」と、根は同じである。これらの伝承が遊女伝承とかかわることからも、遊女の祖を小松天皇の皇女とする理由が見えてくる。

「小松」を名乗る女院は、「粧の井」に身を投げている。柳田は、化粧水を傾城《けいせい》清水といい、その所在地を廓《くるわ》屋敷といっている例などをあげ、各地の化粧坂・化粧水・化粧塚などを遊女にかかわるものとみている。[(7)] したがって、「粧の井」に入水した小松女院（皇妃）と、遊女の祖の小松天皇皇女の、二つの伝承の根も同じであろう。

木地屋と信州高遠の奥山の小松氏

木地屋《きじや》の由緒書は、木地屋の祖を文徳天皇の皇子小野宮惟喬《これたか》親王とし、宮の仮御所を近江の小椋谷《おぐらだに》の「小松ヶ畑」または「小松御所」としている。柳田国男は、「木地屋は山中の樹を伐って、轆轤《ろくろ》を以て椀類の木地を製作する特殊の工人のことである。その郷里は、近江愛知郡の伊勢に境した東小椋村である」と書くが、[(12)] 轆轤も小松御所が発祥地であると、由緒書は記している。

柳田は、「小松ヶ畑」「小松御所」の「小松」は、「多数の平家谷口碑に、小松氏といふ旧家を中心として居る事情を、説明するものではないかと自分は思ふ」と書いている。[(7)] 私の故郷の長野県上伊那郡高遠町は、かっての高遠藩（三万三千石）の所在地だが、高遠藩の儒者中村中倧が喜永二年（一八四九）頃に書いた『伊那志略』（原文漢文）には、

「平維盛」伝えて曰く、はじめ非持村に住む。今の入山《いりやま》これなり。その勧請するところの宇佐八幡祠、今尚存す。後、浦村に移すと云う。

とあり、浦村については、『『木下陰』に曰く、いにしえから壇の浦村と言う」と書く。そして、「小松維盛の墓」浦村に在り。伝え曰う。維盛の墓つまびらかならず。碑面の文字不明なり。甚、

疑うべきとなす也。東鑑を按ずるに文覚上人、六代（維盛の子――引用者注）の為に其の命を乞い、死を免る。文覚高遠に来たる遺蹟今に在り、則ち維盛の子弟を伴い来たる、亦知るべからざる也。維盛既に紀州那智の海に没入したること、平家物語等に見ゆれば、則ちその此処に来たりしと言うは、亦疑うべきことなり。

とある。

この浦村も非持村も、今は高遠町の隣村の長谷村に属すが、浦は海抜一〇八〇メートルの高地である。松山義雄は、「昭和三十八年八月現在の浦は総戸数三十四戸、うち二十六戸が小松姓、他に西村姓五戸、宮下姓二戸、久馬姓一戸」と、「平家人集落・浦」で書く(13)（傍点引用者）。

この浦では、小松維盛は紀州那智の沖で入水せず、高遠の奥の非持の山に入り（「入山《いりやま》」という）、さらに山奥の浦（「入谷《いりのや》」という）へ入って、この地で亡くなったといい伝えられている。「維盛の墓」は、小松維盛の子孫と称する小松氏が守っている。

松山義雄は、浦に「的場」という地名があるが、「浦の的場は木地師の郷貫の地として知られる、江州愛智郡蛭谷村にある的場に由来をもつものと、想われる」と書いて（今も的場部落は蛭谷の北西にある）、次のように述べる。

蛭谷には、筒井八幡宮が鎮座するが、この八幡宮の氏子である木地師が、いわゆる筒井系木地師である。この系統の木地師は、漂移の過程にあるときも、また漂移から定住の生活に転じたのちも、彼らは新天地に、自分らの氏神である八幡宮をまつる場合が多かった。浦の小松氏が、平家の落人と称しながら、源氏の氏神である八幡宮をまつっているのも、彼らの前身が平氏ではなく、筒井系の木地師であったことの、何よりのあかしである。彼らは筒井八幡宮の氏子である。八幡宮をまつるのに、何の矛盾もないのである。この八幡宮が浦に存在すればこそ、浦の住民の先祖が、東小椋村蛭谷の的場を故郷とする木地師であったことがよみとれるのである。

小松氏の先祖が初めて浦に足をふみいれ、この地に永住の決意をかためたとき、一群の長《おさ》が胸にかけていた筒井八幡宮の守りふだを外して祠に納めたという。後にこの札をご神体にして、社を建てたと伝えられているが、群れの長が胸にかけていた御神符は、郷里を出るときいただいてきたものである。したがって、浦の八幡宮は江州の筒井八幡宮の分社とみて、さしつかえがないのである。現在でも浦では、八幡宮がムラで最も古い神様であると言われているのは、浦の草分けが小松氏である以上、当然のことである。(13)

松山は、八幡宮の存在と共に、小松氏の家紋について、明治期以前には「表紋には十六弁の菊家紋、裏紋には五・三の桐の紋どころを用いていた」が、明治に入って、「表紋には橘、裏紋には平氏の定紋として知られる揚翅蝶が使われていること」をあげている。「浦は山中の孤村で、官憲の眼もあまりとどかない僻陬の地であるから、葬祭などに際して、大正の半ばごろまでは菊花紋や、桐の紋章のついた着物、羽織が着用されていた。法令で禁じられたからといって、たちどころに紋章を変えるほどの、経済上のゆとりのなかったことも一因であろう」と書き、「明治以前、皇室とも宮家ともなんの関係もない者で、自家の紋章に菊家紋や桐花紋を用いていたのは、集団を組んで山中を漂移する木地師ときまっていたのである。浦の小松マキの人たちが、かってこうした紋所を使用していたのは、彼らの前身が木地師であった事実を、何より確実に立証しているのである」と書く（「マキ」は、同じ祖先から出た本家・分家で構成される同姓者の団体をいう伊那地方の言葉）。

このように、私の郷里の小松維盛の後裔と自称する小松氏をみると、平家の落人でなく、木地屋である。

「小松」の地名と轆轤師・平家伝説

橋本鉄男は、「木地屋と平家伝説との結びつきは珍しくはない」と書き、一例として、「三重県度会郡の海沿いに、俗に八ヶ《やつ》竈《かま》と呼ぶ古くからの竈方があった。先祖は平維盛妾腹の子で、岸ノ上行弘と名乗り、壇ノ浦で平家一門滅亡後いったん紀州に逃れたが、孫の行盛の代にここの浦へ漂移し、それから七代一七二年間、木地屋（轆轤師）あるいは塩焼を行なって生活した」ことを、『南伊勢竈方古文書資料集』（一九七〇年、三重県郷土資料刊行会）にもとづいて述べている[14]。

また橋本は、木地屋は小野神を信仰しており、その信仰から、「その名にゆかりの小野宮惟喬親王のいわゆる貴種流離譚を巧みにオーバーラップさせて結びつけ」たとみているが、その一例として、小野篁が「冥府（閻魔の庁）の官として地獄に通ったとする六道珍皇寺《ろくどうちんこうじ》[15]（京都市左京区小松町）の伝説のなかで、付近の町がなぜか轆轤町と呼ばれている」と書いている（左京区は東山区の間違い）。ここにも地名の「小松」が登場するが、轆轤町は、「六道珍皇寺の門前としての性格が強い」という[16]（日本歴史地名大系27『京都市の地名』）。

小野・小松・轆轤（木地屋）の三点セットは、木地屋の本拠地小椋谷の小野宮の小松御所・小松ヶ畑の三点セットと同じである。

轆轤町について『京都市の地名』は、『坊目誌』の「古老云ふ。此地昔日鳥部野涅槃堂の荼毘所及び興善野に続きし憤叢地たり。開拓の日人骨多く露出す。故に人詠んで髑髏町と云ふ。寛永年中、所司代板倉宗重、命じて轆轤町と改めしむと」という記事を載せている。

轆轤町は近世の地名で、以前は髑髏《どくろ》町だとすれば、小野氏や木地屋と結びつかないように思えるが、そうではない。拙著『人麻呂伝説』で述べたように、小野小町伝説には小町の髑髏の話があり（『江家次第』『袖中抄』『古事談』『無名抄』『東斉随筆』などに載る）、似た伝説が『日本霊異記』では、備後国葦田郡屋穴国郷の穴君弟公《あなのきみをときみ》の髑髏になっている。佐伯有清は、この穴君は、『新撰姓氏録（右京皇別）』に乗る和邇《わに》部や小野朝臣と同祖の穴君（安郡公）だと書く。(17) 『古事記』もワニ氏系氏族に「阿那臣《あなのおみ》」を載せる。

六道珍皇寺は近くの葬地鳥部にかかわる「六道」であるが、「正倉院文書」（「粟田馬養優婆塞貢進解」天平十五年（七四三）正月七日付）に、「秦三田次、年四十八、山背国愛宕郡鳥部郷粟田朝臣弓張戸口」とある。粟田朝臣も小野朝臣・穴君と同族で、ワニ氏の分れである。

こうみると髑髏も小野氏らにかかわるが、木地屋は橋本鉄男によれば小野神信仰の徒であるから、「どくろ」伝説は「ろくろ」伝説と無関係ではない。轆轤師（のちの「木地屋」）が、小野小町や穴君弟公の髑髏伝説を伝えていたのではないだろう

図９　轆轤師（「七十一番職人歌合」）

か。図9は『七十一番職人歌合』に載る轆轤師だが、坊主頭で聖《ひじり》と同じである。

『伊呂波字類抄』『今昔物語集』が小野篁開基とする六道珍皇寺の地は、六波羅というが、六波羅は「六道原」の略であり、平家の本拠地である。平重盛の邸宅のあった地も「小松谷」というが（東山区上・下馬町・瓦役町あたりの北より西大谷に至る地域）、小野氏らが執着した「小町」「小松」が、小野氏とかかわる珍皇寺の所在地の地名となり、そこが平家の本拠地になったことから、平重盛とその子維盛に「小松」が冠され、小野氏にかかわる漂泊芸能の徒や木地屋が、各地に平家小松伝承を流布したのであろう。

橋本は木地屋の轆轤地名をあげ、

石川県小松市軽見町旧河内地区　元亨四年（一三二四）の「軽見郷土河内新開田数注文」（金沢文庫古文書）に「ろくろしかあと　一段式」と記すものがある。これは断定はできないが、「轆轤師ヶ跡」「六呂師ヶ跡《あと》」などといった当時の俗地名を示すものではあるまいか。ほかにある六呂師、六《ろく》六《ろ》師もこうした俗地名からしだいに字名として定着したとすれば、記念碑的な意味がある。

と書いている(18)。

この地は、いま小松市に入るが、「小松」の地名について『石川県の地名』（日本歴史地大系17）は「小松町」の項で、「平安時代末期に小松内府平重盛の所領であったことによるという説があり、現在東町にある浄土宗法界寺はもと真言宗で小松山と号し、重盛の建立であるという（能美郡誌）」と記している(19)。また「小寺村」（小松市小寺町）の項では、「平重盛（小松内大臣）が各国に建立した小松寺の門前集落と伝える。仁安三年（一一六七）真言宗三密精舎鎮護院小松寺が当地に創建され、のち小松山法界寺と改称し、寛永一七年（一六四〇）小松の東町に移転したという」とある。[20]平重盛が各国に小松寺を建立したという事実はないが、このように、小松市の「小松」も平家伝説とかかわっている。

小松山法界寺は真言宗だが、京都の小松町にある珍皇寺も真言宗の東寺別院である。したがって、珍皇寺についてはは空海開基説もある（『叡山記録』ほか）。境内の篁堂には、弘法大師（空海）、小野篁、閻魔王の三像を安置する。「小松」が小野氏・平家伝説だけでなく、空海・真言宗にかかわるのも無視できないが、このことは後述する。

「小松」の地名は、近江の小野氏・ワニ氏の本拠地である滋賀県志賀町小野（この地に『延喜式』の明神大社小野神社があり、摂社に小野篁神社・小野道風神社がある。近くを和邇川《わに》が流れている）の北に、小松がある（志賀町南小松・北小松）。志賀町は、和邇村・木戸村・小松村が昭和三十年に合併して成立した町である。この小松は、「湖岸に沿って広がる小松原（雄松崎）の名に由来」するというが、[21]小野と小松の関係からみても、「小松原」も単に松があるからつけた地名ではなかろう。小松の伊藤氏が神主をつとめる白鬚《しらひげ》神社（高島町鵜川）には松童伝説があり、「小松」「小町」には特別な意味がある。

松童・松王・松若伝説にかかわる愛護若伝説も、小野や小松の地名のある志賀町の南の大津市穴太の話である。説教節の愛護若は「穴生の里」と書く。小野小町・穴君弟公の髑髏の片目を突く話、柿本人麻呂伝説の片目を突く話と、愛護若の「穴生の里」の話と死の話に共通要素があることは、『人麻呂伝説』で述べたが、柿本氏も小野氏と同族であり、穴太(生)にかかわる穴(阿那)君も、小野・柿本氏と同じワニ氏の分れである。

橋本鉄男は、木地屋は小野神信仰だけでなく、穴太の穴太衆との関係もあったことを詳述しているが、[22]

このように、小松・小野・木地屋・平家伝承の間には回路がある。

小松天皇皇女説を伝えた人々

小松天皇の皇女で遊女の祖とする伝承は、皇女たちを「七道につかわした」とあり、漂泊の道の者としての遊女のイメージであることからみても、この伝承には漂泊の轆轤師の関与が考えられるが、より具体的には、彼らとかかわる漂泊の女性群（歩き巫女・比丘尼）の存在がある。具体的には熊野比丘尼である。

高遠の奥の小松維盛入山伝承のある浦の近くに、巫女淵がある。この名の由来について松山義雄は、

巫女淵には、鈴岩と呼ぶ大きな岩が空をささえるように、そびえていた。鈴岩の下から空を仰ぐと昼日《ひるひ》なかでも星が見えると言われる巨岩であったが、大正の末年ごろ桃の木（地名）の美啓《よしひろ》さが、この岩にのぼってみると、巫覡がうち振る祭具の鈴がさびてはいたが、まだ残っていた。鈴の数も少なくなっていたが、こんな様子からみても、明治期の中ごろまでは巫女淵を修行の場としていた巫覡のあったことがわかる。巫女淵の上流に東の河原と呼ぶ所があるが、ここから樹林の中に四、五人丁入った所に、「おびいの墓」と呼ばれる所がある。伊那谷では仏教の尼さんを「おびいさま」と呼んでいるが、ここでいう「おびい」は比丘尼のことである。

と書く(13)。

巫女淵は三峯川上流にあるが、その下流の市野瀬（浦も市野瀬も、伊那里村・美和村・三義村が合併して今の長谷村になる以前は伊那里村に属し、市野瀬が中心地であった）について松山は、「市野瀬には宮下姓を

名のる家が多いが、これが伊勢宮下と熊野宮下の両派に分かれている」と書き、さらに、

巫女淵で修行した伊勢、熊野両派の修験者が三峰川をはさんで西岸にある、狭い山峡の平地に着眼して、長い漂泊の生活に終止符をうち、定着して農民となり、開いた村が市野瀬だったのではなかろうか。私にこう想像させるのは、修験者が霊山の麓に定着して開いたときく村が、他国にはいくつかあるうえ、ここには伊勢、熊野の二派まで存在しているからである。

昭和十七年当時、市野瀬には熊野宮下に属する家が二十八戸あった。市野瀬の東南方にあるヒノキの巨木が天をつく場所を、「熊野森」と呼んでいるが、ここがかって熊野宮下の先祖をまつった社のあった場所である。この社は明治三十五年ごろ、村社の諏訪大明神に合祀されたため、現在「熊野森」には熊野宮下の先祖と言われる、宮下伝弥なる人物の墓が残っているだけである。昭和十八年がこの六百年忌にあたると言われていたが、この人が熊野派の修験だったのではなかろうか。

と書く(13)。

漂泊の歩き巫女・歩き比丘尼のなかで、代表的なのが伊勢と熊野比丘尼である。こうした巫女・比丘尼については第七章でふれたが、谷川士清は『倭《わ》訓栞《くんかん》』で、「熊野比丘尼といふは、紀州那智に住みて山伏を夫とし諸国を修行せしが」と書く。修験者が山伏だから、市野瀬・浦の宮下は、山伏または高野聖と比丘尼の夫婦が、小松は木地屋夫婦が漂泊をやめ、定着して名乗った姓であろう。私が学んだ高遠小学校の同級生にも小松・宮下がいたが、彼ら彼女らは、浦・市野瀬が原郷であった（高遠藩は木地屋らの工芸を藩の特産として保護育成した。現在の新宿御苑は高遠藩の下屋敷）。

巫女淵には、大巫女《みこ》・中巫女・小巫女、または奥の神子《みこ》・中の神子・一の神子と呼ばれる淵があり、

夫婦と子の三人、または三人の姉妹の巫女が、それぞれ三つの淵に身を投げ、または投げこまれて死んだという話があり、大巫女（奥の神子）淵に、三人を神として祀った小祠がある。この話は、前述した松・小松にかかわる入水伝承と同じであり、漂泊の巫女（比丘尼）が伝えたものであろう。

こうした巫女（比丘尼）が遊女化していることは、第七章で書いたが、遊女の祖を小松天皇の皇女とするのも、小松と名乗って祖を小松維盛とするのも、根は同じであろう。

高遠の例は、木地屋と比丘尼・山伏が混在して「小松」伝説が成立したのだが、その原型は、木地屋の本拠地の近江小椋谷の「小松」である。この地の「小松御所」「小松ヶ畑」（「高松御所」「君ヶ畑」ともいわれる）は、木地屋の祖の小野宮惟喬親王（文徳天皇第一皇子）が、十九年間行宮《あんぐう》にしていた場所で、親王はこの地で没したことになっている。

この木地屋の祖と遊女の祖の系譜は、

仁明天皇 ┬ 文徳天皇 ── 皇子（木地屋の祖）
　　　　 └ 光孝天皇 ── 皇女（遊女の祖）

という関係にあり、どちらも仁明天皇を父とする天皇になっているが、「小松」に関しても、

木地屋の祖がいた所　　小松御所
遊女の祖の天皇の名　　小松天皇

となっている。

このような関係の接点には、熊野比丘尼がいたと考えられる。熊野比丘尼は、歩き比丘尼、歌比丘尼

と呼ばれるが、遊女は「遊行女婦」と呼ばれ、歌が芸の基本であり、両者は重なっている。一方、木地屋は山伏と同じく、山にかかわる漂泊者である。こうした共通性が、伝承上の祖とする天皇を、兄弟にしているのであろう。

浦の小松氏が祖とする小松維盛についても、『平家物語』は、都落ちして屋島に至ったが、屋島の陣中からぬけて高野山で出家し、熊野三山を参詣したあと、那智の沖へ舟を出して入水したと書く。五来重は、

> 維盛は滝口入道のすすめで山伏修行者に身をやつし、熊野にもうでて那智沖で、念仏一声入水往生をとげる。熊野の沖の入水は補陀落渡海《ふだらくとかい》というものであるが、この補陀落渡海をつかさどる熊野那智山（妙法山）が「女人高野」とよばれたのは、高野聖《ひじり》と死者の国といわれる熊野とのあいだの密接なつながりを暗示するものともいえる（傍点引用者）。

と、高野と熊野のつながりを述べている[23]。

『平家物語』の小松維盛に関する記述も、熊野比丘尼・高野聖らが伝えていたのであろう。「小松」が熊野・平家伝説・木地屋などと関係があるのは、信州高遠の奥の「小松」や『平家物語』の小松維盛の話だけではない。石川県の「小松」も、平家伝説・木地屋（轆轤師）と関係があることは述べたが、熊野にかかわる「小松」の地名伝承には、前述の例だけでなく、小松寺（小松山法界寺）に花山法皇の御《ご》幸《こう》伝説があり、法皇がこの地に別荘を作り、数多くの小松を植えたのが地名のおこりとする伝承がある（『小松市史』[19]）。花山法皇は正暦三年（九九二）に熊野那智に数ヶ月籠っており、花山院御幸伝説は熊野比丘尼が伝えていたことからも、「小松」の地名起源の平重盛・花山法皇は、信州の「小松」と根が同じ

である（小松寺が真言宗であることは高野聖とかかわる）。どちらにも木地屋伝承・地名があることも共通しており、京都の「小松」地名にも同じ要素があるから、遊女の祖を小松天皇皇女とする伝承を伝えた人々も、熊野比丘尼とそれにかかわる人々であったことは明らかである。

小野の神と念仏聖

小松伝承の流布者としては、熊野比丘尼や高野聖・轆轤師（木地屋）などの漂泊者だけでなく、時衆（時宗）の遊行者も無視できない。

熊野本宮の『奉納縁起記』によれば、時衆教団の開祖一遍は、建治年間（一二七五〜一二七八）、熊野の神宣を得、その後両三度熊野に詣でては神の証を得たとあり、『一遍上人語録』（巻下）にも、「我法門は熊野権現夢想の口伝《くでん》なり」とある。

初代遊行上人一遍は、熊野の神を守護神にしたのに対し、二代遊行上人他阿《たあ》は、小野の神を教団の守護神としている。そのことは、『遊行上人縁起絵』にくわしい（正安四年〔一三〇二〕に近江の小野神の神託を得て、小野神社に参詣している）。熊野本宮への他阿の『奉納縁起記』には、「熊野八幡は弥陀の応化、小野大菩薩は釈迦の化現なり。この二尊は我等の慈悲の父母なり。憑《たの》むべく信ずべし」とあり、熊野と小野神を、弥陀と釈迦に見立てている。

角川源義は、「時衆文芸の成立」で、他阿が小野神社に参詣後、近江の小蔵《おぐら》律師何某が他阿に見参して念仏法門を領解したことや、彼の質問に答えて他阿が法語を書き送っている（『遊行上人縁起絵』『他阿上人法語』）ことにふれて、小蔵律師は、木地屋の「小椋《おぐら》とは無縁ではないと、私は見たい」と書いている。そして、小野宮惟喬親王伝説は時衆の徒の唱導によるとみるが[24]、橋本鉄男もこの角川説に賛同している[25]。

角川源義は、小野小町伝承は中世の念仏は聖が持ち歩いたものとみて、小町の髑髏伝説は、「髑髏を首にかけて廻国した中世の念仏聖の印象を極端に持つ話である。こうした念仏聖は文覚だけではなかった。小野神信仰と念仏聖は早くから結ばれていて、他阿真教の登場を待つばかりとなっていたと思われる」と書いている[24]。

角川は、時衆の二代遊行上人他阿真教以前から、小野神と念仏聖の関係はあったとみているが、『平家物語』に、小松維盛の子六代が平家滅亡ののち、鎌倉幕府によって殺されようとするが、高尾山寺にいた「聖文覚房《ひじりもんがくぼう》」によって一命を助けられる話が載るのも、小松と念仏聖の関係を示している。

他阿が、熊野神だけでなく小野神を加えて、二神を時衆の守護神にしたのは、当時の道者《みちのもの》には、紀州の熊野神だけでなく、近江の小野神への信仰が強かったからであろう。

高野聖と時衆の念仏聖の関係の深さは衆知のことだが、小松の地名伝承の寺が真言宗系であったことからみても、小松にかかわる平家伝承、遊女伝承、轆轤師（木地屋）伝承は、いずれも結びつく。

「内裏に、小町といふ、色好みの遊女あり」という書き出しではじまる「小町草紙」も、在原業平が髑髏の小町に会う話を載せており、業平と小町は対になっている。業平と小野宮惟喬親王が親しかったことは、『古今集』『伊勢物語』が記している。このように、木地屋が惟喬親王を祖とする伝承も、遊女の祖を小松天皇皇女とする伝承も、一連のつながりがあり、こうした伝説の流布には、熊野と小野の神を信仰する徒が深くかかわっていたとみられる。

遊女の祖を小松天皇とする伝承と紀氏・小野氏

第十二章では、「衣通姫の後身」を遊女とする『遊女記』の記述に関連して、近江の坂田郡に母と共に衣通姫がいたことや、記・紀の一夜妻伝承からみて、伝承氏族を皇妃出自氏族のワニ氏・息長氏と推定し、特に「内裏の色好みの遊女」といわれる小野小町や、遊女伝承をもつ小野於通の小野氏（ワニ氏系）を注視した。

遊女の祖を衣通姫とする伝承と、小松天皇皇女説は、地縁・伝承氏族ともに共通性がある。衣通姫の場合、『日本書紀』は出身地を近江とするが、「小松」伝承の小野氏も木地屋も近江を本拠地とする。近江にかかわる衣通姫を祀る神社は紀州の和歌浦にあり、衣通姫伝承は紀州を発信地とする。また、近江にある「小松」伝承は、熊野信仰や高野山とかかわり、紀州とかかわる。時衆の念仏聖は紀州と近江の熊野神・小野神を守護神にしている。

近江の小野にかかわる小野小町伝承は、紀州にもある。和歌山県那賀郡岸町の住持が池には、次のような伝説がある。

深草少将が九十九夜通いつめたことを知った小町は、都を逃げ出して住持が池まで来た。少将が追ってきたのを知って、侍女が小町の衣をまとって身替りになっているのを小町と思った少将は、ようやく思いを遂げたと思うが、侍女と知って恨みを抱いて池に身を投げ、大蛇と化す。小町は岸出町の安上寺で少将の霊を祀るが、少将の亡霊に悩まされ、発狂して死ぬ。

紀州には、明治になって廃寺となったが、小野寺があり、そこには小町の墓があった。年老いた小町が、熊野参詣を志したが途中で倒れ、亡くなったので村人が墓を建てたという。[26] 深草少将の入水死は、「松」「小松」にかかわる入水死伝承（松浦佐用媛も池に投身した）とかかわりをもつものであり、小町の熊野参詣伝説からみても、熊野比丘尼らによる唱導によるものであろう。

柳田国男は、神に仕える者、神の子の意味が「マツ（松）」「マチ（町）」だから、「陸前栗原の小林の虚空蔵堂などで、小野小町が松浦佐用媛の任務に代って居るのも、自分にとって些かも偶然ではない」と書き、各地の小松と小町は「根源を同じくする」と書いている。[7] 柳田はふれていないが、小野小町と松浦佐用媛に共に遊女伝承があるのも、両者が「根源を同じくする」からである。

「町」のつく内裏にかかわる文献上の人物には、小野小町以外に、三条町と三国町がいる。三条町は『古今集』に歌が載るが（巻十七雑歌上）、『古今集目録』には、

従四位上紀静子　正四位下名虎女　文徳天皇為御息所　生惟喬親王　天安二年正月八日叙五位下

とあり、三国町も『古今集』に歌が載る（巻三夏）。また『古今集目録』には、

正四位下　紀名虎女　仁明天皇更衣　貞登母　登者仁明天皇十五子也

とある。

小松ヶ畑、小松御所のある木地屋の本拠地の近江の君ヶ畑に伝わる中世の系図集では、小野宮惟喬親王の娘が三国町になっていることについて、柳田国男は、「小野宮の侍女に町と言ふ名のあるのは、小野小町一人に非ず」とするためとみているが、[7]「町」のつく上臈がいずれも紀名虎の娘で、仁明天皇・文徳天皇の子を生んでいることと、小松（光孝）天皇が仁明天皇の子で文徳天皇の弟であることは、無視できない。

三条町・三国町が載るのは『古今集』だが、『古今集』は紀貫之が編者であり、惟喬親王と在原業平の歌と、二人の小野の里のことをくわしく載せるのも『古今集』である。また、小野小町が衣通姫の歌の流れを継いでいると書いているのも、紀貫之執筆の『古今集』序である。このように紀氏は歌にかかわる氏族だが、紀貫之が、衣通姫―小野小町という歌の系譜を示していることと、どちらも遊女にかかわる伝承をもつことと、遊女と歌の結びつきからみて、遊女の祖を小松天皇の皇女とする説への紀氏・小野氏のかかわりは無視できない。

惟喬親王を「小野宮」というのは、小野氏の山城の本拠地山城国愛宕小野郷にいたからである。『古今集』は小野にいた惟喬親王のところへ、雪のなかを在原業平がたずねて行ったときの歌を載せているが、在原業平の妻は紀名虎の孫娘である。業平と小町の伝承が一対になって語られているのは、紀氏・小野氏にかかわる人々が一体になって伝えたからであろう。(小林茂美は、「紀氏流・小野流神人の地方拡散の一動向」で、紀氏・小野氏が下野で一体化している例をあげている。[27])

時衆二代の遊行上人他阿が、熊野と小野の神を守護神にしたのも、両神に関係があったからだろう。「小松」伝承はこの二神を信仰する人々が伝えていたが、両氏に縁のある天皇が仁明天皇であった。そのことが、仁明天皇の皇子の光孝天皇を、とくに小松天皇といい、この天皇の皇女を遊女の祖としたのであろう。

こうした伝承を伝えた人々が、仁明天皇の孫を木地屋の祖とし、仁明天皇の更衣《こうい》とみられる(後述三四七頁)小野小町を、「内裏の色好みの遊女」に仕立てたと考えられるのである。

第十四章　内裏の色好みの遊女と天皇

「内裏の遊女」の「小町」の「小」について

小野小町は、「内裏に、小町といふ、色好みの遊女あり」（「小町草紙」）と書かれているが、小町が「内裏」の遊女であることと、遊女の祖が皇女であることは無関係ではない。そのことを検証する前に、「小町」の語義を検証しておく。

三善貞司は、小町の「小」についての説を、大別して四つに分けている。

(1)　同時代の更衣「三国町」（あるいは三条町）のいずれかに比べて、小町のほうが年少だったから「小」がついた。

(2)　単なる愛称として添えた。

(3)　未成女だったから。

(4)　小町の姉に対して、妹であったため。

このうち、(1)と(4)の説が有力だが、小町が妹の意なら、大町がいなければならないが見当たらない。三善も、「小町が小町姉と共同奉仕した証は、文献には全くない」から(1)を採る。(1)しかし、(1)の説にも私は同調できない。というのも、四つの説を主張する小野小町研究者たちは、多くが国文学者・民俗学者であるためか、平安時代後期に藤原明衡（九八九～一〇六六）が書いた『新猿楽記』の「稲荷山の阿小《あこ》町《まち》」に、まったくふれていないからである。この「阿小町」は、三善の(1)の説では説明できないし、他の三つの説でも説明できない。というのは、「阿」「小町」でなく、「阿小」「町」だからである。

結論を先にいうと、小野阿小町は、小野小町で、「阿小」の略が「小」とみられる（そのことは拙稿「阿小町・小野小町・ダキニ――稲荷信仰の一側面」で詳述した）。

『新猿楽記』には、猿楽師の妻が男の愛をとりもどすために、

野干坂《キツネサカ》ノ伊賀専《イガノタウメ》ガ男祭ニハ、鮑苦本《アハビクボ》ヲ叩イテ舞ヒ、稲荷山ノ阿小町《アコマチ》ガ愛法ニハ、鰹破前《カツヲハゼ》ヲ甌《ウセ》ッテ喜ブ。

とある。

「野干坂」は、都から伏見稲荷大社へ行く、いわゆる稲荷路にある。『稲荷神社考』は、「山城愛宕郡松が崎の面にて北岩倉を越る路なり」と書くが、この坂の神として祭られた女狐が「伊賀専」（「専」は「専女《たうめ》」と書く。伊勢神宮では狐神を「専女」という。『神名秘書』に「専女号㆓白狐㆒」とある）であり、「阿小町」は、鎌倉時代成立の『稲荷鎮座由来記』、室町時代成立の『荷田講式』によれば、命婦《みょうぶ》のことで、下社にいる女狐であり、「阿古町」「阿子町」とも書く。

「あこ（阿小・阿古）」は、第九章で書いた『梁塵秘抄』の「あこほと」、『梁塵秘抄口伝集』の「あこ丸」の「あこ」で、『とはずがたり』で後深草上皇が二条を「あこ」といっているように、可愛い娘をいう愛称である。

「あこ」は東国では「てこ」といわれているが（『万葉集』の信濃・駿河・下総の歌に「てこ」とあること

は、第六章で述べた）、「あこ」「てこ」は、遊行女婦・遊女・傀儡女などに対して使われており、後深草上皇の「あこ」も、同衾した娘をいっている。したがって「吾(手)児」は、普通名詞の「彼女」が特別な意味で使われるような用い方をされたのだろう。

京都の室町あたりにいた遊女（傾城）や、傀儡女に「あこ」がつくことも、そのことを証している。

阿小町の「愛法」

阿小町（小町）は、「鰹破前を齀ッテ喜ブ」愛法を行なっている。

伊勢貞丈（号「安斎」、一七一七〜一七八四）は、『安斎随筆』（巻六）で、「鰹破前ヲ齀ッテ喜ブ」について、

鰹はカツヲなり。古代カツヲを生にて喰ふ事なし。乾しかためて用ふる故、古書に堅魚とあり。カタウヲを略してカツヲと云ふ。今のカツヲブシと云ふ是れなり。破前は陰茎なり。和名抄に房内経云多玉茎（男の陰也）揚子漢語抄云扅（破前一云麻良）とあり、齀㆓鰹破前㆒と云ふは陰茎起帳してカツヲブシの如く堅くなり、陰頭を空ざまへむけて齀のアフノキたる如くなるをいふ。

と書く。「鰹破前」は「陰茎起帳してカツヲブシの如く堅くなり」であろうが、「齀ッテ」の「齀」は「鼿」と同じである。『倭名抄』は「鼿（宇世流《ウセル》）」について、「説文に云う。鼻を以って物を動かす也」と書く。鼻は「鰹破前」のことだから、「鰹破前ヲ齀ッテ」の「愛法」は、「陰頭を空へ向け、鼻がアフノキたるような様」ではなく、性交の所作をいう。

そのことは、「稲荷山ノ阿小町が愛法」と対の「野干坂ノ伊賀専ガ男祭」の「蚫苦本ヲ叩イテ」が、

性交の所作の表現であることからもいえる。

伊勢貞丈は『安斎随筆』（巻六）で、「男祭」を「男に逢はんとて祭るなり」と書き、「鮑苦本」について、「陰門なり。和名抄には以開字為女陰とあるに依りて、開の子音を以て貝の字訓に借り転じて蚫といへるか。陰門は蚫の肉の如く平扁にして窪き所なる故、蚫苦本と異名を付けたるか」と書くが、喜田村信節（号「筠庭」、一七八三？～一八五六）の『筠庭雑録』も、「あわびの介《かひ》のくぼきを女陰にたとへしなり」と書く。

『倭名抄』には、

玉門《ハ》女陰《ノ》名也。屎《クボ》、通鼻《ツビ》、俗人或《ハ》云《フ》朱門《ト》

とあり、平安後期成立の『類聚名義抄』にも

開、ツビ、クボ。

とある。蚫苦本の「苦本」は女陰のことである。

奈良時代の民謡を平安時代に雅楽の歌曲にして、宮廷でうたわれていた催馬楽《さいばら》に、

陰《くぼ》の名をば　何とか言ふ
陰の名をば　何とか言ふ
つらたり　けふくなう　たもろ
つらたり　けふくなう　たもろ

とある。橘守部は『催馬楽譜入文』で「つら」を「つび」と解しているが、このような歌を、当時は宮廷の餐宴でも、琵琶や笛など雅楽に合わせて、天皇や公卿たちが聞き、うたっていたのである。同じ催

馬楽の、

　我家は　とばり帳も　垂れたるを
　大君来ませ　聟《むこ》にせむ
　御肴に　何よけむ。
　鮑《あはび》・栄螺《さだを》か　石陰子《かせ》よけむ
　鮑・栄螺か　石陰子よけむ

という歌の、鮑・栄螺・石陰子も、「陰の名」である。

　江戸時代後期の熊谷直好の『梁塵後抄』には、「さて聟殿の御肴には何かよからんとて、次つぎ陰門に似たる貝をならべ云へるなり。（中略）さて思へば、とばり帳も施張於床上といへる。寝所の事にや。女子ある家の親のたはむれ云へる意なり」と書く。池田弥三郎も、夜伽《よとぎ》の自慢を言っている歌と解しているが、[2] 鮑は「鮑苦本」であり、石陰子は第九章の「加世辻子」の説明で述べたように、貽貝《けがい》や海胆《うに》など女陰に似た貝の呼称である。『倭名抄』は、「石陰子《かせ》」は陰精（女陰）に似ているゆえにこの名がついたと書き、「カセ」または「ツビ」と訓む。

「螺」も『倭名抄』は「ツビ」と訓むが、「螺」には「田螺《たにし》」と「海螺《さざえ》」があり、どちらも古くは「ツビ」といった。鎌倉時代成立の『古今著聞集』（十六）に、

　つびは筑紫つびとて、第一の物といふなり。

とあるが、この「筑紫つび」は筑紫の女性の女陰の意である。

『大言海』は、「つび」の語源について、

つび、玉門、窄《ツボ》みの約転と書くが、中島利一郎は、「つぼ（壺）」の転とみる。(3)「ツビ」といわれる貝の形からみると、中島説は理に合っている。

こうした歌が、宮廷の饗宴でもうたわれていたのだから、「蚫苦本ヲ叩イテ舞フ」つまり女陰を叩く舞いは公然と行なわれていたのであり、女陰を出すことは公然猥褻罪ではなかったのである。この「蚫苦本ヲ叩ク」と「鰹破前ヲ瓺ル」が対だから、女陰を叩くに対し、「阿小町の愛法」が、男根を動かす性交の所作であることは明らかである。

女陰を叩くのが「男祭」だから、男根を動かす「愛法」は「女祭」である。阿小町が、そうした女陰に登場していることからも、「あこ女陰《ほと》」が遊女を指す語になった理由がわかる。

なお、『新猿楽記』が書く、男女の隠し所を堂々と出しての祭りについて、九条兼実の日記『玉葉』は、次のように記している。

文治三年（一一八七）十二月六日　この日院の御仏名なり。内府参入、深更に帰り来りて云う。右大臣以下公卿済々、人々参入の後、二時ばかり経て始め行わる。これに御所の壺において巫女等を召し、里神楽の事あり。また陽剣の遊びあり云々。

兼実はこのとき「摂政」の地位にあったが、「御仏名《おぶつみよう》」は仏名を唱礼して懺悔《ざんげ》滅罪を祈る行事で、毎年十二月に行なわれた。この御仏名の日に、御所の中庭（壺）で「陽剣の遊び」があったというが、この遊びは「鰹破前ヲ瓺ル」のと同じで、「陽剣」は「鰹破前」と同様に男根のことである。兼実は建久二年（一一九一）に関白になっており、『玉葉』は、建久三年正月二十六日、この日、宗頼、除目を承るの事のために参院。然而《しかし》て巫女の遊戯により事を奏するあたはず。虚しくもって退屈。くだんの事これを陽剣と称す云々。

と書いている。

宮廷の饗宴でうたわれる催馬楽の歌詞は、「陽剣の遊び」を連想させるものがあるが、この遊びは後白河院が宮廷に入れたものだから、兼実は、「陽剣の遊び」を記す文治三年十二月六日の条に、

この事、物情を知るの人かつて名称を聞かざる事なり。今日初めてこの事を聞く。而して法皇の宮においてこの事あり。もののけと言ふべきか。悲しむべし悲しむべし。

と書いている。建久三年正月二十六日の条でも、「仙洞の礼すでにすたたる。悲しむべし悲しむべし」と書いているから、こうした遊びは、後白河院の前までは、宮廷内では行なっていなかったようである。「巫女の遊戯」とあるから、巫女が「陽剣」を入れる所作をした遊びであろう。この巫女は、稲荷山の巫女「阿小町」と同じである。

「愛法（敬愛）」と和泉式部と小野小町

「やさしき遊女」といわれた和泉式部は、『沙石集《しやせき》』（弘安六年〔一二八五〕成立）によれば、夫の保昌に見捨てられたとき、保昌の愛をとり戻すため、貴船神社で「敬愛ノマツリ」を行なったという。その「マツリ」について、

年タケタル巫女《ミコ》、赤キ幣ドモ立テナラベタルメグリヲ、様《ヤウ》々ニ作法シテ後、ツヅミヲ打チ、前ヲカキアゲテ、タ、キテ、三返メグリテ、「コレ体《テイ》ニセサセ給ヘ」ト云フ。

と『沙石集』は書く。「前ヲカキアゲタ、キテ」は、女陰を叩くことである。巫女は自分でやって、式部に「コレ体ニセサセ給へ（このようにやりなさい）」といったので、式部は、

　面ウチアカメテ、返事モセズ

しばらくして、

　チハヤブル　神ノ見ル目モ　恥ヅカシヤ　身ヲ思フトテ　身ヲヤ捨ツベキ

という歌を詠んでことわったと、『沙石集』は書く。

西郷信綱は、この「マツリ」について、『敬愛の祭』とは、夫婦の和合を祈る密教の秘法で、愛敬法《あいぎょうほう》とも称する」と書くが[4]、この「敬愛」「愛敬」は、『梁塵秘抄』の「あいぎやう」、『新猿楽記』の「阿小町ノ愛法」のことである。

　巫女が「前ヲカキアゲテ、タ、キテ」の所作は、「蚫苦本ヲ叩ク」と同じ、女陰を叩くことである。「阿小町ノ愛法」の記述では、猿楽師の妻は、夫の愛をとり戻すために、和泉式部は行なわなかった「愛法」を行なっているが、和泉式部にこのような伝承があることと、小野小町と和泉式部を『御伽草子集』が「遊女」にしていることは、無関係ではない。

　阿小町や和泉式部に「愛法（敬愛）」の伝承があることからみて、式部と共に「遊女」にされている小野小町の「小町」が、「阿小町」の略であることが確かめられる。阿小町が稲荷の女狐で、稲荷神の使としてあがめられているのは、「愛法」を行なう巫女のイメージによるが、同じ巫女の所作でも「愛法」は特に遊女に近い神事である。こうしたイメージが「小町」にあるのは、「町」が「松」と同義で神に奉仕する人をいうからである。「小松」が遊行女婦に重ねられ、「小松」という天皇の皇女が遊女の

祖になっているのも、小町＝小松だからである。

こうした小町（阿小町）である巫女に「愛法（敬愛）」をすすめられ、顔を赤められてしなかったと、鎌倉時代の文献に書かれている和泉式部も、南北朝時代以降になると、小町と同じ巫女的要素の強い存在となる。大島建彦は、『『小式部』という草子で』は、「和泉式部に『まへをかき上げて』たたかせたという」場所が、「貴船のかわりに、出雲の社」になっていると書き、「その神前で、和泉式部に『けしやうの舞』をまわせた。次には、その胸を開かせて、乳の間を板でさすらせたという。そのような和泉式部のふるまいには、巫女のおもかげを認めることができる」と書いている[5]。板は「鰹破前」と同じ意味をもっており、「阿小町ノ愛法」と同じことを、式部はしているのである。

大島建彦は、中世以降の和泉式部の説話から、「説話の主人公としての和泉式部は、それを伝承した遊行の巫女または遊女の性格をあらわしている」と書くが[5]、和泉式部は『風雅集』によると、月の障りの歌を詠んで、熊野の神のさとしを受けたいといっていることからみても、熊野比丘尼などが全国各地に、小野小町だけでなく、和泉式部の伝承をも流布していたのであろう。その過程で自分たちのイメージを重ねたので、小野や式部は「遊女」になったのである。

「内裏の小町といふ色好みの遊女」の実像

内裏《だいり》の上臈《じょうろう》が地方へ流れて来て「遊女」になったという、小野小町や和泉式部伝承があることから[6]、柳田国男は、小野や式部は一人だけでなく、多くの小町・式部が生まれたとみているが、小町は遊女でも、『御伽草子集』は「内裏」にいた遊女と書く（和泉式部について書かないのは、式部が内裏にいたことは自明だったからである)。

小野小町については、角田文衛が「小野小町の実像」で論証した『続日本後紀』承和九年正月八日条に載る「正六位上小野吉子」が、一般に認められている。[7] 小野小町を小野吉子に比定したのは、大正十三年に桜井秀が発表した「小野小町」が最初だが、角田は桜井の論証不足をおぎなったのである。角田は、小野吉子を仁明天皇の更衣とみているが、[7] 片桐洋一も角田説を支持している。[8] 私も角田説を採る。

角田は「小野小町の実像」のあと、「小野小町の身分」を発表し、「小町」の「小」については三善貞司の分類の⑴と⑷の説を主張し、「町」については、『古今集』に載る三国町・三条町の歌をあげ、「町」は「殿舎内の仕切られた区画」をいい、三国町は仁明天皇、三条町は文徳天皇の更衣であって、更衣もそうした区画内にいたので「町」といわれたと書く。[9]

私も更衣を「町」と称したと考えるが、この二例の「町」には、次のような特徴がある。

一、仁明天皇または仁明の子の文徳天皇の更衣だけで、時期が限定されている。

二、紀貫之の『古今集』に載るだけで、文献例も限定されている。

角田文衛も、更衣を「町」というのは、「仁明朝、文徳朝に一時的に行われた呼び名」とみているが、[9] 三条町について、『尊卑分脈』第四編・紀氏は、

古今作者 号三条町 静子 文徳天皇更衣 惟喬親王母。従四位下

と注しており、『勅撰作者部類』には、

更衣静子。惟喬親王母。刑部卿紀名虎女

とある。

また三国町についても、『古今和歌集目録』に、

正四位下紀名虎女　仁明天皇更衣　貞登母、登者、仁明天皇第十五子

とある。三国町は『三代実録』『皇胤紹運録』によれば三国氏出自で、紀氏出自ではないが、小野宮惟喬親王の母静子と同じく紀名虎の娘とする伝承があり、この二名のみを紀氏の貫之が『古今集』でとりあげ、「町」をつけているのは、無視できない。

仁明天皇のもう一人の更衣で「町」のつくのが小野吉子であり、小野氏・紀氏の更衣に「町」がついていることからみても、この「町」は単なる更衣の呼称ではなく、紀・小野氏系氏族が、自家出自の仁明・文徳天皇の更衣につけた呼称といえる。紀貫之はそうした更衣の歌を『古今集』にとりあげたのだが、特に三人の更衣のうち、歌の名手の小野吉子には、特に「阿小町」の意の「小町」をつけて他の二人と区別し、彼女を衣通姫の歌の流れを伝える女流歌人として、もち上げたのであろう。

このように、小野・紀氏系の更衣に「町」が特につけられたのは、両氏が歌舞音曲や和歌の「神あそび」にかかわる氏族であったからだが、小野・紀氏系氏族は「小松」伝承にもかかわっているから、柳田国男や中山太郎のいう町＝松、小町＝小松の関係は、主に小野・紀氏系氏族の主張といえそうである。

小町＝小松であるから、小町流離伝承だけでなく、小松女院の伝説も、同じ人々が唱導していたのである。小松女院は笛の名手を慕って都より下り、「粧の井」に身を投げている。笛・粧が歌舞・化粧の遊女のイメージを示しており、入水死が松・町にゆかりの女性にかかわる伝承であることは、くりかえし述べてきた。問題は彼女が「女院（皇妃）」であることだが、これは、「内裏の小町といふ色好みの遊女」の実像が、仁明天皇の更衣小野吉子であることによる。そのことが遊女の祖の皇女を、仁明天皇の

子で文徳天皇の弟である小松(光孝)天皇の皇女にしたのである。「内裏」にこだわるのは、遊女のイメージが、天皇の妃(女御・更衣)、つまり上臈にあったからである。

後深草・亀山上皇と『とはずがたり』の作者

「内裏の色好みの遊女」小野小町は、平安時代の後半の更衣小野吉子が伝承化されたものだが、更衣など天皇の寝所にはべる女性のイメージが遊女的なのは、鎌倉時代ではあるが、『とはずがたり』にその例がみられる。後深草上皇は、上臈である作者の二条を、関白の鷹司兼平だけでなく(第十一章でそのことは述べた)、実弟の亀山上皇にも抱かせている。

二条が二十四歳になった弘安四年の十月、二条は嵯峨の継母のもとへ行き、嵯峨の法輪寺でお籠りをしていた。そこへ本院(後深草上皇)の使者が来て、本院・新院(亀山上皇)が、大宮院(後深草・亀山の実母)の病気見舞に行くから同行せよという。彼女は、本院・新院が同車している車で大宮院の御所へ行く。大宮院の病気は脚気でたいしたことはなく、その夜は酒宴となる。

酒宴がおわったあと、二人の寝所の「宿直《とのい》をせよ」といわれるが、宿直は二条一人であった。本院が「足をもんでくれ」というので、新院の手前困ったが、代わってもらうわけにはいかないので、もんでいると、「われわれ二人の側に寝なさい」と、しきりに新院がいう。すると本院が、「二条は、今、身重のため里に帰っていたのを、突然、呼び出したから、立ち居も苦しそうにみえる。こんな体でなければ」という。この発言に、約束がちがうといって新院は次のようにいう。

女三の御方をだに御許されあるに、などしもこれに限り候ふべき。「わが身は、いずれにても、御心にかかり候はんをば」と申し置き侍《はべ》りし、その誓ひも甲斐なく。

「女三」とは、『源氏物語』の女三宮をいう。光源氏の兄の朱雀院の皇女で、弟の光源氏の正妻になる。「朱雀院は女三宮をさえ弟に与えているのに、あれは物語だといって、なぜ二条に限って許さないのですか」といったのである。二条は本院から「あこ」といわれ、娘あつかいされていたから（本院は二条より十五歳年長だが、十五歳で父になっていた）。兄（朱雀院）が娘（女三宮）を弟（光源氏）に与えた『源氏物語』に重ねたのであり、新院は自分を光源氏に見立てたのである。

新院はさらに、「私はあなたに、私の御所の女房のうち、目にとまった女房は誰でも召していいとかねてから申していました。その約束を破っては困ります」と、兄（本院）の約束違反をなじっている。

こうはっきりと弟にいわれた兄は、「いたく酔ひ過ぐさせ給ひたるほどに、御寝になりぬ」とある。この態度は、兼平が二条を抱くのを見ていたときの態度と同じである。新院は「外へ出るまでもない」といって、屛風のうしろに二条をつれこんでいる。そこで二条を抱いていることがわかるように、意図して新院が物音をたてても、本院は「つゆ知り給はぬ」態度であったので、「あさましきや」と、二条は書いている。

彼女は、新院と契った一夜を、「犯せる罪もそれとなければ（私が犯した罪ではないから）」と書いているが、二日目の夜については、次のように書く。

夜《よる》も一所《ひとところ》に御寝になる。御添臥に候ふも、などやらん。むつかしくおぼれゆれども、逃るる所なくて宮仕ひゐたるも、今更憂き世のならひ思ひ知られ侍《はべ》る。

両院は昨夜と同じく寝所を一つにして、添臥は彼女一人であった。なぜか気が進まなかったけれど

（「などやらん、むつかしくおぼゆれど」）、逃げるわけにも行かず奉仕した、と書いているが、この夜の「御添臥」は本院とであったと、福田秀一はみている。[10] この記述では本院と断定できないが、二日目の「御添臥」が「本院」「新院」のどちらであれ、兄弟のどちらかに抱かれることに、「今更、憂き世のならひ思い知られ侍る」だったのであろう。

新院（亀山上皇）は実兄の本院（後深草上皇）に頼みこんで、本院の女房の二条を、母の病気見舞をダシにして抱いたのである。

「内裏の遊女」と上臈

『とはずがたり』の作者二条は、「内裏の遊女」扱いで、小町的であるが、彼女の出自は、江口の遊女で後白河院の子を生んだ丹波局とはちがう。

二条の祖父の久我通光の妹在子は、土御門天皇の母で、土御門天皇の后は、二条の父の従兄妹の通子（通光の弟通宗の娘）である。土御門と通子の間に生まれた後嵯峨天皇の后西園寺姞子は、二条の母と従姉妹である（二条の母方の祖父の四条隆親と姞子の母貞子は姉弟）。姞子が生んだ子が後深草天皇・亀山天皇だから、二条は母方では、後深草・亀山と又従兄《またいとこ》妹になり、父方では、後深草・亀山の父の後嵯峨と又従兄妹である。

このように『とはずがたり』の作者は、天皇家と血縁の深い名門の家柄だから（父方の祖父久我通光は太政大臣）、『とはずがたり』によれば、後深草の後宮の女房のなかでも上臈のトップにあった。（鎌倉時代の後宮の女房は上臈・小上臈・中臈・下臈があり、上臈・小上臈・中臈は各八人であった。上臈は二位・三位の典侍（平安時代の内侍がなくなり、典侍でも二位・三位になった）、大臣の娘・孫娘をいうが、二条の母は従三位典侍で、祖父は太政大臣だから、上臈のトップの資格はある。）

この「上臈」が後世に遊女の呼称になるのは、小町を「内裏の遊女」というのと無縁ではない。

江戸時代の国学者清水浜臣が文政三年（一八二〇）に蓮如上人（一四一五～一四九九）作の子守歌として紹介してる千秋万歳《せんずまんざい》歌に、

地獄ガ辻子《ヅシ》カラ、加世《カセ》ガ辻子《ヅシ》ヲ見渡《ミワタ》シ、室《ムロ》町ヲ通《トホ》レバ、売《ウ》ラウ売ルマヒハ上臈様《サマ》ノ御事カ。十七八カラ廿《ハタチ》ニ余《アマ》テ、廿四五ノ上臈、茫々《ボウボウ》眉ニ薄化粧。歯先《ハサキ》除ッテ鉄漿黒《カネグロ》、立《タチ》ニ立《タチ》テ坐《マシ》マス。

とある。

後宮の上臈女房が辻に立つ遊女の呼称になっているのは、内裏の用語の「女房」が庶民の妻の呼称になったのと同じだが、こうした呼称の変化を、呼称の俗化・下落化で片づけるわけにはいかない。そういう面も否定できないが、遊女と上臈女房に共通性があったからこそ、遊女を「上臈」というようになったのだろう（「上臈」は「女郎」と書かれ、さらに俗化している）。

「遊女《あそび》の好むもの」（『梁塵秘抄』）の一つに「簦《おほがさ》」がある（二二四頁～二二五頁参照）。『法然上人絵伝』でも、遊女には侍女が簦をかざしている。西郷信綱は、「延喜式に、大簦は妃以下、三位以上、及び大臣の嫡妻にのみ許す（雑式）と規定している。その大簦をかざすことができたのは、遊女が体制外の存在であったからではなかろうか」と書いている[11]。

「遊女が体制外の存在」でないことは次章でくわしく述べるが、遊女のみに簦が許されたのは、上臈が三位以上の典侍・大臣の娘・孫娘をいうことからみて、上臈と遊女を同一視していたからであろう。

『栄華物語』（殿上花見巻、長元四年九月二十五日条）に、

江口といふところになりて、あそびども笠に月をいだし、らでん・巻絵さまざまにおとらじまけじとしたてまゐりたり。

とある。『中右記』が、熊乃・比和の二人の「あそび」の「君」が同船したことを、「一舟指二笠」と書いていていることからみて、遊女はひとりひとり簦を所有し、簦の傘紙に月を描き、柄を「らでん・巻絵」で飾っていたのである。したがって上臈の女房の簦と見劣りはしなかったであろう。

網野善彦は、「平安後期以降、南北朝期までの遊女の世界と、女房の世界との結びつきは、密接だった」と書き、「女房たち自身『遊女的』といってよいあり方を示している」例として、「『とはずがたり』の作者後深草院二条」をあげ、彼女は、「後深草だけでなく、亀山、西園寺実兼、法助法親王、鷹司兼平など、多くの男性と交渉を持っているのである。こうした二条の『愛の遍歴』を通じて知られる宮廷の状況を、『乱倫』『乱脈』と評するのが、これまでふつうの見解であるが、むしろこれはこのころの女房の一般的なあり方と見てよいのではなかろうか」と書き、「宮廷を離れたのちの女房二条の東国・西国への旅は、まさしく『遊女』的な遍歴といっても、決して言い過ぎではあるまい」と書く[12]。

網野は、二条の愛・旅の二つの遍歴を「遊女」的とみるが、特に「愛の遍歴」は「女房の一般的なあり方」[12]であったから、平安後期から南北朝期までの遊女と女房の世界は、密接に結びついていたとみている。

私が『とはずがたり』をとりあげたのも、遊女と後宮の上臈女房が密接に結びついていたとみるからだが、その結びつきについては網野と見解がちがう。網野は遊女と上臈女房が結びつく理由として、彼

女は後深草以外に四人の男性と「愛の遍歴」をしたことをあげているが、この四人は、網野のように同列には論じられない。「愛の遍歴」としてあげられるのは、『源氏物語』の登場人物のイメージに重ねて「雪の曙」「有明の月」と表現した二人である。亀山上皇や鷹司兼平との契りは、「愛の遍歴」には入らないから、『とはずがたり』の作者は前者の二人と表現を変えている。

「雪の曙」が西園寺実兼であることに異論はないが、「有明の月」については問題がある。通説は、松本寧が『とはずがたりの研究』(13)で考証した性助法親王（後深草上皇の異母弟〔母は三条公房の娘〕で仁和寺に入り、御《ご》中御《なかお》室《むろ》と呼ばれた）だが、網野は法助法親王とみる。法助は性助の前任の御室門跡で、宮内三二郎の説だが(14)、「全体として法助説は無理があるとの印象は拭いがたい」と福田が書くように(15)、私は通説の性助法親王説を採る。

この性助法親王や西園寺実兼の「愛の遍歴」は、網野のいうように、遊女や後宮の女房だけでなく、当時の皇女から賤民の女に至るまで、女性一般が行なっていた。そのことは、『増鏡』や『今昔物語集』『古事談』その他、平安後期から南北朝期までの文献を見れば明らかである。したがって、「御所」と書く後深草以外に、「雪の曙」「有明の月」との二条の「愛の遍歴」は、網野のいうような遊女と上臈女房を結ぶ糸にはならない。

遊女と上臈女房が重なるのは、亀山上皇・鷹司兼平との関係である。この場合は、前述したように、後深草の仕組んだ枠の中で、強制的に男に抱かれている。これは遊女と同じであり、一般の女性とはちがう。

遊女にも、後宮の上臈女房にも、二条が「雪の曙」や「有明の月」と書く男性との愛と同じ「愛の遍歴」もありえたが、こうした一般女性と同じ愛のかたち以外に、男に抱かれざるをえない立場にあった。亀山は、二条を抱かせてほしいと後深草に要望したとき、交換条件として、自分の後宮の女房のうち、後深草が気に入った女房は、誰でも抱いていいと約束していた。

後深草上皇の女房観も亀山上皇と同じだから、後深草は弟の亀山や重臣の兼平に、自分の後宮の上臈女房を抱かせたのであり、彼女も応じざるをえなかったのである。

二条はこうした契りを、

逃るる所なくて宮仕ひゐたるも、今更憂き世のならひも思ひ知られ侍る。

と書いている。「宮仕ひ」の御所と、江口・神崎などの遊女宿のちがいはあっても、その場所では、「憂き世のならひ」として、愛のない契りを、「逃るる所なく」結ばざるをえなかった。その点が上臈も遊女も同じだと、私は思うのである。

小野小町の実像が更衣小野吉子とすれば、和泉式部と共に「遊女」といわれるこの二人も、後宮の女房としては、二条のように上臈ではないが、同じである。式部は一条天皇の中宮彰子の後宮の女だったから、天皇には抱かれなかったが、小町は二条と同じく天皇の女で、「逃るる所なくて宮仕ひゐたる」のであった。このように、小町も「内裏の遊女」、つまり上臈女房であった。

内裏と遊廓

鎌倉時代の説話集『古今著聞集』に、次のような話が載る。後白河法皇が、側近の公卿や女房に、とっておきの話を披露させていたとき、順番が歌人小侍従にまわってきた。彼女は鵺《ぬえ》退治で有名な源頼政とも浮名を流しているから、艶《つや》っぽい話をみんなは期待したが、小侍従は期待にこたえて、こんな話をした。

ずっと前のことですが、ある所から迎えの車が来ました。車を出した人は、私が思いこがれていた人でしたので、深夜で心細かったのですが、迎えに応じました。先方に着くと、特別なかぐわしい香の匂いのする、やわらかな召物を着た方が、「遅かったではないか」といって、私をしっかりと抱きしめ、それから愛し合い、睦言《むつごと》をかわしている間に、夜が明け始めました。魂の抜けたような上の空の気持のまま帰ってきて、寝直す気もなく呆然としていると、また使いが来ました。使いがいうのには、愛し合うのに二人は夢中になっていて、いつの間にかお互いの着物をとりちがえていたのに、気がつかないでいたのです。使いの者に、相手の人の香のこもった召物をもっていかれて、たいへんせつない思いをしました。

このような話を語ると、後白河法皇は、相手の名をあかせという。それはできかねるとことわったが、質問がきびしいので、彼女は笑いながら、「では、いいましょう。法皇さまが天皇であった、ある年のある頃、使いを出して私を呼ばれたのです」と答えたので、一座はどっとわき、法皇もそのことを思い出したので、その場にいたたまれずに逃げ出した。

こういう話だが、後白河法皇が特に「好色」だったわけではなく、当時の天皇にとっては普通のことだったのである。

亀山天皇について『増鏡』は、

御心のあくがるゝまゝに、御覧し過《すぐ》す人なく（恋情のおもむくままに、思いをかけた女性は見のがさず）、乱りがはしきまで、たはぶれさせ給ほどに（常識をはずれるほど女遊びをするうちに）、腹〳〵の宮たち（それぞれの腹から生まれた皇子・皇女たち）、数知らず出でき給。大かた、十三の御年より、宮は出《い》で来《き》そめさし給しが、年《とし》〳〵多くのみなり給へば、いとらうがはしきまであるべき（乱雑にさえ思えてきた）。

と書いている。

兄の女房の二条に目をつけたのも、「御心のあくがるゝまゝ」「乱りがはしきまで、たはぶれさせ給ふ」一例だが、亀山（新院）は、後深草（本院）が異母妹の前斎宮愷子親王と契ったように、異母妹の憘子内親王と関係している。

『増鏡』は、そのことについて、

いと盛りにうつくしげにて、切にかくれ奉り給を（女の盛りでとても美しかったので、新院の目にとまらぬよう、ひたすらかくれていたのに）、新院あながちに御心にかけ（新院は身勝手に好きになって）、うかがひきこえ給ほどに、この御悩みの比《ひ》（周囲にわかるほどお悩みの日々をおくり）、いかがありけん（どのような機会があったのだろうか、とうとう契りを結ばれたので）、いみじう思ひの外にあさましと思《おぼ》し歎く（内親王は、まことに意外で、ひどいことだと嘆かれた）。

と書いている。そして、本院が前斎宮の異母妹愷子内親王と関係したことより、「まことしう、にが〳〵しき御事」として、「姫宮まで出で来させ給ふ」ことをあげている。

後深草は異母妹との間に子供までは作っていないのに、亀山は子供（皇女）を異母妹に生ませているからである。母はちがっても、兄妹の間に生まれた子は、当時でも母のことを公然と人前ではいえなかったので、二人の間に生まれた「姫宮」は、「宮の御母君をば誰」ときかれたときは、「いはぬ事」とのみ答えたと、『増鏡』は書いている

その他いくつか『増鏡』は、亀山上皇の好色の例をあげたうえで、

> かやうにすべて多く物し給う。昔の嵯峨天皇こそ、八十余人まで御子もたまへりけると、うけたまはり伝へたるにも、ほと〳〵劣り給《たまは》まじかめり。

と書く。

さらに『増鏡』は、御霊神社の巫女で、雑仕（宮中で雑役・走使いに奉仕した）の娘に亀山が目をつけて、「たび〳〵召されて、姫宮生《む》まれ給へり」という例や、亀山天皇の母代りをつめていた女院（安嘉門院）に仕える女官たちの用度部屋にいた、田楽法師の娘で「こま」という女性にも、女院をたずねたとき目をつけ、召して皇子を生ませたことなどをあげている。

御霊神社の巫女などは一般の遊女とほとんどかわらず、不特定多数の男と交わっていた。そうした女性を女房にしているのだから、後白河法皇が遊女を女房にしたのと、それほど変わらない。

ただ、後白河と亀山の場合では、女性に対する接し方がちがう。亀山は目についた女性を手あたりしだいに抱き、子を生ませているだけで、特に寵愛した女房はいない。

亀山は「十三の歳」から、「御心のあくがるゝまゝに」「乱りがはしきまで、たはぶれさせ給ひ」「八十余人まで御子もたまへりける」なのであり、そこには持続した愛はない。八十人の御子は、種馬の子みたいなものである。ただ、自由意志による点が種馬とはちがうが、結果として種馬のように「御子」をつくっただけである。

それに対して後白河には、『古今著聞集』が書く小侍従のような例もあるが、遊女だった丹波局の場合は、亀山が子を生ませた御霊神社の巫女や田楽法師の娘などとはちがう。祇園の水汲み女であったという祇園女御を白河院が寵愛したと同じように、丹波局は後白河院に寵愛された。その点が、単に好色なだけの亀山や後深草と、白河や後白河のちがいである。

小野小町が「内裏の色好みの遊女」といわれたのは、遊女に一夜妻としての神妻の面があり（「色好み」は現代の「好色」の意味ではなく、神妻のことをいう）、天皇の「マツリゴト」に祭事があるように、神祭り・神遊びの面で結びついていたからである。内裏は、天皇・上皇・法皇を客人神とする遊廓のようなものであった。局《つぼね》で女房たちは客人神の来るのを待っていたのである。

そうした内裏の性格からして、後宮の女たちに対する対応にちがいがあっても、彼女たちを遊女視していた点では、どの帝皇も本質的にはちがいはない。それは帝皇だけではなく、一般的な認識でもあったから、「上臈」という言葉が内裏でも遊廓でも使われ、三位以上の高位の女性のみに許される簪を遊女が用いてもとがめられず、「内裏の色好みの遊女」としての小町伝承や、内裏の女房であった和泉式部を、「やさしき遊女」とする伝承が、伝えられるようになったのである。

第十五章　宮廷の遊女

遊女と内教坊

遊女の祖を皇女とし、小野小町を「内裏の色好みの遊女」といい、遊女を「上臈」という宮廷女官の最高位の称号で呼ぶ理由について、これまで私見を述べてきたが、後藤紀彦は、遊女の祖を皇女とする伝承や、「遊女の服飾や臈次が宮廷の女官ときわめて似かよっていること」は、「遊女・白拍子が朝廷に所管されていた」ためとみる。

そして、後白河院の子の仁和寺検校守覚法親王が、門弟への訓戒を記した『右記』の管絃音曲の条の、

倡家女・白拍子は皆な公庭之所属也。

をあげ、「公庭」を「広い意味の朝廷を意味する」とみて、「遊女は古く内教坊と何らかのつながりがあった」と推測する。(1)

内教坊は奈良時代初期頃に設置され、雅楽寮に属し、女楽伝習の場であった。正月十六日の踏歌の節会に唐風の輪舞を行なったり、宮中の饗宴に管絃を奏していたが、十世紀頃には衰微した。この内教坊と関係が深いのは「五節舞《ごせち》」だが、この舞の舞女について後藤は、「平安時代末から鎌倉時代には、舞姫・童女には下級貴族の娘や侍女をもって充《あ》てたようであるが、下仕には多くの場合、江口・神崎の遊

女を呼びよせて下見をして選び出して仕立てた（『玉葉』『猪熊関白記』『源家長日記』）。五節舞は臨時に五節所を設けて練習させたが、この五節所も雅楽寮の楽人が教習したのであり、内教坊との縁は深いものがあった」と書く。

そして、「遊女は古く内教坊と何らかのつながりがあったが、それが衰微した院政期に、近畿・近国の遊女・傀儡・白拍子を雅楽寮付属の機関を設けて、かなり大がかりな組織に再編したものではなかろうか。そして、恒例・臨時の参仕のみではなく、あるいは番に組んで院や女院・朝廷の御所に歌舞を奉仕することが義務づけられたのではなかろうか。いわば供御人とほとんど同じ組織であり、その際、遊女の側で求めたものは、遍歴する職人と同様に、京と江口・神崎、京と美濃といった、絶えず往来する道筋の諸関の煩《わずら》いを除く自由交通権と安全の保障であったはずである」と推論している。（1）

豊水聡美も、江口・神崎の遊女が「江口方」「神崎方」というかたちで、公的に官司に把握されていたと指摘しているが、（2）網野善彦は、

九世紀から十世紀にかけて、律令制が弛緩・変質していく過程で、諸官司の下に組織されていた多様な職能民が、それぞれに独自な職能集団を形成していったことは、「非人」の場合を含めて広く確認しうるが、遊女の場合も基本的に同様の経緯を考えてよいと思われるので、国家的な保証を期待しえなくなった後宮十二司等に属する女性官人の中で、芸能を身につけた女性をはじめ、下級の女性官人たちが、独自の女性職能集団としての遊女の一つの中心をなしていったのではなかろうか。

もとより従来から指摘されてきたように、神に仕える巫女もまた、遊女の源流の一つと考えるこ

とができるが、こうした巫女と遊女との深い結びつきと、いまのべたことは決して矛盾するものではない。何故なら、中国風の制度的形式を与えられていたとしても、女性官人はその根底に「聖なるものへの奉仕者」の性格を潜在させていたのであり、また各地の有力な神社に属した巫女の場合、律令制の下ではその制度内に組織された「官人」としての側面を持っていたといいうるからである。

このようにして、十世紀以降、文字を駆使して和歌を作るだけの教養と、歌舞などの芸能を身につけ、「性」そのものを「聖なるもの」として、「好色」を芸能とする女性職能集団としての遊女が、内廷官司の統轄の下に姿を現わしてくる、と私は考えてみたい。白拍子はその中から生れてきた女性の独自な芸能であった。

と書き、「白拍子奉行人」も公的な役職とみているが、遊女がかかわった官司については、後藤説の内教坊とみている。(3)

後藤は、内教坊と遊女のかかわりを「五節舞」にみているが、(1)五節舞を行なう五節殿を常寧殿ともいい、その殿舎を「后町」と称している。

「町」「松」は、くりかえし述べたように、巫女・遊女の性格を示す用語であり、「マツリ」の「マツ」にも通じるが、この「町」のつく「内裏の遊女」の小野小町と内教坊の遊女が、五節舞・五節殿を接点に結びつくことからみても、後藤説は無視できない。

遊女を「準女官的性格」とみる説

服藤早苗は、遊女を内教坊の妓女との関係でみる説を批判して、中世の絵巻物に登場する遊女達は、長い垂髪と作り眉をし、宮廷女官達の公服である緋の袴をつけた姿である。彼女達が袴を着用することができ、これが遊女のユニホームにもなるのは、なぜであろうか。八世紀の律令国家では、律令に規定された公服は、朝廷内部で着用されるものであり、一般庶人の使用しうるものではなかったとされている（武田佐知子『古代国家の成立と衣服制』）。この公的衣服たる袴を、遊女が着用するようになる背景を、後藤紀彦は内教坊の妓女との関係で説いているが、地方の遊女の服装も同様であること、また遊女が都の中ではなく河陽にいたことなどからすれば、遊行女婦や娘子の準女官的性格を考えた方が適切ではないだろうか。

と書いている。(4)

服藤のいうように、遊女を内教坊の妓女だけに限定することはないだろう。しかし、『万葉集』の「遊行女婦」「娘子」の性格から、遊女に「準女官的性格」を見る服藤より、私はもっと広い視野から、服藤流表現を使うなら「準」をとって「女官的性格」といいたい。第十四章でも述べたように、中世の『御伽草子集』が更衣小野小町や後宮女房和泉式部を「遊女」とするのは、後宮の女官に遊女の性格があったからであり、遊女を「上臈」というのも同じ発想による。こうした「女官的性格」は、二つの面をもっている。

一つは、天皇と性の交わりをもつ「女官」である。こうした後宮の「女官」は、柳田国男が「山城の京の初期には数十人の采女が皆小町であった」と書くように、(5)古代の「采女《うねめ》」と結びつく。采女と遊女のつながりは、倉塚曄子の「采女論」「古代の女の文化」に譲るが、(6)遊行女婦・娘子だけでなく、古代の「女官」も遊女と結びついている。

もう一つは、天皇の神あそびの歌舞にかかわる「女官」である。こうした「女官」も古代には采女が関与していたことは、記・紀を読めば明らかである。歌舞の「女官」を専門職化したのが、内教坊の妓女である。

この性と歌舞は、別々の「女官」の勤めではなく、同じ「女官」が行なっていた点では、遊女と同じである。服藤も、「九世紀の舞姫は、歌舞の後で天皇との性交渉を持っており、のちに正式に入内する場合が多かったことが判明し、歌舞と性交との関係をうかがわせる。この習慣は結構残ったようで、『源氏物語』にも、『やがて皆とどめ給ひて、宮づかへすべき御気色あり』とある。（中略）九世紀には、歌舞奉仕と性的奉仕との関連の可能性は高い」と書いているが、(4) 九世紀だけでなく、それ以前からあった。采女という名の「女官」がそれである。

采女は令制以前と以後では「女官」としての内容にちがいがあるが、令制以前はより遊女的で、歌舞は神遊び、性的奉仕は一夜妻としての神事であった。つまり、彼女らは巫女の性格をもっていたのであり、網野善彦の説く(3)巫女と遊女の関係は無視できない（倉塚曄子も、「采女論」を『巫女の文化』と題する著書に集録しているように(6)、巫女性を重視している）。

こうした遊女の巫女性から、網野は「『性』そのものを『聖なるもの』」とした、「女性職能集団としての遊女」の出現を想定しているが、(3)こうした女性の「性」を聖化する考え方に対し、田中貴子は、このような女性の性の聖化は、「知らず識らず女性を〈生む性〉として囲い込み、男性原理のヒエラルヒーの中に固定させてしまう危険を孕んでいる」と批判している。(7)

同様の考え方は服藤にもあり、十世紀に「売春をその職能の一つとする遊女」が成立したのは、「未熟ながらも社会全体の家父長的家族＝家成立を歴史的背景にしたものであり、女性の性が男性に従属する歴史の成立でもあった」とし、それ以前（女性の性が男性に従属する歴史の成立以前）には、遊女といわれる『万葉集』の遊行女婦は「準女官的性格」をもっていたというのである。(4)

私は、服藤のいう「女性の性が男性に従属する歴史」は無視しないが、すべてをこうした「歴史的背景」だけで教条的・一元的に解釈することこそ、逆に、「知らず識らず女性を〈生む性〉として囲い込み、男性原理のヒエラルヒーの中に固定させてしまう危険を孕んでいる」と思う（そのことは第四章でも述べた）。

遊女と主殿寮

後藤や網野は、内教坊の妓女をとりあげるが、私は主殿寮《とのもりよう》の女官を重視したい。『梁塵秘抄口伝集』には、

鏡の山のあこ丸、主殿司《とのもつかさ》にてありしかば、常に呼びて聞き、神崎のかね、女院に侍ひしかば、参りたるには、申してうたはせて聞きし。

とある。

「鏡の山のあこ丸」は、美濃鏡山（鏡宿）の傀儡女である。前述したように、「あこ丸」は「あこほと」と同義で、遊女・傀儡女につけられる名であり、「阿小町（小町）」と共通しているが、彼女は主殿寮（『養老令』によると、輿・輦車・蓋笠・繖扇・帷帳を整備し、湯沐の湯を調達し、禁庭の清掃・燈燭・薪炭を掌った）の「司《つかさ》」であったから、後白河院は皇子の頃、主殿司のあこ丸を「常に呼びて」今様を聞いた

のである。

「神崎のかね」は、摂津神崎の遊女であり、女院（後白河院の生母、待賢門院藤原璋子）に仕えている。『民経記』の貞永元年（一二三二）二月六日条に、女院（北白河院）に仕えた女房督局は「艶色之傾城」とあるから、やはり遊女である。和泉式部も女院（上東門院）に仕えているから、のちに「やさしき遊女」（『御伽草子集』）といわれたのである。

このように、平安時代後半から鎌倉時代にかけて、遊女・傀儡女は「準女官的性格」でなく、はっきり「女官」として奉仕しており、売春を職能とする江口・神崎の遊女（艶色の傾城）は、十三世紀に至っても「女官」として出仕している。こうした事実は、「女性の性を男性に従属する歴史」観だけで説明しようとしても、無理である。

前述した小松女院と侍女が身を投げたという「粧の井」の「粧」が遊女にかかわるのも、女院に出仕した「女官」に遊女がいたからであり、この侍女は遊女かね、督局や、伝承上の「やさしき遊女」和泉式部と重なる。

主殿司のあこ丸が出仕していた主殿寮は、蓋笠・繖扇にかかわるが、こうした職種と、内裏の上臈や江口・神崎の遊女らが、そのような笠・扇を用いていたことは、無関係ではない。帷帳《いちょう》は寝所にかかわり、湯沐《ゆのうながし》は天皇の体に直接ふれる仕事だが、私が注目するのは、燈燭の役職に「松定使」があり、燈燭に「女官」が奉仕していることである。[8]

主殿寮領の山城国葛野郡小野山からは、松明・木材・柴などを貢納している（『壬生家文書』）。「松定使」はたぶん松明に関与する役職であろう。松は木そのものが聖木とみられていたが、聖木の松・竹・

梅のうち、トップが松なのは、松が特に火にかかわるからである。

柳田国男は、「マツは木の名であると同時に、日本では又火のことでもあった」「沖縄は今でもオマツといふのは火のこと」であると書く。そして、「たいまつ」を「手火松《たびまつ》」の意とみて、

夜分にもし二里も三里も先へ行かなければならぬやうな時には、必ずタイマツ（松明）といふものをともして出かけました。これが提燈の普及するまでの、屋外の明りのたった一つの方法でした。一本が通例昔の半時《とき》、今の一時間はもつものとなって居て、三時《とき》の旅行をするには六本持って行くとか、月が夜中に出るからそれ迄は二本でよいなど丶、見積りをするのが重要なことでした。それで夜通し遠路をあるく者、又は山に入って夜の狩をするやうな人たちは、背なかに大きな籠を負うて、たくさんの松明を其中に入れて出かけたので、夜の外出はもとは大変な支度でした。

と述べている。(9)

柳田は、火（松）を手に持っていたから「手火松」といったのが、「松明」と書かれるようになったと述べ、「昔は火を作り出す枝と、出来た火を大事に管理する役目とが、男と女との分業になって居た」が、「昔の火をきり出す技術の困難であった時代には、之を守って消さぬやうにすることは、可なり重要な任務であった」とし、「作られた火を保持し又は継続する方に利用せられたのが、マツの木であった」から、沖縄では火を「オマツ」というが、「精確にいふと、現在では火種の燠《おき》のことが、向ふの発音でウマチ」になっていると書き、「鹿児島県では一帯に近い頃まで、台所で働く女の名を、オマツ又はマツ女と謂って」おり、「女中にお松といふ名をつけることが、九州南端に限らず、上方辺にもその例がある」のも、「火の管理といふことに、関係があった」と書く。(9)

私は、主殿寮の燈燭の「女官」は「オマツ」「マツ女」であり、彼女たちは燈燭だけでなく、「湯沐」の湯をわかす火の管理にもたずさわった「オマツ」「マツ女」であったとみる。そうした役目の主殿司に遊女（傀儡女）が用いられたことと、遊女の祖の皇女を「小松」とする伝承は、無関係ではなかろう。主殿司や女院の女官としての遊女・傀儡女の出仕は、性的奉仕や歌舞の奉仕のためではない。「阿小町」が歌舞と性にかかわる「マチ(ツ)」なのに対し、主殿司の「阿小丸」は「火」という「マチ(ツ)」への奉仕者である。どちらの奉仕も神事であり、遊女のもつ巫女的性格が、主殿司の「女官」として出仕できた理由であろう。

服藤早苗は、浅野則子の「女歌の成立試論――遊行女婦を中心に」[10]によれば、「女流歌人としての遊行女婦・娘子の歌は、『待つ』という受け身の言葉を特徴とし、あの額田王の即興的で男女対等な歌の内容ではもはやない、とされる」と書き、遊行女婦・娘子は、「女性の政治的地位の低下にともない成立した職能的職種である以上、まったくの男女対等と考えるべきではないことも確認しておかねばならない」と述べ、その「確認」の具体例として、彼らの歌の「まつ」をあげている[4]。

このような文章が「科学的」歴史学にもとづく教条的・一元的文章の典型であるのは、浅野のあげる「まつ」は、くりかえして述べてきた「まつ(ち)」の意で、男女対等が崩壊して女性が受身に立たされたための用語ではないからである。それをすべて男性優位社会における女性の政治的地位の低下という物差しのみで解釈しようとするから、『万葉集』の歌も「科学的」「政治的」になってしまうのである。

こうした「科学的」「政治的」発想で「宗教的」「文学的」な歌を解釈するから、額田王と遊行女婦の歌のちがいも「科学的」唯物史観で解釈してしまう。額田王の歌に「待つ」がないのは、「即興的」な歌遊びの場での作歌だからである。それに対して遊行女婦・娘子の歌は、送別の歌だから「待つ」が使われているのであって、男女対等でなくなったために受身の用語を女性が使ったわけではない。

額田王に近い時代でも、大津皇子が「妹待つ」と歌い、皇子の歌に答えて石川娘子が「我を待つと」とうたっている（一〇七・一〇八）。これ以上は詳論しないが、「待つ」について浅野や服藤のような解釈が成り立たないことは、『万葉集』の「待つ」の用例からはっきり反証できる。

「待つ」が一見受身に解せるのは、この用語が本来は、神を「待つ」の意だからである。柿本人麻呂が「天つ水　仰ぎて待つに」（一六七）とうたっているように、「まつり」の「まつ」である。したがって、遊女の「まつ」としての性格が、主殿司の「女官」として「あこ丸」を出仕させたのである。

男女関係における女性の自立

男性優位社会が確立したといわれる中世に書かれた『とはずがたり』で作者のいう、宮仕いの女房の「逃るる所なくて」は、江戸時代以降の遊廓の「逃るる所なくて」とは意味がちがう。彼女たちには自由意志が認めれられていた。

網野は、ポルトガルのルイス・フロイスが『日本覚書』で、「日本の女性は処女の純潔を重んぜず、たびたびの離婚によっても名誉を失わず、再婚もできる。妻は自らの財産を持ち、夫にそれを高利で貸し付けることもあり、しばしば妻が夫を離別する。娘や妻は両親や夫に許可を得ないで、何日でも行きたいところへ行ける」などと記していることをとりあげ、「このフロイスの指摘は、必ずしも西欧人の偏見よるとはいい難く、少なくとも西日本の社会では真実を衝いている」と述べている。(3)

フロイスは戦国時代の日本の風習を述べているのだが、『増鏡』は、後深草や亀山と同じ母（大宮院）が生んだ月花門院（綜子内親王）が、文永六年（一二六九）三月一日、二十一歳で亡くなった原因について、

四辻の親王、忍びてまいり給けるを、基顕の中将、かの御まねをして、又参り加はりけるほどに、あさましき御辱さへありて、それゆへかくれさせ給へるなど、さゝめく人も待けり。

と書いている。「あさましき御事」の具体的内容はわからないが、二人の男が内親王のところへ通っていたことによって起きた「あさましき御事」が原因で彼女は死んだ、という噂がたったのであり、二人の男と通じていたことは確かである。

『増鏡』はまた、亀山上皇の妃、宗尊親王（後嵯峨天皇の皇子）の娘の掄子女王（亀山といとこ）が、六条有房と契って子供を生んだこと、同じ上皇の女御の新陽明門院（近衛基平の娘）も藤原兼嗣との間に子をもうけたことを記しており、上皇の妃・女御も、今でいう「不倫」をして子供まで生んでいる。『とはずがたり』は、後深草や亀山の異母妹の愷子内親王が斎宮の任を終えて京に戻ってきた直後、二条の手引きで後深草と契ったことを書いているが、『増鏡』も同じことを書き、愷子内親王は二条の恋人の西園寺実兼とも愛し合い、彼の子を生み、また二条師忠とも契ったと記している。また『とはずがたり』は、愷子内親王は異母兄の後深草だけでなく、後深草の実弟の亀山とも関係があったことをほのめかしている。

網野のいう「愛の遍歴」（三五二頁）は、上は皇妃・女御・皇女から庶民の女性に至るまでの一般的風潮で、女と男の差はあまりなかった。「逃るる所なき宮仕ひ」と『とはずがたり』の作者は書いている

が、実際には自分も御所の局へ恋人の西園寺実兼を引き入れており、けっこう自由に振る舞っている。二条は十六歳の二月、後深草の子（皇子、翌年十月死去）を生むが、出産後、初恋の人西園寺実兼との関係がまたはじまり、十七歳の二月、実兼の子を懐妊したことに気づき、二人は善後策を協議し、九月になって上皇の子を生むといって御所を退出し、女子を生み、流産と称して実兼がつれ去っている。御所に戻った彼女は、この年の師走、十二月三十日に、御所の後宮に実兼がたずねてくると、大胆にも自分の局へ引き入れて、一夜、愛し合っている。

翌年十八歳の春三月には、後白河法皇の命日の「御八講」の結願の十三日に、阿闍梨《あじゃり》（「有明の月」）にいい寄られる。それから会うたびにくどかれ、情のこもった手紙をもらっていたが、後深草上皇が病気になり、祈禱のため阿闍梨が御所に来た九月の初め、契ってしまう。そして、上皇の病気がなおるまでの三十七日間、「隙をうかがひつつ、夜を経てといふばかり（夜ごとにというくらい）、見奉る（お会いした）」のであった（福田秀一は「『見奉る』の『見る』も、具体的には契ること」と書く(11)）。

後深草の病気がなおって「有明の月」が御所を去ったあと、二条は彼と文通していたが、翌年（十九歳の年、建治二年）九月、叔父の仲介で再び会う。しかし、あまりに「有明の月」が執心なのがわずらわしく、絶交するが、再びその熱意にほだされて交情を復活させ、「有明の月」の子を二人も生んでいる（「有明の月」は彼女が二十四歳の年の弘安四年十一月二十五日没）。

二条は、御所・雪の曙・有明の月の三人と同時進行の形で「愛」の関係を結んでおり、三人は彼女が他の二人と関係していたことを承知していた。

二条のこうした行動を、後深草は嫉妬しながらも許していたのは、当時の男女関係では一般的なことだったからである。遊女などを除いて女性の「貞操」が強調される近世以降の女性観や、すべてを男性優位社会でわりきる「科学的」史観では、この中世の男女関係は理解できない。そのことは当然、近世以降の遊女観と、それ以前の遊女観のちがいにもなっている。

『万葉集』の遊行女婦・娘子の歌の「まつ」をもって、女性が受身になり男性優位社会が成立したことを示すと解する説では、中世の男女関係の女の行動を説明しきれいなし、「まつ」の意味の説明にもならないのである。

「まちぎみ」について

遊女を「まちぎみ」という。「町君」について『日本古語大辞典』は、

町に立って客を誘う遊女、私娼、「つじぎみ」とも。

と書き、『日本国語大辞典』(九巻)は、

夜、路傍に立って客を求める遊女、辻君。塵袋五、「町君と云ふは下輩の婬女也」

と書く。

「まちぎみ」は公卿・卿をもいう。『日本古語大辞典』は、

「まうちぎみ」の約。朝廷に仕える高官。「時に一の臣《マチキミ》有り、進んで曰く」(書紀・景行一二年一二月)

と書き、『日本国語大辞典』(九巻)は、

「まうちぎみ」の変化した語。「まえつきみ(公卿)」に同じ。書紀―雄略九年五月(図書寮本訓)「僕紀の卿《マチキミ》と共に」

と書く。

二つの「まちぎみ」を別の意に解しているのは、「下輩の姪女」と「朝廷に仕える高官」は、まったく結びつかないからである。

ところが柳田国男は、平家落人伝説の平家谷の地にある「小松」の「マツ」について、

小松だから重盛又は維盛の子孫だといふことになって居る様だが、その小松のマツはマウチギミ、即ち神に仕へる者といふことをしか意味しなかった。小野小町の生地又は死処といふものが、全国に極めて多いのと同じ理由のやうに思ふ。

と書いて、「マウチキミ」「マチキミ」の「マチ」を、小松・小町の「マツ・マチ」と同じ意とみている。(12)

また、神官・巫現・遊芸の徒・遊女を「大夫」ということについて、

大夫は、書紀などに古くから大夫と書いてマウチギミと訓ませた其マウチギミの音読に過ぎぬと思ひます。是は神裔にして託宣を職とする巫女とは別でありませうが、やはり侍者即ち神に侍し祭に仕へる意味で、「まつり」「まつ」「またす」などゝ云ふ語と語原を同じくし、神の大夫即ち執事、行事などゝ云ふ所から来た名と思ひます。（中略）其一つの傍証になりますのは、八幡の末社の中にマツドウ（松童）と云ふ神がある。（中略）それから菅原伝授手習鑑にも見えて居ります松王と云ふ人の名でありますが、松王と云ふ名は兵庫の和田岬を清盛が築いた時に、人柱に立ったと云ふ昔話の童子の名にもあります。（中略）私の考へでは是は今では松と云ふ字を書いて居りますが、やはりマウチギミのマウチであって、神様に侍すると云ふ意味の名ではないかと思います。若狭近江などには松塚と云ふ塚、松神と云ふ神が多くあります。此松神松塚と云ふのは同じもので、全国数

十箇所にある小町塚なども、男か女かあるマウチギミの祭をした場所かと思って居ります。

と書いている。(13)

小町は「内裏の色好みの遊女」、「阿小町」は稲荷山の巫女であるから、遊女をいう「町君」も、公卿《まちきみ》(卿)と語源は同じと考えられる。

「大夫《まうちぎみ》」は、養老の公式令には「五位称二大夫一」とあり、『令義解』(公式授位任官条)に「謂、一位以下通用二此称一」とあるから、はじめは一位から五位までの総称であったのが、のちに公卿(三位以上)の次位の四・五位をいうようになり、さらに五位の通称になったのである。喜田貞吉は遊女を大夫というのは、「五位の大夫様」にあやかって「百大夫の名称が生じ」、この百大夫を「守り神として祭って居る傀儡子《くぐつ》、即ち遊芸人や遊女どもが、それから転じて大夫の名を得るに至った」とみる。(14)

喜田のいう「遊女《ゆうじょ》」は、『梁塵秘抄』の「遊女《あそび》」ではないが、遊女《ゆうじょ》を「大夫《たいふ》」という事について、江戸時代の文献は、

> 元和の頃(一六一五〜一六二四)都下遊女の舞に、名ある者を霞洞《やんごとなき》に召され、かりに丹波大掾藤原の吉政と号け、男の受領になずらへる玉《たま》へるは、はゞからせたまへるよしあるにや。男の舞太夫に准ぜさせ給ひしより、其の一類に名たゝる遊女をば、太夫といひけるとかや。(『ありのまま』三巻)
>
> もと白拍子のともがらにて、みづからうたまひするがゆゑに、じやうるりたいふになずらへてよべるなり。浄瑠璃大夫の号は、院中に召されてえいぶんありしとき、かりに五位をたまはりしに起れり。(『松屋筆記』一巻)

と書く。宮廷に召された芸人が「舞太夫」「浄瑠璃太夫」といわれたように、宮廷に召された遊女が

「大夫」といわれたというのである。

「大(太)夫」が五位の官僚以外に、芸人の統領についてもいわれるようになったのは、芸人たちは、宮廷からのお召しがあれば、五位（五位以上が殿上人といわれ、御殿(所)に上がれる）と同じく御殿(所)に昇ることができたからである。

「大夫」も「公卿」も、本来は三位以下の最高位をいう。女性の場合、三位以上の女官・女房、または大臣の娘・孫娘を「上臈」という。『梁塵秘抄』は、「遊女《あそび》の好むもの」に「簦翳《おほがさかざ》し」をあげているが、大傘は皇妃・三位以上および大臣の嫡妻にのみ許されていた（『延喜式』）。このような大傘をかざすことは、遊女に「上臈」の格式があることを示している。江戸時代の遊女の最高位は、「大夫」以外に「上臈」ともいわれた（遊女が中世から「上臈」といわれていたことは前述（三五一頁）した）。

こうした遊女の呼称からみても、「下輩の婬女」と、「朝廷に使える高官」をいう「まちぎみ」の語源は同じであり、「まち・まつ」人のことである。第三章で述べた一時上臈・一夜官女も、「まちぎみ」としての一夜妻である。上臈・官女という呼称が使われているのは、一夜妻の遊女と高官が「まちぎみ」といわれたのと同じである。

町・市・松と遊女

「まち」に区画の意味があることは前述（三四六頁）したが、(15) 柳田は、この「区画」の意味の「町」と小野小町の「神に侍する者」の意味の「町」は別とみている。

しかし『日本国語大辞典』が十八に分類した「まち（町・街・坊）」は、いずれも特定の区画・地域を意味している。つまり、聖地、神の降臨地、ハレの場所などの意味があり、「まちぎみ」が神を待つ人なら、「まち」は神を待つ場所といえよう。『日本国語大辞典』もそうだが、すべての辞典が、「町」については、「田の区画」「区画した田地」をトップにあげる。なぜ、土地一般の区画でなく田地の区画のみが「まち」なのか。稲を育てる区画こそ、神の降臨を待つ聖地だったからであろう。

『日本国語大辞典』は二番目に宮殿をあげるが、こうした建物も聖地としての区画である。宮廷の五節舞をする五節殿を「后町《きさきまち》」というが、この「町」も「待ち」と「区画」の二つの意味がある。歌舞は本来、神を「まつ」「あそび」である。

亀卜や鹿卜などで、甲や骨に彫り、または描いておく占いの線や形、占いで現われた神聖な場所も「町」という。この「町」も、「待ち」と「区画」の二つの意味をもっている。『新撰亀相記』には、

以㆓天力㆒　堀㆑町判掃之〈穴体似㆑町〉

とある。「天力」つまり「神の力」を待って町を掘るのであり、掘った「町」は穴に似た区画だというのである。

『日本国語大辞典』は、「町」は「遊里内をさしていう」とも書くが、遊里を特に「町」というのは、単なる「区画」ではなく、田地や卜占の「町」と同じ意味でいわれているのである。「町」はまた、人の多く集まる所をいう。「町君」を「辻君」というが、「町」「辻」は同じ意味で使われている。

「辻」は道路が十文字に交差している所、十字路、交差点をいう。「辻《つじ》君」と「辻子《つし》君」のちがいについては前述（二三二頁〜二三三頁）したが、「辻」は境界であり「市」である。遊女的歩き巫女を「市《いち》

子《こ》」というが、それには「町君」「辻君」と共通した意味がある。

歌垣は、記・紀によれば、山や浜辺などの特定の場所以外に「市」で行なわれている。西郷信綱は、「市と歌垣」で、日本の古代の市が歌垣という男女の性の交歓の場であったことを詳論して、奈良・平安期の民間歌垣は「猥雑」なものだから、しばしば禁令を出したが、

平安期になってからも、「すぐろくの、市場に立てる、人妻の、逢はでやみなむ、ものにやはあらむ」（拾遺集、読人しらず）という歌があり、また、「平中が色好みけるさかりに、市に行きけり。中頃は、よき人びと市に行きてなむ、色好みわざはしける」（大和物語）などと見えるように、市は色好みの場であり、歌垣と市の因縁はまだこうして存続しつづけていた。

と書いている。(16) 市は男女の「待つ」場所でもあったのである。遊女らが祀る「百大夫」は道祖神であり、男女の性器をかたどった木工品または性器を露出した人形であった。こうした「百大夫」（百神ともいう）は辻・市・境に祀られた。

宮田登は、「境に住む遊女」で、遊女が「不思議な霊力の発現してくる空間」を、「川・辻を起点とする市、駅、神社周辺といった領域」とみているが、(17) こうした場所は人の多く集まる「町」であり、神を「待つ」「区画」である。

道祖神として遊女が祀る「百大夫」は、こうした場所で霊力を発揮する。この場所は、聖なる区画としての「町」であると共に、女が男を、男が女を待つ「町」である。この場所は境界であり、市の成立する場所である。

赤坂憲雄は、「境界の発生」で、「歌垣は、たまたま市でおこなわれたのではない。市と歌垣は、それ

ぞれの共同体が尽きはて、異質なる他者が共同体と接する地点にめばえた、たがいに包摂しあう〈交通〉のかたちだった」と書いているが、[18]『常陸国風土記』香島郡の条にみえる「嬥歌《うたがき》の会《つどひ》」も、「童子女《うなゐ》の松原」という、那賀《なか》国造と海上《うなかみ》国造の支配地の境界にある海岸で行なわれており、「那賀の寒田《さむた》の郎子《をとこ》」と「海上の安是《あぜ》の嬢子《をとめ》」は、愛しあっていても、「嬥歌の会に、邂逅《たまさか》に相逢《あひあ》ふ」ことができるだけであった。

歌垣や市は、男と女という「異質なる他者」や、那賀国と海上国という「異質なる共同体」が「接する地点」であり、この非日常の「ハレ」の場所（「町」という空間）で展開される「ハレ」の時（「待」という時間）にのみ人は神となる。したがって、那賀寒田と海上安是の男と女は、「ハレ」の限られた時間だけ神男・神女であったが、時を忘れて会っていたため、日常の「ケ」に戻れず、「松」に化したのである。

人は「ハレ」の時空にある間は神である。その時を過ぎ、場所を離れれば人に戻る。二人は時を忘れていたから、人に戻れずその場で神（松）に成ったのである。「まつ」は、服藤らがいうような、男性優位社会で女性が使う「受身」の表現ではない。神を待つことは神に成ることである。「まつ」という名の木は、だから神木なのである。

「まち（つ）」には「待」と「町（区画）」の意味があるが、神と人とのかかわりが時間と空間によって違う表現と解釈を生んだだけで、根は同じである。「町」の表記が「小町（阿小町）」などに使われ、「小町」「小松」が遊女の意味になったのも、そのためである。

「まつ」が「火」の意味でも用いられるのは、「火」が神を迎えるものであることにもよるが、「火」

そのものが神とみられている点では（「神火」といわれる）、松と同じである。この「火」にかかわるのも女である。

主殿寮の「火《ひ》炬小子《たきわらわ》」

柳田は、「通例あかしの油松を焚くとき、松をごく細かく割りながら、それを燈蓋の火の中へ少しづゝ加へて行くのです。ところがこの木割台には又かはった異名があって、村によってはこれをコンニョウボ、又はそれに近い言葉で呼んで居ります。コンニョウボは即ち小女房、小さな女の子といふことであります」と述べているが(9)、『延喜式』の主殿寮式に、

火炬小子四人　取㆓山城国葛野郡秦氏子孫堪㆑事者㆒為之

とある。また、同じ『延喜式』の神祇式斎宮の「新造炊殿忌火庭火祭」の条には、

火炬二人　取㆓山城国葛野郡秦氏童女㆒

とあるから、「火炬小子」の「小子」は「童女」で、「コンニョウボ」である。

主殿寮の「火炬小子」については、さらに、

歯及㆓冠婚㆒申㆑省請替

とある。子供の歯が成人の歯に変わったとき、または初潮があって「冠婚《こうぶりしめまく》」に及んだとき、宮内省に申し出て替えることを請う、というのだから、彼女たちは未成女であることが条件であった。このような条件は、前述の一時上臈や一夜官女になる少女と同じであり、「火炬小子」は神を「まつ（松・町）」一夜妻に通じる。

「火炬小子」が忌火・庭火祭にかかわるように、火炬は神事であった。その火は松による。

柳田国男は、「火焚き祭と謂って冬の半ばのお祭に御神楽をあげる時とか、又は柴燈護摩など〻謂って、田舎の神社の広庭で、冬の行き春の来るのを促さうとする焚火の祭の時などには、如何なる石炭の産地でも、決して石炭は使はずにこの松の火を焚きます。宮中でも重々しい儀式には篝火であり、村々の社の冬祭も燃料はやはり松であって、双方ともに言はば二つも三つの前の燈明方法が、こ〻だけでは厳重に保存せられて居るのであります」と述べている(9)。

こうした松の火に「火炬小子」はかかわるのだが、忌火庭火祭では二人なのに、主殿寮では四人になっているのは、燈燭の火に二人、湯沐の湯をわかす火に二人と、私はみる。

「鏡の山のあこ丸」は、「火炬小子」のような特別な神子とは異なり、雑仕として燈燭・湯沐の火にかかわった「主殿司」であろう。

「火炬小子」は秦氏の童女に限られているが、主殿寮に松明を貢納する小野山のある愛宕郡は、山城国の秦氏の本拠地である。拙著『秦氏の研究』でくわしく述べたが、秦氏と傀儡子・遊女などの漂泊芸能民の関係は密接だから、秦氏の童女が「火炬小子」で秦氏の本拠地に主殿寮領があることと、「鏡の山のあこ丸」が主殿司であることは、無関係ではないだろう。

主殿寮・秦氏・小野氏

「鏡の山のあこ丸」の出自の近江の鏡宿は蒲生郡にあるが、柳田国男は、この蒲生郡の「川上から愛《え》知《ち》犬上の奥山に掛けて、木材工芸の技術の異常に発達した、一団の民が住んで居た」と書く(19)。愛知の奥山にいた「一団の氏」とは、木地屋《きじや》（轆轤師《ろくろし》）である。木地屋の本拠地の愛知郡は、愛知秦氏の本拠地である。

木地屋の小椋（蔵・倉）、大蔵（倉）の「クラ」は、木地屋文献に「蔵人」「蔵部」などが載ることから、「蔵」にかかわると考えられる。平野邦雄は、「秦氏の研究」で、雄略朝に蔵部に任じられたのは秦氏とみて、「『大蔵』の主体は、説話上も秦氏であり」「姓氏録が酒君を大蔵の『長官』としたというのも、秦氏を主体とする伝承のあったことを示している。大化前において、大蔵との関係を明瞭に指摘出来るのは秦氏のほかにはない」と書き、「蔵部は秦氏の伝統的世襲的な職業であった」ことを論証している。(20)

橋本鉄男は、木地屋の本拠地について、「日野（蒲生郡日野町）の奥畑から北へ小椋谷の六《むっ》ケ畑《はた》（君ケ畑・蛭谷・箕川・政所・九居瀬・黄和田の六集落、広義に皇《きみ》ケ畑とも記す）、多賀の東の大君《おじ》ケ畑と脇ケ畑、丹生《にゅう》谷の奥の榑《くれ》ケ畑というように、何々畑《はた》という地名が不思議と多くつづいている。そしてこれらがみな轆轤師の集落に関係して近世に及んでいる。『畑』のほとんどは、大陸から渡来した秦氏の開拓に関連するようで、とりわけ小椋谷のある愛知《えち》郡は依知《えち》秦の居住する地域として知られていた」と書き、秦氏の管掌下の雑工に轆轤工がおり、「おそらく、のちの小椋谷の轆轤師は、その轆轤工に脈絡していると思われる」と書いている。(21)

轆轤で作られた法隆寺百万小塔の底面に「秦八千万呂」の人名が墨書されている。橋本は、秦八千万呂は、「おそらく、その製作者であろうといわれている。正倉院文書・天平神護二（七六六）年の『越前国司解』のなかにもその名が見え、当時伊濃部に居住した者だが、それが『ろくろ』工として東大寺へ上番したらしく思われる」とも書いており、(22)秦氏と轆轤師・木地屋は密接な関係にある。

主殿寮領は、山城の秦氏の本拠地の山城国葛野郡小野山と、近江の愛知秦氏の本拠地の近江国愛知郡押立保にある（「壬生家文書」「神護寺文書」）。山城は「松明」、近江は「松油」を貢納しているから、「火炬小子」が秦氏の童女なのも、「まつ（火）」の材料を秦氏が提供していたからであろう。

ところが、山城の秦氏本拠地の主殿寮領は「小野山」であり、もう一つ山城にある主殿寮領は、愛宕郡小野荘である（「壬生家文書」「今江令太郎所蔵文書」）。近江の小椋谷に惟喬《これたか》親王がいたというのは事実ではないが、小野荘にいたのは事実である。

このように、主殿寮—秦氏—小野氏には回路があり、木地屋伝承とも結びつく。したがって、小野小町を「内裏の遊女」とし、小松天皇皇女を遊女の祖としたことについては、小野・紀氏以外に秦氏も考慮する必要がある。

木地屋は八幡神を祀るが、八幡神が秦氏の神であることは、拙著『日本にあった朝鮮王国』で詳述した。また、木地屋と共に小野宮惟喬親王を祖とする塗師屋は、虚空蔵信仰をもつが、この信仰がやはり秦氏の信仰であることも同書で述べた。

橋本鉄男は、木地屋伝承に登場する「畑六郎左衛門」の「畑」は「秦」、「六郎」は「轆轤」とみているが、私の親戚の畑氏は、前述（三二九頁）の市之瀬の出身で、平家伝説の小松氏や熊野比丘尼の宮下氏と同郷であるから、秦氏の末裔と思われる。同級生に小松・宮下・小野もいたから、秦（畑）・小野と小松は、私の小学校の同級生の姓からも結びついている。

小松天皇の皇女を遊女の祖にしているのは、勝手に貴種に結びつけたのではない。主殿寮の「鏡の山のあこ丸」や、山城・近江の主殿寮領の線からも、その理由が推測できる。「内裏の小町といふ色好みの遊女」が「小野」の小町（小松）であることと、遊女の祖を小松天皇皇女とする伝承は、根は同じである。

遊女伝承を伝えた小野氏は、元はワニ氏だが（大和のワニ氏の主流は春日氏、近江では小野氏）、ワニ氏は記・紀によれば、もっとも顕著な皇妃出自氏族である。なぜ、古代の代表的皇妃出自氏族が遊女伝承を伝えたのだろうか。

遊女が一夜妻・神妻であったことは、くりかえし述べてきた。神―神妻の関係は、天皇―皇妃の関係である。神妻は女神であり、男神（ヒコ神）―女神（ヒメ神）として対等であったからこそ、神妻（日女《ひるめ》）がその母性によって皇祖神（天照大神）になったのである。男も女も神になるという対等観は、戦前までの「ハレ」の日、「ハレ」の場所での男女の関係にはっきりあらわれている。

第一章から第四章で述べたように、こうした行為を「性の解放」「乱交」「雑魚寝」というが、正しくは「神あそび」である。「神あそび」においては、男も女も対等であった。

「遊女と天皇」というタイトルは、異質の人を無理に並べたようにとられるが、本来は同質で「ハレ」の存在である。「あそびごと」を行なう遊女、「まつりごと」を行なう天皇の「あそび」「まつり」は、同じ非日常の「ハレ」の行為である。したがって、両者とも「きみ」といわれていた。天皇は「あそび女《め》」に対して「あそび男《を》」の代表者だから、「おおきみ」と呼ばれた。この「おおきみ」の神あそびが、本来の「まつりごと（祭事）」であった。ところが、「まつりごと」の重点が「政事（治）」に置かれるようになって、男と女の対等な関係は崩れてしまった。そうした過程、つまり「女性の性が男性に従属する歴史」が、「あそび女」を、男に性を売る存在にさせていったのである。

遊女も天皇も俗の世界の存在でなかったから、「きみ」といわれていたが、「まつりごと」の主催者が、俗に対して聖化されて「おおきみ」になるのに反比例して、「あそびのきみ」（遊君）は賤視されていった。彼女たちは、そうした賤視のなかで、みずからの姿を衣通姫・小松天皇皇女・小野小町など、皇妃・皇女・上臈に重ねていった。

こうした発想は、あそび男の代表者（「まつりごと」の主催者）である「おおきみ」と、あそび女の「きみ」の、原像表示の意図による。したがって、遊女を皇妃・皇女・上臈に重ねる伝承を唱導した人々は、古代でもっとも多く皇妃を出した氏族にかかわっていたのであり、その氏族にかかわる衣通姫・小松天皇皇女・小野小町を、特に遊女の祖、内裏の遊女の代表者としたのである。

あとがき

トロイの遺跡を発掘したハインリッヒ・シュリーマンは、一八六五年に日本に来た。彼は浅草寺参詣のときのことを、次のように書いている（『シュリーマン旅行記、清国・日本』石井和子訳、一九九一年、エス・ケイ・アイ刊）。

　左側のお堂には仏像の傍らに、優雅な魅力に富んだ江戸の「おいらん」の肖像画がかけられている。肖像画は絹布や紙に描かれ、どれも額縁に収められている。日本でもっとも大きく有名な寺の本堂に「おいらん」の肖像画が飾られている事実ほど、われわれヨーロッパ人に日本人の暮らしぶりを伝えるものはないだろう。

　他国では、人々は娼婦を憐れみ容認しているが、その身分は卑しく恥ずかしいものとされている。だから私も、今の今まで、日本人が「おいらん」を尊い職業と考えていようとは、夢にも思わなかった。ところが、日本人は、他の国々では卑しく恥ずかしいものと考えている彼女らを、崇めさえしているのだ。そのありさまを目のあたりにして――それは私には前代未聞の途方もない逆説のように思われた――長い間、娼婦を神格化した絵の前に呆然と立ちすくんだ。

（中略）壁と天井を支える円柱は丸彫りの小さな仏像や仏画で被われている。人びとは手の届くところにある仏像や仏画には御供物を結びつけ、高いところに吊るされているものには、願い事を書いた小さな紙片を濡らして紙つぶてにし、「ふいご」の要領で吹きつけている。この紙つぶては仏像の上にべったりとくっついて長いこと離れない。「おいらん」の肖像画の上にもたくさんついていた。このことからも、彼女たちが神格化されていることがよくわかる。（傍点引用者）

この記述を裏づける文章を折口信夫が書いている。折口は「おいらん」と遊ぶ客を「だいじん」と言ふ語で表してゐる。大盡と書いてゐたが、元は大神と書いた」。そして、「大神《だいじん》」のお供《とも》は「末社《まっしゃ》」（江戸では「えどがみ」「ぢがみ」）といったと述べ、こうした呼称を遊客とお供がもっているから、「遊廓における饗宴はお祭りの形式を踐む」と書き、具体例をあげて、さらに次のように書く。

祭りの時招かれた神が饗宴を受けるのと同じ形を、客が受けるのである。唯違ふのは、客がその費用を支払ふだけである。昔の人はさういふ遊びをする身分になりたいと絶えず思ってゐたのである。性欲をほしいままにするのではなく、座敷のとりさばきを如何にするかが問題で、伝説にも残る事を予期した。当時の人々には、それをうまくやる事によって名誉と考へたのである（「巫女と遊女と」『折口信夫全集・第十七巻』所収）。

中世の「伊勢神歌」で、遊客を「神客神《かみまらうど》」といっているのも、「大神」と同じ発想である。この遊客と「あそぶ」遊女が、神妻・女神とみられていたことは、本文で述べた。

シュリーマンは、「他の国々では卑しく恥ずかしいものと考えている」娼婦が、「崇められ」「神格化されていること」を、「前代未聞の途方もない逆説」とみている。つまり、賤が聖に逆転しているからである。しかし、「おいらん」は、シュリーマンの娼婦の概念からはみ出した存在であり、したがって「神格化」されていたのである。

「おいらん」が「神格化されている」のは、遊客が「神客神」「大神」とみられていたからだが、「大神」と「おいらん」の饗宴が「お祭りの形式を践む」のは、それが本来は神事・祭事だったからである。性行為が本来は「神あそび」であり、遊男《あそびを》の代表者が天皇であったことは、本文で詳述したが、遊男としての天皇と「神あそび」をするのが、「上臈女房《じょうろうにょうぼう》」であった。小野小町を「小町草紙」が、「内裏に小町といふ色好みの遊女あり」と書くのも、上臈が遊女だったからである。したがって、上臈は天皇に仕える（同衾も含む）高級女官をいうが、遊女も上臈と呼ばれている。天皇と上臈は、遊男《あそびを》・遊女《あそびめ》、大神《だいじん》・花魁《おんらん》と重なり、さらに神と神妻の関係でもある。

記・紀で允恭天皇の皇妃・皇女とされる衣通姫《そとほし》が、平安時代には遊女の祖といわれ、鎌倉時代以降には小松（光孝）天皇の皇女が遊女の祖といわれたように、皇妃・皇女が遊女の祖とされたのも、理由があってのことである。したがって、後白河法皇が江口の遊女を女房にし、彼女（丹波局）が生んだ皇子が堂々と天台座主の法親王になっているのも、平安末期から鎌倉時代の天皇・上皇が遊女・白拍子を宮廷・離宮に呼び、寵愛し、皇子・皇女を生ませているのも、けっして異様なことではない。彼女たちは、出自はちがっても、上臈と同じ奉仕を現人神にする女房とみなされていたからである。

こうした遊女観が江戸時代にまで存続し、遊廓での儀礼を生み、神格化された遊女の絵を見たシュリーマンに、カルチャーショックを与えたのである。しかし、シュリーマンだけでなく、現在の日本人も、遊女をシュリーマン的視点でしかみていない。その点で、従来の遊女論・天皇論とは次元も視点もちがい、遊女と天皇を同質とみる本書は、シュリーマン的な見方の人からすれば、「途方もない逆説のように思われ」るであろう。「逆説」とまで突っ込んで考えない単純な人は、天皇を遊女と同じとし、遊女を天皇の上に置くタイトルをつけた著者は、昔なら不敬罪になるといって、抗議してくるかもしれない。

本書は、立場によってさまざまな読み方をされるだろうが、前著の『鬼と天皇』と同じ視点で、私は本書を書いた。御批判をいただければ幸いである。

本書も編集部の関川幹郎さんの御協力を得たことを、感謝している。

一九九三年六月

大和岩雄

注

第一章

1 西郷信綱『古事記注釈・第一巻』三四二頁　一九七五年　平凡社
2 西宮一民『古事記』五一頁　一九七九年　新潮社
3 宮田登「休み日と遊び日」『日和見』所収　一九九二年　平凡社
4 新谷尚紀「遊びの深層——儀礼と芸能の間」『ケガレからカミへ』所収　一九八七年　木耳社
5 福田アジオ「子ども組とムラの教育」「フォークロアの眼」四号、一九七七年　国書刊行会
6 中山太郎「性的祭礼考」『愛欲三千年史』所収　一九三五年　サイレン社
7 中山太郎『日本婚姻史』三九頁〜四三頁　一九二八年（一九五六年に日文社から復刻）
8 和歌森太郎「嬥歌」『日本民俗事典』所収　一九七二年　弘文堂
9 土橋寛『古代歌謡と儀礼の研究』三八四頁〜三八六頁　一九六五年　岩波書店
10 土橋寛　注9前掲書　三八七頁〜三八八頁
11 中山太郎『売笑三千年史』二〇頁〜二二頁　一九二七年（一九五六年に日文社から復刻）
12 赤松啓介「共同体と〈性〉の伝承」『非常民の民俗境界』所収　一九八八年　明石書店
13 土橋寛　注9前掲書　四〇八頁〜四〇九頁
14 中山太郎「雑魚寝」『日本民俗学辞典』所収　一九三三年　梧桐書院
15 中山太郎「性的迷信考」注6前掲書所収
16 守屋俊彦「建波邇安王の反逆伝承」『日本古代の伝承文学』所収　一九九三年　和泉書院

第二章

1 直木孝次郎『古代史の人びと』一三三頁　一九七六年　吉川弘文館
2 吉田金彦『古代日本語をさぐる』二二五頁　一九七九年　角川書店
3 三品彰英『増補・日鮮神話伝説の研究』一七〇頁〜一九二頁　一九七二年　平凡社
4 塚口義信『神功皇后伝説の研究』四一頁　一九八〇年　創元社
5 吉田金彦　注2前掲書　二二六頁
6 柳田国男『定本柳田国男集・第十一巻』三七九頁〜三八一頁　一九六九年　筑摩書房
7 宮田登『民俗宗教論の課題』一八四頁〜一八五頁　一九七七年　未来社
8 中山太郎「裸体踊」『補遺日本民俗学辞典』所収　一九三五年　梧桐書院
9 ミリチア・エリアーデ（堀一郎訳）『大地・農耕・女性』二六七頁〜二七〇頁　一九六八年　未来社
10 岡田精司『古代王権の祭祀と神話』三五頁〜三六頁　一九七〇年　塙書房
11 折口信夫「巫女と遊女と」『折口信夫全集・第十七巻』所収　一九五六年　中央公論社
12 中山太郎『日本婚姻史』五三頁〜五四頁
13 中山太郎「処女娼婦考」『愛欲三千年史』所収
14 中山太郎　注12前掲書　六三頁〜六四頁
15 山上伊豆母『巫女の歴史』一五六頁〜一五八頁　一九七一年　雄山閣
16 中山太郎　注12前掲書　一一七頁〜一一八頁
17 折口信夫「女の家」『折口信夫全集・第二巻』所収　一九六五年
18 猪股ときわ「遊行女婦論」『漂泊する眼差し』所収　一九九二年　新曜社
19 倉塚曄子「采女論」『巫女の文化』所収　一九七九年　平凡社

第三章

1 折口信夫『折口信夫全集・第六巻』二七〇頁　一九六六年
2 赤松啓介「女の夜這い」『非常民の民俗文化』所収　一九八六年　明石書店

3　土橋寛『古代歌謡と儀礼の研究』三八七頁　一九六九年
4　柳田国男『定本柳田国男集・第十四巻』一一五頁　一九六九年
5　中山太郎『愛欲三千年史』四八頁
6　柳田国男『定本柳田国男集・第十一巻』四七七頁　一九六九年
7　喜田貞吉「人身御供」『民俗と歴史』第七巻第五号　一九二二年
8　中山太郎　注5前掲書　一二四頁〜一二五頁
9　柳田国男『定本柳田国男集・第一巻』三一一頁〜三一二頁　一九六八年
10　中山太郎『日本婚姻史』一九七頁〜一九八頁
11　松村武雄『日本神話の研究・第四巻』七四五頁　一九五八年　培風館
12　松村武雄　注11前掲書　七四七頁
13　柳田国男『定本柳田国男集・第十五巻』三一七頁〜三一八頁　一九六九年
14　柳田国男　注9前掲書　三一二頁
15　折口信夫『折口信夫全集・第二巻』一五八頁　一九六五年
16　中山太郎　注10前掲書　一九五頁
17　中山太郎　注10前掲書　一八〇頁〜一八六頁
18　中山太郎　注10前掲書　一八七頁〜一八八頁
19　柳田国男「山と人生」『定本柳田国男集・第四巻』所収　一九六八年
20　宮田登『ヒメの民俗学』二〇頁　一九八七年　青土社
21　宮田登　注20前掲書　一三三頁
22　宮田登　注20前掲書　一二二頁
23　中山太郎　注5前掲書　四九頁
24　鳥越憲三郎『箸と俎』一三一頁　一九八〇年　毎日新聞社

第四章

1 中山太郎『日本婚姻史』一一七頁〜一一八頁
2 中山太郎 注1前掲書 一二一頁
3 中山太郎 注1前掲書 一一九頁〜一二〇頁
4 中山太郎『売笑三千年史』四五頁
5 中山太郎 注1前掲書 五〇頁〜五一頁
6 折口信夫「古代生活に見えた恋愛」『折口信夫全集・第一巻』所収
7 中山太郎 注1前掲書 四八頁〜四九頁
8 芳賀登『成人式と通過儀礼』八七頁〜八八頁 一九九一年 雄山閣
9 堀一郎「日本の民族宗教にあらわれた祓浄儀礼と集団的オージーについて」『民間信仰史の諸問題』所収 一九七一年 未来社
10 大塚民俗学会編『日本民俗事典』三七六頁 一九七二年 弘文堂
11 中山太郎 注1前掲書 二七七頁
12 大間知篤三「南与の通過儀礼」「民間伝承」一三巻六号 一九三二年
13 赤松啓介「初潮の民俗」『非常民の民俗文化』所収 一九八六年 明石書店
14 ミリチア・アリアーデ（堀一郎訳）『生と再生』一〇一頁〜一〇二頁 一九七一年 東京大学出版会
15 柳田国男監修『民俗学辞典』三一二頁 一九五一年 東京堂
16 赤松啓介 注13前掲書 一七二頁〜一七三頁
17 中山太郎 注4前掲書 五五頁〜五六頁
18 赤松啓介『非常民の性民俗』九三頁 一九九一年 明石書店
19 赤松啓介『非常民の民俗境界』四三頁 一九八八年 明石書店
20 赤松啓介 注18前掲書 四七四頁〜四七五頁
21 赤松啓介 注18前掲書 一四三頁

22 平井信作「ネオ童貞」『津軽艶笑譚（一）』所収　一九八〇年
23 赤松啓介　注13前掲書　七二頁
24 佐々木徳夫『みちのく艶笑譚』一〇五頁　一九七九年
25 折口信夫「巫女と遊女と」『折口信夫全集・第十七巻』所収
26 中山太郎　注1前掲書　一二〇頁〜一二一頁
27 鎌田久子『女の力――女性民俗学入門』六二頁　一九九〇年　青娥書房
28 中山太郎　注1前掲書　五六頁
29 赤松啓介　注19前掲書　四六頁
30 樋口清之『性と日本人』一〇四頁〜一〇五頁　一九八五年　講談社
31 赤松啓介　注18前掲書　九二頁
32 赤松啓介　注13前掲書　六五頁〜六七頁
33 赤松啓介　注13前掲書　六八頁
34 中山太郎「処女娼婦考」『愛欲三千年史』所収

第五章

1 井本英一『死と再生』一三頁〜一四頁　一九八二年　人文書院
2 ジェイムズ・フレイザー（永橋卓介訳）『金枝篇・三』二一頁〜二二頁　一九五一年　岩波書店
3 ミリチア・エリアーデ（堀一郎訳）『永遠回帰の神話』八〇頁　一九六三年　未来社
4 中山太郎『日本婚姻史』八一頁〜八二頁
5 定方晟「遊女の信心」『インド性愛文化論』所収　一九九二年　春秋社
6 福田武彦『エロティシズムの世界史Ⅰ』八二頁　一九六六年　久保書店
7 マンリ・P・ホール（大沼忠弘・山田耕士・吉村正和訳）『古代の密儀』二〇四頁
8 マンリ・P・ホール　注7前掲書　二三〇頁〜二三二頁
9 ジェイムズ・フレイザー　注2前掲書　七二頁〜七三頁

10 井上芳郎『シュメル・バビロン社会史』一七〇頁〜一七一頁　一九四三年　ダイヤモンド社
11 大和岩雄『天照大神と前方後円墳の謎』一〇〇頁　一九八三年　六興出版
12 井上芳郎　注10前掲書　一七二頁
13 三品彰英『古代祭政と穀霊信仰』一七七頁　一九七三年　平凡社
14 大和岩雄　注11前掲書　一二七頁
15 ジェラルド・S・ホーキンズ（小泉源太郎訳）『巨石文明の謎』二三九頁　一九七五年　大陸書房
16 狩野千秋「謎の宮中都市マチュ・ピチュ」「歴史読本」二五巻一六号　一九八〇年
17 チャールズ・ベルリッツ（小江慶雄・小林茂訳）『謎の古代文明』一〇九頁　一九七四年　紀伊国屋書店
18 大和岩雄　注11前掲書　三〇二頁
19 守屋俊彦「箸墓伝承私考」『日本古代の伝承文学』一九九三年　和泉書院
20 ミリチア・エリアーデ（久米博訳）『豊饒と再生』一四〇頁〜一四一頁　一九七八年　せりか書房
21 土居光知「古代伝説と文学」二〇五頁〜四一四頁　一九六〇年　岩波書店。『神話・伝説の研究』一頁〜八九頁　一九七三年　岩波書店
22 大林太良『日本神話の起源』一四四頁　一九六一年　角川書店
23 倉野憲司『古事記全註釈・第三巻』一三〇頁　一九七六年　三省堂
守屋俊彦『記紀神話論考』一五一頁　一九七三年　雄山閣
松前健『古代伝承と宮廷祭祀』二二九頁　一九七四年　塙書房
24 谷川健一『黒潮の民俗学』三〇頁　一九七六年　筑摩書房
25 谷川健一『埋もれた日本地図』一四二頁　一九七二年　筑摩書房
26 土居光知『神話・伝説の研究』一八一頁　一九七三年　岩波書店
松前健『出雲神話』一九四頁　一九七六年　講談社
谷川健一　注24前掲書　三〇頁

27 松前健　注23前掲書　一九四頁
28 松本清張『私説古風土記』一八頁〜一九頁　一九七七年　平凡社
29 守屋俊彦「天の香具山」　注19前掲書所収

第六章

1 扇畑忠雄「遊行女婦と娘子群」『万葉集大成10』所収　一九五四年　平凡社
2 瀧川政次郎「万葉集に見える遊行女婦の生態」『江口・神崎』所収　一九六五年　至文堂
3 山本健吉『大伴家持』一七三頁　一九七一年　筑摩書房
4 伊藤博『万葉集全注・巻第一』二五一頁　一九八二年　有斐閣
5 伊藤博　注4前掲書　二五九頁
6 吉井巖『万葉集全注・巻第十五巻』二〇八頁　一九八八年　有斐閣
7 犬飼公之「遊行女婦と娘子群」『万葉集講座・第六巻』所収　一九七二年　有精堂
8 柳田国男『定本柳田国男集・第八巻』三五三頁〜三五四頁　一九六九年　筑摩書房
9 折口信夫『折口信夫全集・第六巻』七〇頁
10 角川日本地名大辞典「田子の浦」　一九八二年　角川書店
11 折口信夫「真間・芦屋の昔がたり」『折口信夫全集・第二十九巻』所収
中山太郎「西の佐用媛と東の手児奈」『売笑三千年史』所収
瀧川政次郎　注2前掲論文
桜井満「真間の手児奈伝説」『万葉集必携』所収　一九七九年　学燈社
12 伊藤博『万葉集の歌人と作品・上』一四〇頁　一九七五年　塙書房
13 服藤早苗「遊行女婦から遊女へ」『日本女性生活史・第一巻』所収　一九九〇年　東京大学出版会
14 猪股ときわ「遊行女婦論」『漂泊する眼差し』所収　一九九二年　新曜社

第七章

1 柳田国男『定本柳田国男集・第八巻』三五五頁

2　瀧川政次郎『遊女の歴史』六六頁　一九六五年　至文堂
3　瀧川政次郎　注2前掲書　六七頁
4、瀧川政次郎　注2前掲書　一八頁
5　服藤早苗「遊行女婦から遊女へ」『日本女性生活史・第一巻』所収
6　脇田晴子「中世における性別役割分担と女性観」『日本女性史・第二巻』一九八二年　東京大学出版会
7　倉塚曄子「古代の女の文化」『巫女の文化』所収　一九七九年　平凡社
8　佐伯順子『遊女の文化史――ハレの女たち』一九頁〜二〇頁　一九八七年　中央公論社
9　曽根ひろみ「『売女』考――近世の売春」『日本女性生活史・第三巻』所収　一九九〇年　東京大学出版会
10　瀧川政次郎『江口・神崎』二二頁
11　榎克明『梁塵秘抄』二一三頁〜二一四頁　一九七九年　新潮社
12　山上伊豆母『巫女の歴史』一五九頁〜一六〇頁　一九七一年　雄山閣
13　猪股ときわ「遊行女婦論」『漂泊する眼差し』所収
14　中山太郎『日本巫女史』四八二頁　一九二九年（一九七四年に八木書店から復刻）
15　中山太郎　注14前掲書　五〇六頁
16　中山太郎　注14前掲書　六一〇頁
17　中山太郎　注14前掲書　七三四頁〜七三八頁
18　E・ケンペル（斎藤信訳）『江戸参府旅行日記』一〇三頁　一九七七年　平凡社
19　柳田国男『定本柳田国男集・第十五巻』七〇頁
20　柳田国男　注19前掲書　七二頁
21　折口信夫「琉球の宗教」『折口信夫全集・第二巻』所収
22　折口信夫「古代日本文学に於ける南方要素」『折口信夫全集・第八巻』所収
23　金城朝永「琉球の遊女」『異態習俗考』所収　一九三二年　六文館

24　伊波普猷「琉球の売笑婦」「新小説」三十巻九号　一九二五年
25　中山太郎『売笑三千年史』九六頁〜九七頁

第八章

1　瀧川政次郎『江口・神崎』一八四頁〜一八六頁
2　加藤周一『梁塵秘抄』六三頁　一九八六年　岩波書店
3　加藤周一　注2前掲書　六〇頁
4　加藤周一　注2前掲書　六四頁
5　西井芳子「若狭局と丹後局」『後白河院』所収　一九九三年　吉川弘文館
6　安田元久『後白河上皇』二六頁〜二七頁　一九八六年　吉川弘文館
7　榎克郎『梁塵秘抄』二八二頁　一九七九年　新潮社
8　加藤周一　注2前掲書　三八頁〜三九頁
9　亀井勝一郎「院政の独裁者」『中世の生死と宗教観』所収　一九六四年　文芸春秋社
10　加藤周一　注2前掲書　五六頁〜五七頁

第九章

1　西郷信綱『梁塵秘抄』三一頁　一九七六年　筑摩書房
2　榎克明『梁塵秘抄』一五九頁
3　瀧川政次郎『江口・神崎』二七〇頁
4　瀧川政次郎　注3前掲書　一四二頁
5　高野辰之『梁塵秘抄』一三八頁　一九二九年　春秋社
6　小西甚一『梁塵秘抄考』四九四頁　一九四一年　三省堂
7　志田延義『和漢朗詠集・梁塵秘抄』四一五頁　一九六五年　岩波書店
8　後藤紀彦「立君・辻子君」『遊女・傀儡・白拍子』所収　一九八六年　朝日新聞社
9　榎克明　注2前掲書　一八四頁

10 小西甚一 注6前掲書 四二一頁
11 榎克明 注2前掲書 一三一頁
12 瀧川政次郎 注3前掲書 二六九頁
13 中山太郎『売笑三千年史』二二一頁
14 西郷信綱 注1前掲書 一五頁〜一六頁
15 榎克明 注2前掲書 一四五頁
16 加藤周一『梁塵秘抄』一二九頁〜一三〇頁
17 加藤周一 注16前掲書 一〇九頁
18 榎克明 注2前掲書 一九七頁
19 西郷信綱 注1前掲書 二〇頁〜二六頁
20 加藤周一 注16前掲書 一四三頁

第十章

1 瀧川政次郎『江口・神崎』二六頁
2 西郷信綱「遊女・傀儡子・後白河院」『梁塵秘抄』所収
3 網野善彦「遊女たちの虚像と実像」『遊女・傀儡・白拍子』所収
4 加藤周一『梁塵秘抄』六七頁〜六八頁

第十一章

1 中山太郎『売笑三千年史』二七五頁
2 後藤紀彦「遊女と朝廷・貴族」『遊女・傀儡・白拍子』所収
3 瀧川政次郎『江口・神崎』二一七頁
4 瀧川政次郎 注3前掲書 二一八頁〜二一九頁
5 福田秀一『とはずがたり』三五七頁 一九七八年 新潮社
6 冨倉徳次郎『とはずがたり』二八三頁 一九六九年 筑摩書房

7 阿部泰郎「聖俗のたわむれとしての芸能――遊女・白拍子・曲舞の物語をめぐって」『芸能と鎮魂』所収　一九八八年　春秋社
8 中山太郎　注1前掲書　二〇九頁
9 瀧川政次郎　注3前掲書　一三四頁
10 阿部泰郎「女人禁制と推参」『巫女と女神』所収　一九八九年　平凡社
11 猪股ときわ「遊行女婦論」『漂泊する眼差し』所収

第十二章

1 折口信夫「上世日本の文学」『折口信夫全集・第十二巻』所収
2 折口信夫「女の家」『折口信夫全集・第二巻』所収
3 黒沢幸三「息長氏の系譜と伝承」『日本古代の伝承文学の研究』所収　一九七六年　塙書房
4 五来重「中世女性の宗教性と生活」『日本女性史・第二巻』所収　一九八二年　東京大学出版会
5 岸俊男「ワニ氏に関する基礎的研究」『日本古代政治史研究』所収　一九六六年　塙書房
6 和田萃『大系日本の歴史・2』九二頁　一九八八年　小学館
7 柳田国男「稗田阿礼」『定本柳田国男集・第九巻』所収
8 榎克明『梁塵秘抄』二〇一頁
9 柳田国男「小野於通」『定本柳田国男集・第八巻』所収
10 柳田国男「人柱と松浦佐用媛」　注7前掲書所収

第十三章

1 瀧川政次郎『江口・神崎』五〇頁
2 西宮一民『万葉集全注・巻第三』三一三頁　一九八四年　有斐閣
3 瀧川政次郎　注1前掲書　五一頁
4 瀧川政次郎　注1前掲書　五二頁
5 伊藤博『万葉集全注・巻第一』二五三頁　一九八三年　有斐閣

6　鈴木棠三『日本俗信辞典』五五八頁　一九八二年　角川書店
7　柳田国男「人柱と松浦佐用媛」『定本柳田国男集・第九巻』所収
8　柳田国男「松王健児の物語」注7前掲書所収
9　中山太郎「西の佐用媛と東の手児奈」『売笑三千年史』所収
10　折口信夫『折口信夫全集・第六巻』三二八頁
11　守屋俊彦「海を鎮める女」『ヤマトタケル伝承序説』所収　一九八八年　和泉書院
12　柳田国男『定本柳田国男集・第四巻』一九八頁
13　松山義雄「平家落人集落・浦」『深山秘録』所収　一九八五年　法政大学出版会
14　橋本鉄男「木地屋と海」『漂泊の山民』所収　一九九三年　白水社
15　橋本鉄男「漂泊者と伝説」注14前掲書所収
16　日本歴史地名大系『京都市の地名』一二三二頁　一九七九年　平凡社
17　佐伯有清『新撰姓氏録の研究・考証篇・第二巻』所収　一九九頁　一九八二年　吉川弘文館
18　橋本鉄男「ろくろしかあと」注14前掲書所収
19　日本歴史地名大系『石川県の地名』一八三頁　一九九一年　平凡社
20　日本歴史地名大系　注19前掲書　一二〇四頁
21　日本歴史地名大系『滋賀県の地名』一〇一頁　一九九一年　平凡社
22　橋本鉄男「阿野定盛にて候」注14前掲書所収
23　五来重『高野聖』一三二頁〜一三三頁　一九七五年　角川書店
24　角川源義「時衆文芸の成立」『語り物文芸の成立』所収　一九七五年　東京堂出版
25　橋本鉄男「共同幻想の小野宮」注14前掲書所収
26　安藤享子「小野小町」『日本伝奇伝説大事典』所収　一九八六年　角川書店
27　小林茂美「紀氏流・小野流神人の地方拡散の一動向」『神々の間奏曲』所収　一九八五年　桜楓社

第十四章

1　三善貞司『小野小町攻究』九四頁　一九九二年　新典社
2　池田弥三郎『記紀歌謡・神楽歌・催馬楽』三一一頁　一九七五年　角川書店
3　中島利一郎『ふんどし考』一六二頁　一九五七年　雄山閣
4　西郷信綱「和泉式部と敬愛の祭」『梁塵秘抄』所収
5　大島建彦「中世説話とその周辺」「文学」三十二巻一号
6　柳田国男「人柱と松浦佐用媛」『定本柳田国男集・第九巻』所収
7　角田文衛「小野小町の実像」『王朝の映像』所収　一九七〇年　東京堂出版
8　片桐洋一『在原業平・小野小町』一三二頁〜一三四頁　一九九一年　新典社
9　角田文衛「小野小町の身分」『王朝の残映』所収　一九九二年　東京堂出版
10　福田秀一『とはずがたり』三六六頁　一九七八年　新潮社
11　西郷信綱『梁塵秘抄』三二頁
12　網野善彦「遊女と非人・河原者」『性と身分』所収　一九八九年　春秋社
13　松本寧『とはずがたりの研究』一九七〇年　桜楓社
14　宮内三二郎『とはずがたり・徒然草・増鏡新見』一九七七年　明治書院
15　福田秀一　注10前掲書　三六二頁

第十五章

1　後藤紀彦「遊女と朝廷・貴族」『遊女・傀儡・白拍子』所収
2　豊永聡美「中世における遊女の長者について」『中世日本の諸相・下巻』所収　一九八九年　吉川弘文館
3　網野善彦「遊女と非人・河原者」『性と身分』所収
4　服藤早苗「遊行女婦から遊女へ」『日本女性生活史・第一巻』所収
5　柳田国男「人柱と松浦佐用媛」『定本柳田国男集・第九巻』所収

6 倉塚曄子「采女論」『巫女の文化』所収。「古代の女の文化」『古代の女』所収
7 田中貴子「〈玉女〉の成立と限界」『巫女と女神』所収　一九八九年　平凡社
8 国史大辞典10「主殿寮」一九八九年　吉川弘文館
9 柳田国男「火の昔」『定本柳田国男集・第二十一巻』所収
10 浅野則子「女歌の成立試論――遊行女婦を中心に」「国文目白」二一　一九八二年
11 福田秀一『とはずがたり』一〇九頁
12 柳田国男『定本柳田国男集・第九巻』四八〇頁〜四八一頁
13 柳田国男『定本柳田国男集・第十巻』四五三頁〜四五四頁
14 喜田貞吉「遊芸人・遊女等を太夫といふ事」「民俗と歴史」第一巻二号　一九二三年
15 柳田国男『定本柳田国男集・別巻五』四四六頁
16 西郷信綱「市と歌垣」『古代の声』所収　一九八五年　朝日新聞社
17 宮田登「境に住む遊女」『女の霊力と家の神』所収　一九八三年　人文書院
18 赤坂憲雄『境界の発生』六〇頁　一九八九年　砂子屋書房
19 柳田国男「神を助けた話」『定本柳田国男集・第十二巻』所収
20 平野邦雄「秦氏の研究（一）」「史学雑誌」七〇巻三号
21 橋本鉄男「共同幻想の小野宮」『漂泊の山民』所収
22 橋本鉄男「『ろくろ』の工人」『ろくろ』所収　一九七九年　法政大学出版局